BusinessVillage

Jung | Söllner | Enke | Andenmatten | Ebert | Silva | Pröpper

WERTVOLL!

Eine Value Stream Story

BusinessVillage

Folkert Jung, Dierk Söllner, Finja Enke, Martin Andenmatten,
Bernd Ebert, José Silva, Thomas Pröpper
Wertvoll!
Eine Value Stream Story
1. Auflage 2022
© BusinessVillage GmbH, Göttingen

Bestellnummern
ISBN 978-3-86980-654-9 (Druckausgabe)
ISBN 978-3-86980-655-6 (E-Book, PDF)
ISBN 978-3-86980-656-3 (E-Book, EPUB)
Direktbezug unter www.businessvillage.de/bl/1147

Bezugs- und Verlagsanschrift
BusinessVillage GmbH
Reinhäuser Landstraße 22
37083 Göttingen
Telefon: +49 (0)5 51 20 99-1 00
Fax: +49 (0)5 51 20 99-1 05
E-Mail: info@businessvillage.de
Web: www.businessvillage.de

Layout und Satz
Sabine Kempke

Druck und Bindung
www.booksfactory.de

Inhalt

Über die Autorengemeinschaft 7

Vorwort 11

Teil 1 – Der Roman 15
Jacobsens Säfte im Generationenkonflikt 16
Das Handballspiel 22
Im Café 30
Die Möwen streiten sich 34
Skizzen von Meisterwerken 44
›Juicy‹ – das digitale Produkt 55
Running Sushi 69
Saft-as-a-Service 88
Launch der ›Juicy‹-App 99
Besuch vom Bruder 117
Das Unwetter 128
Die große Unternehmensfeier 138

Teil 2 – Die Standpunkte 145
Einleitung 146
Das Big Picture des Value Stream Managements 147
Standpunkt 1: Business und IT sind ein Team 156
Standpunkt 2: Value Streams ungleich Prozesse 162
Standpunkt 3: Gelebte Prinzipien prägen die Unternehmenskultur 169
Standpunkt 4: Value Stream Management hilft bei der Automatisierung ... 175
Standpunkt 5: Value Streams unterstützen Agilität 179
Standpunkt 6: Value ist stets eine Frage der Perspektive 183
Standpunkt 7: Value Streams bringen neue Arten von Verantwortung 189
Standpunkt 8: Value und Compliance sind kein Widerspruch 194
Standpunkt 9: Value Streams nur noch mit Informationstechnologie 199
Standpunkt 10: Services sind digitale Produkte 202

Anhang 207
Persönliche Statements der Autoren 208
Organigramm von Jacobsen Säfte................................... 212
Begriffe verständlich erklärt 213
Literaturempfehlungen 222

Über die Autorengemeinschaft

Folkert Jung ist als Executive Consultant für Digitalisierungsprojekte tätig, in den letzten Jahren schwerpunktmäßig im Umfeld Digital Employee Experience und New Work. Folkert ist ein versierter Projektleiter, gefragter Workshop-Moderator und Coach bei Veränderungsprozessen. Sein Ziel ist es, die Kunden in Richtung Wertschöpfung, Wandlungsfähigkeit und Serviceorientierung zu befähigen. Er verknüpft die Dimensionen Mensch, Organisation, Prozess und Technik zu einem sinnvollen und machbaren Ganzen. So gelingt eine partizipative und barrierefreie Kultur der Zusammenarbeit.

Kontakt zu Folkert Jung

Folkert_Jung@web.de
linkedin.com/in/folkert-jung/
xing.com/profile/Folkert_Jung/cv

Die Vision von **Dierk Söllner** lautet: »Menschen und Teams stärken – empathisch und kompetent«. Als zertifizierter Business Coach (dvct e.V.) unterstützt er durch professionelles Coaching. Kombiniert mit seiner umfassenden fachlichen Expertise in gängigen IT-Methoden-Frameworks macht ihn das zu einem kompetenten und empathischen Begleiter für Veränderungsaufgaben. Er betreibt die beiden Podcasts »DevOps – Auf die Ohren und ins Hirn« und »Business Akupunktur«, hat einen Lehrauftrag zu »Moderne Gestaltungsmöglichkeiten hochperformanter IT-Organisationen« und das Fachbuch »IT-Service Management mit FitSM« publiziert.

Kontakt zu Dierk Söllner
dierk.soellner@dierksoellner.de
linkedin.com/in/dierksoellner
xing.com/profile/Dierk_Soellner/cv

Mit dreiundzwanzig Jahren ist **Finja Enke** die jüngste Mitautorin an diesem Roman. Im Februar 2022 hat sie ihren Bachelor in Wirtschaftspsychologie mit Schwerpunkt Marktpsychologie und Marketing erfolgreich abgeschlossen. Neben ihrem Studium hat sie bereits als Werkstudentin für zwei verschiedene Beratungsunternehmen gearbeitet und in den Semesterferien unterschiedliche Praktika absolviert. Finja strebt an, in den kommenden Monaten weitere Berufserfahrungen zu sammeln. Außerdem möchte sie einen Master absolvieren, um die Themen Organisationsentwicklung, Arbeitspsychologie und Change-Management zu vertiefen.

Kontakt zu Finja Enke
Finja.Enke@gmail.com
linkedin.com/in/finja-enke-a89091191

Martin Andenmatten ist Geschäftsführer und Gründer der Glenfis AG, die seit zweiundzwanzig Jahren Unternehmen dabei unterstützt, ihre Betriebsmodelle auf die Herausforderungen der Zukunft auszurichten. Martin ist begeisterter Service-Management- und Governance-Experte und verfügt über ausgewiesene Kompetenzen in den Bereichen SIAM, Cyber & Information Security, Datenschutz und Business Relationship Management. Er betreibt das international beachtete Portal ITIL.org, wo er regelmäßig über Neuerungen und gemachte Erfahrungen berichtet.

Kontakt zu Martin Andermatten
martin.andenmatten@glenfis.ch
linkedin.com/in/martinandenmatten

 **Bernd Ebert** entwickelt als Management Berater mit seinen Kunden Wege zu besserer Zusammenarbeit und Wertschöpfung. Seit über zehn Jahren erarbeitet er hierzu mit seinen Kunden Handlungsoptionen bezüglich Organisation, Team und Personen, um Sinn und Zweck für Unternehmen und Mitarbeitende zu erfüllen. Das beginnt häufig im Rahmen der Prozess- und Service-Management-Beratung und geht über Workshops und Diskurse über die Organisation hin zu konkreten und praktikablen Arbeitsweisen. Er versteht sich als Unternehmenscoach, der seine Fähigkeiten mit denen der Menschen im Unternehmen kombiniert, um optimale Ergebnisse zu erzielen.

Kontakt zu Bernd Ebert
bernd.ebert@itsmgroup.com
linkedin.com/in/bernd-ebert-21952335/

 **José Silva** ist seit über zwanzig Jahren leidenschaftlicher Service Management und New Work Enthusiast. Er hat in verschiedenen Rollen und Funktionen in Unternehmen unterschiedlichster Branchen mit seiner Expertise, Service-Mentalität, Ausdauer, Geduld und Empathie Organisationen aktiv entwickelt und begleitet. Als

Führungskraft und Berater von Management Gremien hat er, über die eigenen Unternehmensgrenzen hinweg, unter anderem Enterprise Service Management in der Praxis umgesetzt. Sein Motto »Aus der Vergangenheit lernen, die Gegenwart analysieren und die Zukunft gemeinsam gestalten« hilft ihm dabei, die Bedürfnisse der Kunden in den Vordergrund zu stellen. Sein Fokus liegt darin, immer wieder die Kundensicht einzunehmen, um ein Service Value Erlebnis zu entwickeln. Seine Erfahrungen teilt er im Rahmen eines kollegialen Austauschs mit anderen Unternehmen, bei Events und auf Kongressen.

Kontakt zu José Silva
jose.silva@isibocs.com
linkedin.com/in/jose-silva-91075b1a4/
xing.com/profile/Jose_SilvaYanez/cv

 **Thomas Pröpper** vereint seine Kenntnisse im kaufmännischen wie im IT-Bereich, und blickt hier mittlerweile auf fast dreißig Jahre Erfahrung, vom Start-up bis hin zum weltweit agierenden Konzern, zurück. Mit besonderem Interesse beschäftigt er sich mit IT-Prozessen und Value Streams, des Financial Managements von IT-Services und der Bedeutung der Transformation in die Digitalisierung und Agilität für beide genannten Bereiche.

Kontakt zu Thomas Pröpper
Thomas.Proepper@outlook.de
www.linkedin.com/in/thomas-pröpper-a9706a62

Vorwort

Dieses Buch ist ein besonderes Buch. Es ist besonders durch seine Art, weil es ganz bewusst Erzählung mit Sachbuch in sich vereint. Es ist besonders durch die Vielzahl der Autoren und es ist besonders, weil es entstehen durfte und nicht musste. Die Idee zu diesem Buch entstand auf dem Jahreskongress des IT-Service Management Forum Deutschland e. V., (kurz itSMF) im Dezember 2019. Eine kleine Gruppe von Praktikern, Beratern und Trainern tauschte sich mehr oder weniger zufällig und ungezwungen in verschiedenen Gesprächen über ITIL 4 aus. Die neue Version war knapp zehn Monate auf dem Markt. Die Einschätzung der einzelnen Gesprächsteilnehmer zu ITIL 4 war damals recht einhellig: Eine wichtige und sicherlich auch überfällige Veränderung des Service Management Frameworks in Richtung Value Stream. Doch was ist dieses Value Stream und worin liegt der genaue Nutzen für die Praxis? Wer soll das verstehen und wie kann man damit Organisationen verändern, weiterentwickeln und mit dem Werkzeug ITIL 4 sogar neue Geschäftsmodelle erschließen?

Aus diesen Gesprächen entstand eine gemeinsame Idee. Wir sechs wollten ein Buch schreiben, das genau diesem Anliegen nachgeht: Nützliches Wissen für die Praxis verständlich aufbereiten und darstellen. Nach ein paar Monaten, Anfang März 2020, schritten wir zur Tat und trafen uns für zwei Tage in Hamburg zu einem persönlichen Austausch. Mit diesem Kick-off legten wir einen wichtigen Grundstein für fachliche Inhalte und das Treffen war besonders wichtig für unsere Motivation, wie sich wenig später herausstellte. Denn knapp zwei Wochen später begann die Coronapandemie und so sollte es vorerst unsere letzte persönliche Begegnung als Autorenteam bleiben. Die ersten Monate waren dann geprägt vom Enthusiasmus, dieses Projekt mit virtuellen Meetings voranbringen zu wollen. Diese Begeisterung erlebte in den folgenden zwei Jahren ein ziemliches Auf und Ab. Im Winter 2020 wurde unsere Autorengruppe dann vollständig und zu siebt machten wir uns daran, die Ideen für den Roman zu konkretisieren und auszuformulieren. Wir haben uns dabei von verschiedenen Büchern, Filmen und persönlichen Erfahrungen inspirieren lassen und in diversen Brainstorming Sessions eine erste Idee entwickelt.

Parallel haben wir auch die Fachbeiträge immer wieder ergänzt, überarbeitet und Themen intensiv ausdiskutiert.

Es gab Zeiten, da ging es mit unserem Buchprojekt eher langsam voran. Die Meetings waren teilweise zäh und nicht immer gut besucht. Trotzdem gab es immer Fortschritte. Dieses Projekt war von großem persönlichem Einsatz und Enthusiasmus geprägt und in der bei allen Beteiligten knappen Freizeit umgesetzt. Das Ergebnis hältst du nun in der Hand.

Wenn Experten sich auf ein gemeinsames Buch einigen, ist der Anspruch sehr hoch. Jeder will sich einerseits einbringen und zu einem ausgezeichneten Ergebnis beitragen. Andererseits muss jeder dieser Experten auch zurückstecken und seine Meinung mehrheitsfähig machen. Es war immer das Ziel der Gruppe, ein Buch wie aus einem Guss zu schreiben. Unterschiedliche Autoren sind sehr wohl in den einzelnen Fachbeiträgen zu erkennen und das wurde auch bewusst so belassen. Die Welt ist bunt und unterschiedlich. Ebenso sind es die Methoden und ihre praktische Anwendung. Dieses Buch wäre nicht entstanden, wenn wir nicht alle dieses gemeinsame Ziel gehabt hätten: Ein besonderes Buch für die Fachwelt beizusteuern, das sehr wohl Fachbegriffe aufnimmt, die im Verdacht stehen, ein Hype zu sein und trotzdem als Gesamtwerk einen eingängigen und lesenswerten Beitrag für Diskussionen zu liefern.

Unser erster Dank geht an den BusinessVillage Verlag. Zunächst für die Unterstützung unserer ungewöhnlichen Idee einer Kombination aus Roman und Fachbuch und das damit verbundene unternehmerische Risiko. Andererseits für die wohlwollende Begleitung im Lektorat, insbesondere bei der Finalisierung und marktgerechten Ausrichtung.

Ein besonderes und herzliches Dankeschön gilt auch Bettina Geringhoff, die sich die Zeit genommen hat unseren Roman sorgfältig zu reviewen. Ihre wertvollen Verbesserungsanstöße haben die Qualität unseres Buchs nochmal positiv beeinflusst.

Wir möchten uns als Autoren an dieser Stelle auch bei Robert Sieber bedanken. Robert hat in einer entscheidenden Phase die Fachbeiträge unter die Lupe genommen und wertvolles Feedback gegeben. Er hat mit seiner kompetenten und kritischen Art das gesamte Projekt unterstützt, jeden Fachbeitrag prägnanter zu formulieren. Den Roman hat er in der Anfangsphase mit inspirierenden Passagen auf die richtige Bahn gebracht und wichtige Weichen gestellt. Wir verdanken Robert notwendige Abgrenzungen zu einzelnen Begriffen und Aussagen sowie die Verbindungen zwischen IT-Service Management, Agilität und Value Streams.

Teil 1 – Der Roman

Jacobsens Säfte im Generationenkonflikt

Die Anwesenden im Meeting des ›Arbeitskreis Digitalisierung‹ sind irritiert. Horst Jacobsen wird immer lauter und beginnt, sich langsam in Rage zu reden: »Ich habe das Unternehmen fünfunddreißig Jahre lang geführt! Erfolgreich geführt! Die Umsatzrendite von Jacobsens Säfte lag immer bei mindestens vierzehn Prozent.«

Früher hatte Horst stets auf sein Äußeres und die Etikette geachtet. Selbst bei hochsommerlichen Temperaturen hatte er sein Sakko nicht ausgezogen und die Krawatte nie gelockert. Jetzt steckt der Seniorchef des ehrwürdigen Hamburger Saftherstellers den rechten Zeigefinger in den Krawattenknoten und verschafft seinem Hals etwas Luft. Spürbar aufgebracht wendet er sich eindringlich an seinen Sohn: »Seit drei Jahren sinkt unsere Umsatzrendite kontinuierlich. Unser Marktanteil geht zurück und du, mein lieber Sohn, hast nichts Besseres zu tun, als Geld für sinnlose Spielereien rauszuwerfen?« Horst schaut dem Angesprochenen tief in die Augen: »Alexander, wir müssen doch die Kosten senken und nicht erhöhen!«

Alexander bleibt äußerlich gelassen und entgegnet in ruhigem Ton: »Ich erzähle dir nun seit vier Jahren, dass sich der Markt verändert. Die Menschen sind heute viel besser informiert und machen sich auch Gedanken darüber, woher der Saft kommt, den sie trinken. Allein mit billigerem Einkauf sind wir nicht mehr zukunftsfähig.« Dann steht er doch auf und läuft wie ein Tiger im Käfig durch den Besprechungsraum des altehrwürdigen Kontors im Hamburger Hafen.

Alexander, meist von allen nur kurz Alex genannt, hatte vor drei Jahren die Geschäftsführung übernommen und seitdem begonnen, das Unternehmen zu modernisieren. Er hatte auch versucht, neue Märkte zu erschließen. Jedoch scheiterte er bisher immer wieder an Horst, der noch immer im Unternehmen wirkt. Insbesondere mit den Lieferanten hält weiterhin sein Vater die Jahrzehnte alten Kontakte. Auch wenn Alex inzwischen der Geschäftsführer war, standen diese weiterhin in engerem Austausch mit Horst. »Lieber Horst, geh doch einfach mal in den Supermarkt. Schau dir die ganzen Smoothies und Säfte in den schicken und hippen kleinen Glasflaschen an. Schau dir dann deren Preise an. Du kannst selbst ausrechnen, wie viel Gewinn diese Wettbewerber machen. Und wir? Unser Saft kommt immer noch im guten alten Tetra Pak daher.« Da fällt ihm Horst ins Wort: »Ja klar, das ist auch die preiswerteste Variante. Sowohl im Einkauf als auch in der Herstellung. Wir haben die Kosten der Verarbeitung im Griff. Wir müssen einfach nur weiter unsere Kosten senken und dann können wir problemlos mit dem neumodischen Zeugs mithalten! Der Preis wird die Kunden zu uns ziehen. Warum hörst du denn nicht auf mich?«

Nun läuft auch Horst im Raum auf und ab. Die übrigen Anwesenden trauen sich kaum zu atmen, geschweige denn etwas zu sagen. Es liegt eine Spannung in der Luft, wie sie es noch nie erlebt haben. Klar, es gab in den letzten drei Jahren immer mal wieder Meinungsverschiedenheiten zwischen dem Senior und seinem Sohn. Das ist normal, wenn ein Unternehmen auf die nächste Generation übergeht. Doch seitdem die Quartalszahlen stetig sinken, ist die Stimmung im Unternehmen und vor allem an der Unternehmensspitze merklich angespannt.

Schon in seiner ersten Woche als Geschäftsführer hatte Alex vor drei Jahren begonnen, die Abläufe im Backoffice des Unternehmens zu überprüfen. Etablierte Genehmigungsworkflows wurden ziemlich radikal vereinfacht. Heute kann er sich mit Schmunzeln an die Diskussionen allein um den Begriff »Backoffice« erinnern. Sein Vater jedoch witterte gleich bei allem Verrat an der guten alten und vor allem Hamburger Kaufmannskultur.

Die Optimierungs- und Digitalisierungsbemühungen hätten eigentlich die Anerkennung des Vaters verdient: Alex war vor allem in Bezug auf Kostensenkung erfolgreich. Der Weggang von sechzig Mitarbeitenden konnte mit dem verbliebenen Personal kompensiert werden. Es wurde niemand entlassen. Gegenwärtig hat das Familienunternehmen fast viertausend Angestellte an fünf Standorten. Alle Informationen stehen heute genau dort zur Verfügung, wo sie benötigt und verarbeitet werden.

»Die Kosten weiter zu senken, wird uns nicht retten. Da ist nicht mehr viel Spielraum. Mit den Digitalisierungsprojekten in der Verwaltung ist bereits viel erreicht – da geht auch nichts mehr!«

Während Alex das sagt, wedelt er mit seinen Händen durch die Luft, um seiner Aussage Nachdruck zu verleihen. Er fährt fort: »Wir müssen definitiv für mehr Einnahmen sorgen. Und wir müssen die Marge der einzelnen Produkte signifikant und nachhaltig steigern. Das schaffen wir nicht mit unseren aktuellen Produkten und das schaffen wir nicht allein mit unseren derzeitigen Vertriebswegen. Die Discounter diktieren uns den Preis. Letzte Woche erst rief Brutto an und forderte eine weitere Preissenkung von mindestens zehn Prozent. Brutto hat einen neuen Lieferanten, der macht es einfach billiger!«

Der Discounter bietet aktuell Orangen zu einem Preis, den hat man die letzten fünfunddreißig Jahre nicht gesehen. Horst setzt zum Konter an: »Der aktuelle Preis für Orangen, den wir bei Brutto sehen können, ist eine einmalige Gelegenheit. Damit kannst du locker die zehn Prozent Nachlass für unseren Saft bei Brutto geben. Das …«, aber weiter kommt er nicht, weil Alexander auf ihn zuläuft, ihn an den Schultern packt und ihn, ihm direkt in die Augen schauend, anschnauzt: »Hast du eine Vorstellung, wo die Orangen herkommen? Mit wie vielen Pestiziden sie belastet sind und unter welchen Bedingungen die Menschen auf den Plantagen dort arbeiten? Hast du auch nur annähernd eine Vorstellung davon?«

Eine lange Pause legt sich wie dicker Nebel über den Besprechungstisch. Steffen, der als Businessanalyst für das Unternehmen arbeitet, stellt sein Glas so leise wie möglich auf den Tisch. Er ist gleichzeitig irritiert und fasziniert von der Szene, die er gerade erlebt. Klar, die Übergabe von einer Generation auf die nächste läuft wahrscheinlich nie glatt und selten ohne Meinungsverschiedenheiten. Doch bisher hatten es Horst und Alex immer geschafft, nach außen wie eine Einheit, mit einer Stimme aufzutreten. Dadurch geht vieles langsamer voran, als Steffen es sich wünscht. Im Backoffice hatte sich zwar schon einiges geändert, die Bemühungen zur Modernisierung der Abläufe und Strukturen von Alexander waren erfolgreich. Doch in der Produktion und bei den Produkten selbst hakte es. Horst schien einfach immer noch das Sagen zu haben. Vielleicht ist dies jetzt der Moment, in dem das Ganze kippt, denkt Steffen. Vielleicht übernimmt Alex nun endlich auch das Ruder in der Produktion.

Die eingetretene, bleierne Stille wird schließlich von Alex unterbrochen: »Bitte verlasst alle den Raum. Das Meeting ist beendet.« Er und sein Vater hatten sich über Minuten in die Augen geschaut. Und nun beeilen sich alle, den Raum schnell zu verlassen. Keiner sagt auch nur ein Wort.

»Na, hoffentlich ist das jetzt nicht der Bruch zwischen den beiden«, denkt Steffen auf seinem Heimweg. Er läuft gerade zur U-Bahn und bekommt das Geschehene nicht aus seinem Kopf.

Während Steffen auf die U3 wartet, verharren Horst und Alex immer noch im Beratungsraum: »Horst, wenn wir so weiter machen wie bisher, dann bringen wir das Unternehmen in eine bedrohliche Situation. Wir stehen mit dem Rücken zur Wand. Solange wir noch Reserven haben, müssen wir die Produktion modernisieren. Hast du dir das Konzept von Steffen überhaupt angeschaut? Er hat alle Prozesse rund um die Produktion analysiert und uns konkret aufgezeigt, was wir wo und mit welchen Kosten tun können, um die Produktion noch weiter zu optimieren. So können wir langfristig die Kosten senken, wettbewerbsfähig bleiben und die Arbeitsplätze erhalten.«

Horst antwortet nicht sofort, sondern setzt sich erst mal in seinen alten Ledersessel am Kopfende des großen Mahagoni-Besprechungstisches. Er überlegt. Alex kann sich nur mit viel Mühe zurückhalten, will aber erst mal eine Erwiderung, bevor er weiterredet. Endlich spricht sein Vater: »Du erwartest, dass wir die gesamte Produktion umbauen und dann fünf bis acht Jahre warten, um wieder in die Gewinnzone zu kommen. Das ist doch Selbstmord für das Unternehmen. Wie sollen wir das finanzieren? Alexander, du kennst meinen Grundsatz, dass wir uns Geld bei der Bank nur für kurzfristige Zwischenfinanzierungen leihen. Einen so großen und langfristigen Kredit werde ich niemals unterschreiben. Das weißt du.«

Doch Alex lässt nicht locker und unternimmt einen letzten Versuch: »Du warst fünfunddreißig Jahre sehr erfolgreich. Das hat dazu geführt, dass unser Unternehmen über genügend Liquidität verfügt, um eine solche Investition aus eigener Kraft zu stemmen. Wir müssen nicht zur Bank gehen. Neben den Effizienzsteigerungen und Kostensenkungen, würden wir ganz nebenbei noch einen großen Teil der Negativzinsen für unsere Einlagen sparen. Das ist doch etwas!« Alex sieht seinen schweigenden Vater eine Weile nachdenklich an. »Warum stellst du dich tatsächlich quer?« Ausweichend antwortet Horst: »Alexander, es ist schon spät. Lass uns nach Hause gehen. Ich bin müde und kaputt. Wir bekommen heute keine Lösung.«

Steffen ist zu Hause angekommen und sitzt zusammen mit seinen WG-Mitbewohnern am Tisch. Er ist in sich gekehrt und hängt seinen Gedanken nach: Mit achtundzwanzig Jahren als Businessanalyst für einen der größten Safthersteller Europas zu arbeiten, das hat sich vor acht Monaten noch wie ein Traum angehört. Er war richtig überrascht gewesen, über die Dinge, die Alex im Vorstellungsgespräch erzählt hatte und wie durchdacht und ambitioniert seine Pläne waren. Die Firma komplett umbauen, modernisieren und so die Preisführerschaft sichern. Das klang echt super. Doch inzwischen kommt ihm das alles eher wie ein Saftladen im wahrsten Sinne des Wortes vor. Was dann folgte, waren die längsten und intensivsten acht Monate seines bisherigen Berufslebens gewesen.

So langsam dringen Worte von der Außenwelt an sein Ohr: »Steffen? Steffen, hallo, hörst du uns?«, ruft einer seiner Mitbewohner lachend. »Was ist denn los, du scheinst ganz wo anders zu sein!« »Ach wisst ihr, ich glaube, ich suche mir einen neuen Job«, antwortet Steffen, ohne nachzudenken. »Echt, wieso das denn?«, reagiert eine Mitbewohnerin überrascht. »So kenne ich dich gar nicht! Es schien dir doch bisher bei Jacobsens gut zu gefallen.« »Ja, eigentlich schon. Da gibt es so viel Potenzial für Automatisierung, effizientere Arbeitsmethoden und schnellere Durchläufe. Aber weil das alles erst mal Geld kostet, stellt sich der Seniorchef quer. Der will lieber mit noch billigeren Rohstoffen die Kosten drücken.« Ein anderer seiner Mitbewohner fällt ihm ins Wort: »Ja klar, immer den billigen Mist für die Verbraucher. Hauptsache genügend Gewinne. Ich kaufe euren billigen Saft schon lange nicht mehr. Die richtigen Smoothies sind viel gesünder und nachhaltiger. Wird Zeit, dass dein Seniorchef das auch erkennt.«

»Na, zum Glück ist morgen das große Spiel gegen Kiel. Ich hoffe, du hast das nicht vergessen Steffen«, tönt es aus dem Türrahmen. Sein vierter Mitbewohner Erik und er spielen Handball und da steht morgen das große Saisonfinale an: Hamburg gegen Kiel, ein Klassiker.

Das Handballspiel

Am nächsten Morgen hat sich Steffens Stimmung schon wieder gebessert. Er freut sich auf das Wochenende und einen spannenden Spieltag mit seinem Team. Während eines stärkenden Frühstücks diskutieren Erik und er zum wiederholten Male ihre Niederlage im vergangenen Jahr und spekulieren darüber, welche Spieler aus Kiel wohl heute dabei sein würden. Gegen 11 Uhr brechen die beiden dann bester Laune von zu Hause auf und fahren zum Sportverein.

An der Sportanlage angekommen gehen sie direkt in die Umkleide und ziehen sich um. Danach begibt sich Steffen schnurstracks zum Spielfeld in der Halle, um sich aufzuwärmen. Als er seinen Blick durch die Halle schweifen lässt, entdeckt er auch seinen Geschäftsführer Alex, der bereits am Tor steht und sich ebenfalls aufwärmt. Man sieht seinen Bewegungen die langjährige Erfahrung an. Steffen schätzt an Alex seine Professionalität und Lockerheit. Das gilt für sein Auftreten beim Sport wie auch in der Firma. Diese Ausstrahlung gefällt ihm und mit diesem Typ Mensch arbeitet und spielt er gerne zusammen.

Alex und Steffen beginnen, sich mit ein paar lockeren Pässen einzuspielen. »Ging die Diskussion mit deinem Vater gestern noch länger?«, fragt Steffen als er merkt, dass Alex anscheinend noch nicht ganz bei der Sache ist. »Ja«, antwortet Alex und wirft den Kopf in den Nacken, »aber auf einen gemeinsamen Nenner sind wir natürlich nicht gekommen. Ich weiß wirklich nicht, was ich noch tun soll, damit mein Vater zumindest für einen Moment einen anderen Blickwinkel einnimmt.« Man merkt sofort, dass Alex das Thema noch sehr aufregt.

»Ich habe so viele Ideen«, fährt Alex fort. »Ich möchte einfach alles moderner und nachhaltiger machen. Wir sollten im Unternehmen die Menschen und ihre Fähigkeiten besser einbinden. Weitere Prozesse digitalisieren, aber auch ganz neue Erlebnisse für die Kunden schaffen, wenn es um unsere Produkte geht. Stell dir vor, wir könnten eine App entwickeln, die es unseren Kunden ermöglicht, ihre eigenen Smoothies zusammenzustellen! Oder man bekommt Ernährungstipps und Rezeptideen. Ich möchte etwas Wertvolles schaffen: wertvoll für unsere Mitarbeitenden, wertvoll für unsere Kunden, wertvoll für unser Unternehmen und wertvoll für unsere Lieferanten. Wir müssen auf die gesamten Abläufe von Anfang bis Ende schauen.«

Steffen grinst und fängt knapp den Ball, den Alex ihm mit etwas zu viel Schwung zurückgepasst hat. »Aber wenn du doch so eine klare Vision hast, worauf wartest du? Du bist der Geschäftsführer. Wenn du das nicht umsetzen und einleiten kannst, wer dann?«, meint Steffen und hofft, Alex damit zu bestärken. »Danke dir, aber das ist es nicht«, entgegnet dieser frustriert. »Ich halte an meiner Vision fest und ich möchte unsere Prozesse im Ganzen erfassen und verbessern. Aber der ständige Streit mit Horst raubt mir manchmal den letzten Nerv. Mein Vater ist nicht offen für Veränderungen. Die technischen Möglichkeiten überfordern ihn und er hält an alten Prinzipien fest, die heute keine Gültigkeit mehr haben, weil die Welt komplexer geworden ist. Ich glaube fest an meine Vision, auch wenn Horst sie weder verstehen noch akzeptieren kann und folglich immer wieder torpediert. Er glaubt, verhindern zu müssen, dass wir wegen meiner Vorschläge noch mehr Kosten auf uns nehmen. Er denkt und handelt kurzfristig – also von der Hand in den Mund – und ich agiere lieber strategisch. Aber mir fehlt die Zeit, mich vollkommen auf die Zukunft zu konzentrieren. Den größten Teil meiner Zeit muss ich mich um das operative Geschäft kümmern, die Liquidität absichern, Kontakte zu unseren Lieferanten halten, den neuen Vertrag mit Brutto verhandeln und so weiter.«

»Aber du bist doch nicht allein in der Firma. Es gibt so viele Leute, die an dieser Idee sicherlich mit Begeisterung mitarbeiten und dich bei der Umsetzung unterstützen würden«, erwidert Steffen und wirft den Ball mit Absicht genau in die entgegengesetzte Ecke als die, auf die Alex gerade zu achten scheint. Dieser fängt den Ball dennoch, als wäre nichts gewesen. Alex kehrt langsam auf seine Ausgangsposition zurück. Er scheint plötzlich intensiv über etwas nachzudenken. Dann blickt er auf und schaut Steffen begeistert an. »Das ist es! Wir machen das zusammen. Du verstehst doch genau, worum es mir geht. Ich erinnere mich noch gut daran, wie begeistert wir schon bei deinem Vorstellungsgespräch über die vielen Möglichkeiten gesprochen haben. Gemeinsam können wir so viel ändern und neue Ideen umsetzen.«

»Meinst du das ernst? Klar kann ich dir sagen, was im Unternehmen anders oder besser laufen sollte, aber die Umsetzung an sich liegt nicht wirklich bei mir, oder?«, meint Steffen etwas überfordert. »Genau das ist doch der Punkt«, führt Alex fort: »Auch die Umsetzung sollte bei dir liegen. Du kannst genau sagen, was nicht läuft, was wir verbessern sollten und welche Wirkung die Veränderungen haben werden. Natürlich fehlt es dir noch etwas an Erfahrung, aber dafür könntest du dir ein Team zusammenstellen. Du nimmst dir aus den jeweiligen Bereichen die Menschen, die sich mit den einzelnen Prozessen auskennen und unseren Elan und Mut teilen. So werden wir das Unternehmen neu erfinden, denn genau das ist nötig.«

»Ich weiß nicht. Klar, das hört sich gut an und ich bin ganz bei dir, was deine Ideen betrifft. Aber dieses ganze Formale und so viel Planung ist wirklich nicht so mein Ding. Ganz schön viel Verantwortung!«, erwidert Steffen. Er ist etwas überrumpelt von der Idee seines Torwarts, der gleichzeitig sein Chef ist. Gestern Abend war er frustriert und dachte an eine berufliche Neuorientierung. Jetzt lockt Alex mit mehr Verantwortung – und noch mehr Arbeit. In diesem Moment hören sie ein schrilles Pfeifen vom anderen Ende der Halle. »So Männer, Zeit für die Vorbesprechung!«, ruft der Kapitän der Handballmannschaft. Steffen ist froh über die Unterbrechung, bevor er sich von Alex noch unbedacht zu irgendwas überreden lässt. Er will schon zum Rest der Mannschaft laufen, da hört er Alex noch sagen: »Steffen, tu mir den Gefallen und überleg es dir. Uns läuft die Zeit davon! Wir reden am Montag.«

Die Ränge füllen sich langsam mit Zuschauern. Unter ihnen sind Yvonne und ihre Freundin Marie. Yvonne selbst ist zwar kein großer Handballfan, doch sie hatte ihrer Freundin versprochen, sie zu begleiten, damit die beiden endlich mal wieder etwas Zeit zusammen verbringen können. Yvonne hat beruflich gerade viel um die Ohren, sodass eine Terminfindung häufig schwierig ist. Sogar so viel, dass sie am Wochenende noch das Treffen ihrer Agile Practice Group am Anfang der kommenden Woche vorbereiten muss. Der Diskurs mit anderen Experten rund um das Thema »Agilität und neues Arbeiten« macht ihr riesig Spaß.

Kurz vor Spielbeginn atmet Yvonne tief ein und legt den Kopf in den Nacken. Für einen Moment schließt sie die Augen. Wie war es nur so weit gekommen, dass sie sich so von solchen Events und Treffen mit Freunden abgekehrt hatte? Und das Schlimmste war – das wurde ihr jetzt bewusst –, es war schleichend und unbewusst geschehen. Ja, sie liebte ihren Job und hatte großen Spaß an ihren Projekten. Aber wie hatte sie zulassen können, sich in den letzten Monaten davon so stark in allen anderen Lebensbereichen einschränken zu lassen? Yvonne erinnert sich daran, wie viele inspirierende Persönlichkeiten und Experten aus unterschiedlichen Branchen sie getroffen hat, die ihre Praxiserfahrung mit ihr teilten und sie darin bestärkt haben, einen eigenen Weg einzuschlagen. Und genau das hatte sie getan. Sie war zwar erst seit einigen Jahren als Coach und Beraterin selbstständig, aber trotzdem hatte sie schon so viele großartige Kunden und Projekte begleiten können, dass sie es selbst kaum fassen konnte.

Yvonne schaut sich um und nimmt die Begeisterung war, mit der alle beim Spiel dabei sind und fragt sich »Könnte ich diese Begeisterung und Atmosphäre nicht ebenso bei Projektteilnehmern in der Firma erzeugen? Wie ginge das? Wie können wir auch dort unsere Siege feiern, aus den Niederlagen lernen, damit wir am Ende besser unsere Ziele und Erfolge erreichen?« Yvonne nimmt sich vor, die Entwicklung des Spiels und der Stimmung genau zu beobachten.

»Du siehst gar nicht mehr so angespannt aus wie vorhin«, meint Marie. Die zwei kennen sich schon ewig. Und keine von beiden kann der anderen lange etwas verheimlichen. »Lag deine Anspannung an deinem neuen Auftrag?«, fragt Marie verständnisvoll. »Ja«, bestätigt Yvonne, »Ich habe gerade einfach zu viele Verwaltungsaufgaben. Ich würde meine Energie lieber mal wieder für ein großes, wirklich neues Projekt aufwenden, bei dem ich richtig etwas bewirken und mich verwirklichen kann.«

Während des Spiels und jetzt im Anschluss ist die Atmosphäre in der Halle sehr viel unterhaltsamer, als Yvonne es erwartet hätte. Das ist kein Wunder, da die Heimmannschaft nach einem spannenden und sehenswerten Spiel erfolgreich war und den Gegner mit 28 zu 23 besiegt hat. Mitgerissen von der Siegesstimmung willigt sie gleich ein, als Maries Freund sie einlädt, noch etwas zu bleiben. Auf dem Sportgelände wird gerade der Grill angezündet und der Sieg soll gefeiert werden. Yvonne unterhält sich mit einer Reihe von Leuten und ist verwundert, als sie plötzlich aus der Ferne ein bekanntes Gesicht unter den Feiernden sieht. Sie ist sich nicht sicher, ob es ihr ehemaliger Schulfreund Steffen ist, denn die ausgelassenen Fans lassen einen einfachen Kontakt und ein Gespräch gerade nicht zu. Yvonne beschließt, erst mal mitzufeiern und es später noch mal zu versuchen, wenn sich die Gelegenheit ergeben sollte.

Als es etwas ruhiger wird, geht sie auf Steffen zu und fragt ihn lachend: »Steffen, was machst du denn hier?« Ihr alter Schulfreund dreht sich um und sie ist erleichtert, sofort ein Lächeln in seinem Gesicht zu sehen, als er sie erkennt. Ihr letztes Treffen ist schon einige Jahre her, da sie eine Weile nach der Schulzeit leider den Kontakt verloren hatten. In der Oberstufe waren die beiden ziemlich eng befreundet gewesen und so manche Unterrichtsstunde war nur durch Steffens lustige und mitreißende Art auszuhalten gewesen. Natürlich hatten sie sich in den ersten Jahren nach der Schulzeit noch einige Male geschrieben, telefoniert oder sich in der Heimat zufällig getroffen aber nach zehn Jahren in unterschiedlichen Städten, Freundeskreisen und Studiengängen hat sich das verloren. Umso begeisterter ist Yvonne, Steffen wiederzusehen. Sie beginnen sofort eine angeregte Unterhaltung, in der Steffen bereitwillig ihre anfänglichen Fragen beantwortet. Er erzählt, dass er selbst an dem Handballspiel für seine Hamburger Mannschaft teilgenommen hat und tut kurz so, als sei er gekränkt, dass sie ihn unter den Spielern nicht erkannt hatte. Yvonne muss lachen. Sie hatte sich tatsächlich in einigen Momenten während des Spiels gewundert, warum ihr der Spieler mit der Nummer 12 so bekannt vorkam. Sie nehmen sich ein Bier und setzen sich etwas abseits vom Geschehen auf eine Bank, um sich zu erzählen, wie es ihnen in den vergangenen Jahren ergangen ist.

Das ehemals so vertraute Gefühl stellt sich schnell wieder ein und auch Steffen möchte gleich wissen, was Yvonne inzwischen macht und womit sie sich in ihrem Alltag so auseinandersetzt. »Oder möchtest du lieber nicht von der Arbeit sprechen, wo wir uns so lange nicht gesehen haben?«, fragt Steffen. Yvonne lacht und erwidert »Oh, das passt! Kurz vor dem Spiel war ich gedanklich sowieso noch bei der Arbeit.« Lächelnd beginnt sie zu erzählen. Steffen findet ihre Schilderung spannend und streut direkt Ideen ein, wie sie ihre Projektteilnehmer begeistern könnte. »Ganz wie früher« denken beide und sind über das unverhoffte Wiedersehen sehr erfreut. Als sie von ihren Erfahrungen im Bereich Value Stream spricht, hakt er ein und fragt nach, was es damit auf sich hat. Er hatte schon mal etwas von Value Stream gehört und fand den deutschen Begriff »Wertstrom« etwas sperrig.

»Das erinnert mich an etwas, das mein Kollege Alex kurz vor dem Spiel erwähnt hat. Dass wir uns alle Prozesse anschauen und optimieren. Ist es das?« Yvonne erzählt ihm daraufhin, dass der Gedanke schon in die richtige Richtung geht und, dass es bei Value Streams jedoch zunächst nicht um einzelne lokale Prozesse geht. »Aber die müssen doch angepasst werden, wenn sich etwas ändern soll!«, wirft Steffen ein. Und schon sind sie in eine fachliche Diskussion verstrickt. Yvonne macht deutlich, dass ausschließlich lokale Optimierungen kontraproduktiv seien und es dort oft nur um das Prozessergebnis gehe. Darum sollten sie sich bei Jacobsens vielleicht ansehen, was Wert für den Kunden erzeugt, und zwar über alle Schritte und Prozesse hinweg. Also eher eine Makrosicht einnehmen.

»Jetzt berate ich schon, und erzähle euch, wie ihr eure Arbeit machen sollt«, lacht Yvonne. »Nein, das ist gut«, erwidert Steffen »das passt zu der ganzheitlichen Sicht von der Anforderung bis zum Wert für den Kunden, von der Alex gesprochen hat«. Er denkt kurz nach und erkennt für sich, dass das Ganze damit einen Namen hat. Ihm gefallen Yvonnes Impulse, sie geben ihm Ideen, wie Alex und er das angehen könnten. »Aber was machen wir mit den Prozessen?« »Die müsst ihr euch anschließend ansehen und bewerten. Wenn sich herausstellt, dass sie notwendig sind und verbessert werden können, sollte das auch passieren«, sagt Yvonne »nur eben erst nach der übergeordneten Betrachtung. Es geht um eine Verantwortung vom Beginn bis zum Ende. Diese umfassende Verantwortung müsst ihr dabei im Blick behalten.« Steffen wirkt sehr konzentriert und denkt über das Gesagte nach. »Dazu sollten wir uns nochmal ausführlicher unterhalten, das klingt echt spannend«, sagt er schließlich.

Als es langsam spät und dunkel wird, beschließen sie, das Thema Arbeit ruhen zu lassen. Yvonne ist sich sicher, dass sie früher oder später noch die Gelegenheit haben würden, weiter darüber zu plaudern und tiefer einzusteigen. Aber jetzt möchte sie einfach genießen, ihren alten Schulfreund wiedergetroffen zu haben. Sie sind schon in das nächste Gesprächsthema vertieft, als Marie auf die beiden zuläuft und meint, sie und ihr Freund wollen sich langsam auf den Weg nach Hause machen. Zu Yvonnes Freude schlägt Steffen vor, dass sie sich am nächsten Morgen zum Brunch treffen könnten, um sich noch weiter austauschen. Yvonne ist gleich einverstanden und gibt ihm ihre aktuelle Handynummer. Nach einer kurzen Umarmung zum Abschied geht sie mit Marie zum Auto.

Zurück in der WG sitzen Steffen und Erik gemeinsam bei einem letzten Bierchen am Tisch. Sie lassen das Spiel und die Feier noch mal Revue passieren. »Ich finde es immer wieder super, wie man im Team Dinge bewegen kann. Jeder steht für den anderen ein und nur gemeinsam können wir gewinnen«, meint Erik. Steffen ergänzt: »Stimmt! Zum Glück haben wir keinen Superstar und keinen Ausfall dabei. Wir brauchen gute Handballer mit Einzelkönnen, die sich gerne in den Dienst der Mannschaft stellen.« Erik nimmt einen letzten Schluck und verabschiedet sich. »Bis morgen und schlaf gut!«

Steffen bleibt noch etwas sitzen und denkt über den Tag und seine Erkenntnisse nach. Der Ansatz von Alex aus dem kurzen Gespräch vor dem Spiel und die Ausführungen von Yvonne machen ihm klar, dass es nicht darum geht, einzelne Prozesse zu untersuchen oder diese nur mit der Value-Stream-Brille zu betrachten. Er erkennt, dass es vielmehr einen erheblichen Unterschied gibt: Value Streams gehen durch das ganze Unternehmen, von der Bestellung und Anlieferung bis zum jeweiligen Kunden. Sie beziehen sich auf die Gesamtsicht und die Durchlaufzeit sowie den Wertbeitrag für den Kunden. »Das muss dieser Flow sein, von dem Yvonne gesprochen hat«, schießt es Steffen durch den Kopf. Prozesse beschreiben eher einzelne Abschnitte im Value Stream im Detail und sind auf Standardisierung ausgerichtet. »Sie haben einen anderen Fokus.« Murmelt er vor sich hin. »Wenn wir nur einen anderen Lieferanten nehmen, löst das vielleicht ein Problem. Es zielt jedoch nur auf die optimierte Innensicht des Unternehmens ab, nicht auf unsere Kunden«, fasst er für sich zusammen. Seine Flasche ist jetzt ebenfalls leer. Er spürt, wie das Tagespensum seinen Tribut fordert und begibt sich ebenfalls ins Bett.

Zum Vertiefen empfehlen wir Standpunkt 2: Value Streams ungleich Prozesse.

Im Café

Der neue Tag in Hamburg ist angebrochen und auch in der WG erwacht das Leben. Steffen hastet aus der Tür, um seine Verabredung einzuhalten. Es war eine ziemliche Überraschung gewesen, Yvonne gestern beim Handballspiel zu treffen. Und die Zeit, die sie nach dem Spiel draußen saßen, war viel zu schnell vergangen. Umso mehr freut er sich jetzt, sie gleich beim Brunch zu sehen.

Er holt sein Rennrad aus dem Keller. Einige Straßen weiter und wenige Minuten später sieht er Yvonne bereits vor dem Café stehen. Da es ein überraschend warmer Herbsttag ist, setzen sie sich nach draußen, bestellen und führen ihr Gespräch direkt weiter.

Steffen hatte gestern schon bemerkt, dass Yvonne sehr daran interessiert war, mehr über seinen Job zu erfahren. So spannend der Austausch mit Yvonne war, nach dem Spiel hatte er irgendwann keine Lust mehr auf das Thema gehabt. Er wollte weder an die Auseinandersetzung zwischen Alex und seinem Vater noch an sein eigenes Gespräch mit Alex erinnert werden. Der Sieg und die Feier danach hatten ihn gut abgelenkt. Und er wollte auch nicht über die Situation reden, ohne selbst genau zu wissen, was er davon hielt und was er Alex am Montag sagen würde. Das kurze Gespräch beim Spiel mit Alex hatte Steffen zwar begeistert und sein Interesse geweckt, aber es fühlte sich zu groß und zu unsicher für ihn an. Nach der kurzen Zeit im Unternehmen hatte er noch nicht den vollen Überblick.

Doch heute Morgen denkt er sich »Warum eigentlich nicht?« Es kann bestimmt nicht schaden, mit Yvonne darüber zu sprechen. Vor allem, da sie sicherlich einen anderen Blick auf die Dinge hat. Außerdem hatte er gemerkt, dass Yvonne ehrliches Interesse an seiner Situation zeigte.

»Wir haben gestern kaum über meinen Job gesprochen,«, sagt Steffen »und du hast sicherlich gemerkt, dass ich der Frage ziemlich ausgewichen bin.« Yvonne nickt nur und wartet, dass er weiterspricht. »Das liegt daran, dass ich gerade mit der Gesamtsituation in dem Unternehmen, für das ich arbeite, so gar nicht zufrieden bin und daran zweifle, ob ich dort überhaupt noch weiterarbeiten will«, sagt Steffen seufzend. »Weißt du, als ich vor knapp einem dreiviertel Jahr diesen Job bei Jacobsens Säfte angenommen habe, dachte ich wirklich, das sei der Jackpot. Das Team ist super offen, der Standort perfekt für mich und die Aufgaben als Businessanalyst haben sich wirklich spannend angehört. Außerdem weißt du vielleicht noch, dass mich die Themen Nachhaltigkeit und Digitalisierung schon immer sehr begeistert haben und ich dachte, ich habe endlich eine Stelle gefunden, bei der sich beides kombinieren lässt. Das Frustrierende ist der ewige Konflikt zwischen dem jungen Geschäftsführer und seinem Vater«, erklärt er und schildert die Auseinandersetzung der beiden Generationen. »Na ja, und jetzt hat er mich quasi gefragt, ob ich ein Projekt leiten will, das seine Ideen aufgreift und umsetzt. Er möchte mir scheinbar mehr Verantwortung geben für das, was du gestern mit Value Streams bezeichnet hast. Und er erwartet bis Montag meine Antwort«, beendet Steffen seinen Monolog.

Yvonne schaut ihn verständnisvoll an und atmet hörbar aus: »Puh, schwierige Situation. Ich kann mir vorstellen, dass das im ersten Moment überwältigend gewesen sein muss. Aber zumindest für mich hört es sich so an, als sei das genau die Situation und Herausforderung, auf die du gewartet hast. Warum probierst du es nicht aus und schaust, wie weit du kommst?«, fragt sie mit einem Lächeln. »Was hast du zu verlieren?«

»Lass uns die Situation kurz durchgehen. Wenn du etwas verändern möchtest, das sich unmittelbar auf die Ertragssituation deines Unternehmens auswirkt, solltest du zwei Dinge im Blick haben. Erstens: Alle Aktivitäten müssen dem Wohl des Kunden dienen. Eure Kunden haben nicht unmittelbar etwas davon, wenn ihr bei der Abfüllung je Liter eine Sekunde schneller werdet. Zweitens:

Die lupenartige Betrachtung einzelner Bereiche im Unternehmen führen zu einer lokalen Optimierung. Das reicht aber nicht. Nur die Betrachtung der übergreifenden Abläufe führt zu einer wirklichen Verbesserung der Gesamtsituation.« Yvonne nimmt einen Schluck von ihrem Cappuccino.

Dann fährt sie fort: »Der Vater deines Geschäftsführers konzentriert sich anscheinend darauf, mit den geringsten Kosten zu produzieren. Das würde doch bedeuten, dass das genaue Ziel dabei eure Kunden bestimmen, weil die euch einen Preis vorgeben.« »Theoretisch ja«, stimmt Steffen zu. »Bekommt ihr also einen neuen Zielpreis, müsst ihr nur billiger produzieren. Der einzige Wert, den euer Produkt beim Kunden erzeugt, ist, dass es billiger ist als andere Produkte am Markt. Das ist auch logisch, denn das Geschäft der Discounter funktioniert nun mal so«, bringt Yvonne es auf den Punkt. Steffen ist für einen Moment sprachlos. Sie hat das ganze Dilemma, das ihn und Alex so an Horsts Denkweise stört, präzise auf den Punkt gedacht und das mit den wenigen Infos, die er ihr gestern nach dem Handballspiel und heute gegeben hat. »Die Frage, die mir dabei durch den Kopf geht:«, führt Yvonne fort »Wisst ihr eigentlich, was die Kunden wirklich wollen, die euren Saft trinken?« Steffen überlegt kurz und antwortet: »Nein, mit denen haben wir ja nicht direkt zu tun.«

Yvonne denkt einen Augenblick nach und ergänzt: »Na ja, vielleicht solltet ihr genau das berücksichtigen. Wenn ihr feststellt, dass sich weder an den Beschaffungs- noch an den Produktionskosten weiter nach unten drehen lässt, muss etwas am Verkaufspreis verändert werden. Wenn sich das nicht mit den bestehenden Kunden machen lässt, dann braucht ihr neue Kunden oder ein anderes Geschäftsmodell – oder beides.« Mit wachsendem Eifer spricht sie weiter: »Für mich hört sich das alles nach dem klassischen Unternehmen an: Wir konzentrieren uns auf die Prozesse und Kosten und dann wird das schon gut mit dem Gewinn. Die richtig erfolgreichen Unternehmen konzentrieren sich aber mit ihren Produkten und Dienstleistungen darauf, was die Kunden wollen und stellen sich auf agiles Arbeiten ein. Die Grundlage dafür ist, Veränderungen willkommen zu heißen und mit diesen umzugehen. Das funktioniert allerdings nur erfolgreich, wenn man dabei den gesamten Value Stream betrachtet«, erklärt sie die Zusammenhänge. »Nur wenn im Unternehmen gemeinsam an der Lösung von Problemen oder der Optimierung der Abläufe gearbeitet wird, kommt am Ende etwas Sinnvolles heraus. Es ist darum sehr wichtig, dass wir uns damit beschäftigen, was der Kunde möchte und schauen, wie wir es am besten liefern können.« Yvonne schlägt die Beine übereinander und lehnt sich zurück. Kurz überlegt sie, ob sie mit Steffen nicht lieber über die alten Zeiten sprechen würde. Beide sind so auf den Beruf und die fachlichen Inhalte fixiert, dass die privaten Themen völlig auf der Strecke bleiben. Aber sie hat auch das Gefühl, dass jetzt erst mal diese beruflichen Themen auf der Agenda stehen.

Sie freut sich, als sie merkt, dass Steffen ihren Ausführungen konzentriert folgt und ergänzt: »Jeder einzelne kann etwas ganz Neues beitragen, insbesondere, weil wir aus den unterschiedlichsten Arbeitsbereichen kommen.« Steffen hat sich zahlreiche Notizen gemacht. Nach zwei kleineren Rückfragen, die schnell geklärt sind, lenkt Steffen das Gespräch kurz auf ein paar Erlebnisse aus ihrer Schulzeit. Doch er kommt schnell wieder auf die Arbeit zurück: »Eines weiß ich jetzt: Ich werde morgen Alex sagen, dass ich ihn unterstützen werde. Das Gespräch hat mir die Augen geöffnet – Danke, Yvonne.« »Gern, kein Problem. Halt mich unbedingt auf dem Laufenden, wie es weitergeht!«

Sie wollen noch weiterreden, doch plötzlich kommt eine kräftige Windböe auf und fegt ihre Servietten vom Tisch. Als Yvonne aufspringt, um sie festzuhalten, schaut Steffen verwundert in den Himmel. Er hatte gar nicht mitbekommen, dass der Himmel sich zugezogen hat und plötzlich dunkle Regenwolken über ihnen hängen. »Vielleicht sollten wir besser reingehen?«, schlägt Steffen vor und deutet hoch zum Himmel, als er schon die ersten Regentropfen abbekommt. Sofort tummeln sich alle Gäste unter der Markise am Eingang des Cafés. Damit ist ihr Gespräch zu Arbeitsthemen erst mal beendet. Als es nach fünfzehn Minuten immer noch nicht aufhört zu regnen und es langsam wirklich ungemütlich wird, entscheiden sich die beiden, ihr Gespräch zu einem anderen Zeitpunkt fortzuführen. »Das hat Spaß gemacht und mir wirklich sehr geholfen. Vielen Dank, Yvonne«, bringt Steffen seine Freude zum Ausdruck. »Ganz meinerseits, lieber Steffen!«, erwidert Yvonne und ist sich nicht sicher, ob diese Antwort nicht etwas zu förmlich klingt.

> **Zum Vertiefen empfehlen wir Standpunkt 3: Gelebte Prinzipien prägen die Unternehmenskultur.**

Die Möwen streiten sich

Steffen hat sich schon seit Wochen nicht mehr so sehr gefreut zur Arbeit zu fahren, wie an diesem Morgen. Das Gespräch mit Yvonne hat ihn so sehr bestärkt, dass er unbedingt ein Teil von Alex' Vorhaben sein wollte. Doch was es bedeuten würde, ein so großes Projekt tatsächlich anzugehen, konnte er noch nicht greifen. Er war sich allerdings sicher, dass er den Input von Yvonne noch an einigen Stellen brauchen würde. Steffen ist aufgeregt, als er im Büro ankommt. Normalerweise genießt er die zwanzigminütige Fahrradstrecke zu seiner Arbeit immer sehr und kann sich gedanklich noch etwas ablenken, bevor der Arbeitstag beginnt. Aber an diesem Tag kann er es gar nicht abwarten, bei Alex im Büro zu stehen. Er fühlt sich wie an seinem ersten Arbeitstag, voller Tatendrang und Motivation, mit dem Gefühl, er könne schon heute etwas bewirken. Dennoch versucht er, sich nun zusammenzureißen, denn sein Gefühl sagt ihm ebenso, dass es so einfach nicht werden wird. Er möchte Alex helfen, dessen Ideen umzusetzen und mehr noch, er möchte seine eigenen Ideen einbringen. Steffen hat sich in der Zwischenzeit klargemacht, dass er ein paar Bedingungen stellen musste, damit das Ganze erfolgreich wird.

Mit einem etwas zu überschwänglichen »Guten Morgen!«, klopft er an Alex' offene Bürotür. Alex blickt auf. Steffen grinst, mustert Alex hinter seinem vollgepackten Schreibtisch und sagt gespielt beiläufig: »Ich bin dabei! Deine Idee und Vision sind genau das, weshalb ich ins Unternehmen gekommen bin. Ich will Teil davon sein.« Alex' Augen leuchten auf. »Das ist klasse Steffen, du glaubst gar nicht wie erleichtert ich bin! Dann lass uns keine Zeit mehr verlieren«, sagt Alex, klatscht in die Hände und lehnt sich in seinem Bürostuhl zurück.

»Alex, ich habe gründlich nachgedacht. Wenn wir etwas verändern wollen, dann können wir nicht nur über Optimierungen in unseren bestehenden Prozessen denken. Wir brauchen etwas völlig Neues. Etwas Bahnbrechendes. Es gibt heute dermaßen spannende Technologien, die wir unbedingt für uns nutzen sollten, um unsere Vision zu erreichen. Wir müssen uns die Möglichkeiten der aktuell verfügbaren Technologien zunutze machen, um das Kundenerlebnis zu verbessern und sie in das Zentrum unseres Denkens stellen. Ich stelle mir ein Control Panel vor, mit dem ich den gesamten Prozess vom Wareneingang, zur Produktion, zum Lager bis zur Auslieferung steuern kann. Und zwar sprichwörtlich für jeden einzelnen Apfel und jede einzelne Flasche. Damit können wir Kleinserien fertigen, unterschiedliche Rezepte verarbeiten, schnell auf Trends reagieren und so weiter. Wir können so Engpässe beseitigen, Warteschlangen auflösen und Lücken schließen. Wir müssen unsere IT-Systeme wirkungsvoll miteinander koppeln. Kurzum: Dazu brauchen wir ein Team!«, sagt Steffen bestimmt und sieht Alex wieder direkt an, »und nicht irgendein Team. Ich brauche aktive Mitarbeitende aus den verschiedensten Bereichen des Unternehmens, wenn wir das wirklich von vorne bis hinten aufziehen wollen.« Alex schaut ihn ernst an: »Ich verstehe. Das könnte schwierig werden, vor allem, ohne dass Horst sich querstellt«, denkt er laut. Steffen erwidert eindringlich: »Alex, so wird das nichts. Du hast mir zugesichert, dass Horst kein Problem mehr darstellen wird. Und wir müssen hier zusammenarbeiten, damit das funktioniert.« Steffen sieht den Geschäftsführer erwartungsvoll an. Er weiß ganz genau, dass die Planung und Ideen spinnen eine Sache sind. Doch Alex' Standpunkt und klare Positionierung als Geschäftsführer des Unternehmens sind nun mal entscheidend für das ganze Vorhaben. »Geht klar«, sagt Alex bestimmt und atmet hörbar aus. Mit diesen Worten erhebt er sich schwungvoll aus seinem Stuhl, knöpft sein Sakko zu und fährt fort: »Folgendes: du stellst ein Team zusammen und gibst mir Bescheid, was deiner Meinung nach die nächsten Schritte sein sollten.« Nun summt Alex' Handy. »Da muss ich rangehen«, sagt er knapp. Die beiden nicken sich zu, dann verlässt Steffen das Büro und Alex setzt sich mit seinem Handy am Ohr wieder hin.

Zurück in seinem Büro setzt sich Steffen an seinen Schreibtisch und überlegt, wie er am besten die passenden Leute zusammenbekommt. Yvonne hatte ihn beim gestrigen Gespräch immer wieder daran erinnert, wie wichtig das richtige Team für den ganzen Verlauf des Projektes sein würde und ihm förmlich eingetrichtert, dabei ja keine Abstriche zu machen. Steffen verfasst kurzerhand eine Nachricht an die unterschiedlichen Geschäftsbereiche. Da er nicht erpicht darauf ist, direkt auf Horsts Radar zu landen, entschließt er sich, ihr Vorhaben in der Mail nur grob zu beschreiben. »Das wird die richtigen Leute schon ansprechen«, denkt er sich. Er hat ohnehin bereits ein paar Personen im Hinterkopf, auf deren Unterstützung er hofft und die er zu gegebener Zeit noch persönlich ansprechen wird. Jetzt kann es losgehen.

Mittwochnachmittag, 16:55 Uhr. Wie in seiner Mail angekündigt steht Steffen im Meetingraum im ersten Obergeschoss und wartet gespannt darauf, wer wohl gleich durch die Tür kommen wird. Sein Telefon summt und als er auf das Display schaut, sieht er eine knappe Nachricht von Alex. »Tut mir leid, mir ist was dazwischengekommen. Bin beim nächsten Mal dabei.« Kurz ist Steffen beunruhigt, ob er das Vorhaben ebenso gut darstellen kann wie Alex. »Nun gut, das bringt jetzt auch nichts!«, denkt er sich und schaut wieder Richtung Tür. In diesem Moment treffen auch schon die ersten Kolleginnen und Kollegen ein. Als sich rund zwanzig Leute versammelt haben, schließt er die Tür und beginnt, ihnen die Idee vorzustellen. Steffen ist sehr bedacht, darauf zu betonen, dass sie bei diesem Vorhaben uneingeschränkt die Unterstützung von Alex haben. Nach dieser Einleitung stockt er einen Moment, denn jetzt kommt es zum wirklich schwierigen Teil. »Wie erkläre ich nur Alex' Gedankengänge und Vision?«, denkt er sich. Er entscheidet sich dafür, seinen eigenen Standpunkt darzustellen: »Wie die meisten von euch wissen, arbeite ich als Businessanalyst hier im Unternehmen. In meiner täglichen Arbeit und durch einige zusätzliche Analysen ist mir aufgefallen, dass es eine Vielzahl von Ansatzpunkten gibt, durch deren Veränderung wir einige Optimierungen vornehmen könnten. Aber damit kommen wir noch nicht aus den Sorgen, die unser Unternehmen belasten. Wir müssen völlig neu Denken lernen. Wenn wir nachhaltig etwas ändern möchten, dann muss es bahnbrechend sein. Und dabei helfen uns die neuen Technologien. Wir müssen diese wirklich ins Zentrum stellen und unsere Produkte und Lösungen danach ausrichten. Thomas Edison hätte die Glühbirne auch nicht erfunden, wenn er nur an die Optimierung der Kerze gedacht hätte.« Steffen atmet kurz durch und nimmt einen Schluck Kaffee. Er ist sich nicht sicher, wie seine Rede ankommt und blickt in die Gesichter der Anwesenden. Die meisten schauen interessiert, allerdings kann er noch keinen Enthusiasmus feststellen. Er fährt fort: »Mit den neuen Technologien gibt es so viele Möglichkeiten, wie wir unsere Kunden, Lieferanten und Mitarbeiter besser einbinden könnten. Und das ist nur der Anfang! Wir wollen uns in allen möglichen Bereichen verbessern, digitaler werden und nicht nur ein Safthersteller von vielen sein. Wir wollen der Vorreiter sein – nicht nur innerhalb unserer Branche – sondern branchenübergreifend. Wir wollen zeigen, wie man trotz umweltbewussten Handels und Einbindung regionaler Ressourcen, auch national, wenn nicht sogar global, vertreten sein kann.« Als Steffen diesen Satz beendet, wird ihm klar, wie aufgekratzt er ist. Seine Ideen sind mit ihm durchgegangen und es ist einfach so aus ihm herausgesprudelt, dass es ihn selbst überrascht. Als er nach fünfzehn Minuten endet, ist er gespannt auf die Reaktion. Zunächst ist es ruhig im Raum. »Du hast am Anfang vom Wert für den Kunden gesprochen. Ich nehme an, du meinst damit, Kundenbedürfnisse zu verstehen? Wie soll das funktionieren?«, tönt es aus einer Ecke. Steffen kennt die Frau mit dieser Frage noch nicht so gut. Er erzählt ein Erlebnis aus dem Supermarkt, das er vor wenigen Tagen selbst miterlebt hat: »An dem Tag war die Schlange an der Kasse wieder mal etwas länger und vor mir haben sich zwei modisch gekleidete Büromenschen ziemlich laut unterhalten. Der eine sagte ›Ganz schön teuer für so ein bisschen Gemüse.‹ Beide hielten je eine Plastikbox mit Salat und eine mit Sushi-Variationen in der Hand. ›Ja weißt du, seit meinem letzten Arztbesuch achte ich auf meine Ernährung. Die Blutwerte waren alles andere als optimal. Der Arzt hat mir nachdrücklich eine Ernährungsumstellung empfohlen.‹, erzählte der andere. ›Den Salat kannst du dir doch zu Hause vorbereiten und mit dem Dressing mitbringen. Da brauchst du doch nicht so viel Geld auszugeben.‹, erwiderte der Kollege. Der Angesprochene sagte nur: ›Ne, das ist mir viel zu viel Aufwand. Außerdem hat der Salat hier das optimale Verhältnis von Ballaststoffen und Eiweiß. Das kriege ich so schnell und einfach zu Hause nicht hin.‹« Steffen macht eine kurze Pause und ergänzt: »In dieser Situation habe ich mich wirklich gewundert, dass es tatsächlich genügend Menschen gibt, die so viel Geld für Fertiggerichte ausgeben. Aber da hat wohl ein Hersteller mal wieder genau den Bedarf einer gut betuchten und etwas bequemen Zielgruppe getroffen.« Er erntet zustimmendes Nicken und zartes Lächeln hier und da, wobei der eine oder andere auch ertappt dreinblickt.

»Ich weiß nicht …« kommt es leicht gereizt aus der anderen Ecke des Raumes. Während sich die Köpfe in die Ecke zum Redner drehen, nutzt dieser die Pause dramaturgisch geschickt aus. Steffen erkennt Gerald aus der IT. Ein manchmal grummeliger Software-Entwickler, der sehr verlässlich arbeitet und zu allen Themen etwas zu sagen hat. »Also, ich weiß nicht …«, wiederholt Gerald. »Wir haben doch keine Erfahrung mit solchen Technologien. Das wird nie funktionieren. Und erst die Geschäfts- und Produktionsbereiche! Die werden uns wieder hängen lassen, wie bei dem Projekt mit der Archivlösung.«

Geralds Blick geht durch den Raum. Steffen kennt diesen allwissenden und herausfordernden Ausdruck in Geralds Gesicht und will gerade zu einer Erwiderung ansetzen, als ihm die Kollegin mit der Frage nach den Kundenbedürfnissen zuvorkommt: »Hey Gerald, ich kann deine Sicht verstehen. Aber aus meiner Sicht stimmt das nicht ganz. Ihr habt das Archivprojekt aus IT-Sicht super geplant. Aber ihr habt zu viel IT da reingebracht. Ich hatte manchmal den Eindruck, dass es ein IT-Projekt war und unsere Ideen und Bedürfnisse nur akzeptiert wurden, wenn sie euch in den Kram gepasst haben.« Steffen muss innerlich grinsen und freut sich über die unerwartete Hilfestellung. Genau das war aus seiner Sicht häufig das Problem in den Projekten. Business, also Vertrieb, Produktion und Marketing, und IT finden zu häufig nicht den gemeinsamen Nenner, nicht wirklich eine gemeinsame Vision sowie Mission und die praktische Art der Zusammenarbeit. »Also ich bin dabei!«, schließt die Kollegin ihre Antwort und Gerald kann nur mit den Schultern zucken.

Nach einer weiteren Fragerunde von rund zehn Minuten bleiben sieben Personen mit Steffen im Raum zurück, die ernsthaftes Interesse zeigen, an dem Projekt mitzuarbeiten. Steffen ist erleichtert, nicht allein dazustehen. Sieben Leute sind mehr, als er erwartet hatte. Vor allem, wenn diese sieben mit derselben Motivation an die Arbeit gehen, mit der sie ihm gerade gegenüberstehen.

Da Steffen das Gefühl hat, sie alle haben so viele Ideen beizutragen, schlägt er vor, dass sich das Team direkt zusammensetzt, um ein Brainstorming zu machen und zu diskutieren. Er nutzt eine kurze Pause in der sich anschließenden Diskussion, um seine Einschätzung mit der Gruppe zu besprechen. »Darf ich euch kurz stören?«, fragt er und alle Gesichter drehen sich zu ihm hin. »Wie fühlt ihr euch gerade? Was geht in euch vor?« Ramona, die sich als Erstes zur Mitarbeit gemeldet hatte, schaut ihn an: »Mir gefällt deine Art und die Ideen dahinter, Steffen. Ich habe allerdings keine Ahnung, ob das was wird. Ich weiß nicht, ob Alex wirklich dahintersteht. Warum ist er heute nicht dabei? Was unser Seniorchef davon hält, weiß ich auch nicht. Ich glaube, dass er dagegen sein wird. Aber ich sehe es als Chance für uns und auch für mich persönlich, etwas zu verändern.«

Diese Art der Zusammenarbeit und des Austauschs war man bisher nicht gewöhnt – früher wurde immer alles vorgegeben. Jetzt kommt eine gewisse Dynamik ins Spiel und die Kreativität kennt fast keine Grenzen.

Am Ende des Tages ist Steffen geschafft und erleichtert, zu Hause zu sein. Bis zum Abend saßen sie noch in dem neugegründeten Team zusammen und haben angefangen, alle möglichen Ideen zu sammeln. Dabei kamen Vorschläge auf, wie man im Unternehmen nachhaltiger handeln könnte, wie die Produktpalette erweitert werden könnte und welche neuen Angebote man den Kunden machen könnte. So begeistert Steffen auch von den Vorschlägen ist, möchte er jetzt nur noch duschen, etwas Warmes essen und dann ins Bett. Doch nicht bevor er Yvonne noch eine kurze Nachricht geschickt hat: »Das erste Teamtreffen war ein voller Erfolg. Du hattest absolut recht, bin gespannt auf weitere Tipps von dir. Melde mich morgen, gute Nacht!«

Alex möchte sich mit Steffen treffen und ein Team für ihr Vorhaben zusammenstellen. Nicht nur, weil er hofft, dass seine Anwesenheit als Geschäftsführer dem einen oder anderen Mitarbeiter Zuversicht bezüglich des Vorhabens gibt, sondern weil er selbst darauf brennt, seine Ideen zu teilen und zur Diskussion zu stellen. Als er sich gerade sein Notebook vom Schreibtisch schnappen will, steht Horst plötzlich mit kritischem Blick in der Tür. »Alexander, willst du etwa schon Feierabend machen?«, fragt er spöttisch und lässt sich auf den Schreibtischstuhl in seinem ehemaligen Büro fallen. »Mach doch bitte die Tür zu, ich möchte dir etwas mitteilen.« Zögernd schaut Alex auf seine Uhr, 16:55 Uhr. Er ist schon spät dran, setzt sich dann doch widerwillig gegenüber von seinem Vater hin. Er hat wenig Lust, seine Energie auf eine weitere aussichtslose Diskussion zu verwenden, aber immerhin könnte er dieses Gespräch nutzen, um Horst nochmals seine Meinung und seinen Standpunkt klarzumachen. Er würde ihm allerdings noch nichts davon erzählen, dass zu diesem Zeitpunkt in einem anderen Raum ganz andere Ansätze als die seines Vaters verfolgt wurden. Schnell fischt Alex sein Handy aus der Tasche und tippt eine kurze Nachricht an Steffen, dass er es nicht zum Meeting schaffen wird.

»Hör mal Junge, uns ist wohl beiden bewusst, dass es so nicht weiter gehen kann. Wir verlieren Zeit und dadurch Geld im Unternehmen. Dir fehlt als Geschäftsführer anscheinend noch die Fähigkeit, in schwierigen Situationen und unter Druck Entscheidungen zu treffen. Das ist meine Schuld, ich hätte wissen müssen, dass du noch nicht so weit bist.« Alex ist so perplex, dass er gar nicht weiß, was er auf diese Aussage erwidern soll. Doch Horst spricht schon weiter. »Nun ja, jedenfalls steht fest, dass wir keine andere Wahl mehr haben, als einen Abbau des Personals vorzunehmen. Das sollte kein Problem darstellen, wenn wir zusätzlich wie geplant die Südfrüchte beziehen. Ich habe dies bereits gegenüber meinem alten Freund im Betriebsrat angesprochen und wir haben Ende der Woche ein Meeting dazu, um ...« »Du hast was?«, platzt es jetzt aus Alex heraus. Er kann nicht verstehen, wie Horst so beiläufig darüber reden kann, als würde er ihm erzählen, welche Hemden er am Ende der Saison aussortieren will. »Das kannst du nicht machen. Es gibt einen anderen Weg.« Beinah gelangweilt antwortet Horst: »Genau diese Reaktion ist der Grund, warum ich das ohne dein Wissen in die Wege geleitet habe. Du bist zu emotional involviert und dir fehlt der rationale Blick in dieser Sache.«

Alex ist fassungslos, doch ihm ist bewusst, dass er seinen Vater nicht so einfach überzeugen kann. Er atmet tief durch und bemüht sich, ruhig zu bleiben, als er sagt: »Gut, ich verstehe deine Bedenken und dass du glaubst, es sei kurzfristig das Einzige, was dem Unternehmen hilft. Aber wir brauchen jetzt eine Strategie, die uns langfristig aus dieser Situation bringt. Ja, wir müssen etwas ändern. Aber ich werde nicht zulassen, dass wir Personal entlassen, bevor wir nicht alles Mögliche versucht haben.« Alex sieht, wie Horst zu einem

Gegenargument ansetzen will und spricht schnell weiter. »Ich bin der Geschäftsführer und habe von dir nie die Chance erhalten, das Unternehmen auf meine Art zu führen und ...« »Auf deine Art zu führen?«, unterbricht ihn Horst jetzt spöttisch in diesem Tonfall, der Alex jedes Mal in Rage bringt. »Meinst du etwa, durch deine neumodischen Smoothies und individuellen Säfte? Das kannst du doch nicht ernst meinen! Das ist keine Strategie und alles andere als Teil unseres bewährten Kerngeschäfts. Du hast vielleicht Ideen, aber dir fehlt es an Erfahrung, um diese Situation realistisch einzuschätzen!« Horst steht auf und schaut seinen Sohn eindringlich an. »Ich spreche am Donnerstagnachmittag mit dem Betriebsrat und dann werden wir schon sehen, wer am längeren Hebel sitzt.«

Auch Alex ist inzwischen aufgestanden. Am liebsten hätte er so beiläufig, wie Horst zuvor von der Entlassung der Mitarbeitenden gesprochen hatte, berichtet, dass genau in diesem Moment eine Etage unter ihnen ein Meeting stattfindet. Ein Meeting, in dem ein neues Vorgehen besprochen und ausgestaltet wird. Dass es sich bei seiner Vision nicht mehr nur um Ideen handelt und, was viel wichtiger ist, dass er bereits eine Entscheidung getroffen hat, anders als von Horst behauptet. Alex hat sich längst entschieden, nicht mehr der Führung seines Vaters zu folgen. Es ist an der Zeit, dass er und Steffens Team das tun, was am besten für das Unternehmen ist. Aber Alex sagt nichts dergleichen. Ihm ist bewusst, dass ihr größter Vorteil gerade darin besteht, dass Horst von alldem nichts weiß. Sie brauchen den Vorsprung, um sich zu organisieren und das Vorhaben zu konkretisieren, bevor er es gegenüber seinem Vater platziert.

Alex betrachtet seinen Vater und nun tut er ihm beinahe leid. Er versteht, dass es für Horst nicht einfach ist, zu sehen, wie sein Unternehmen wirtschaftlich nicht mehr so erfolgreich ist wie früher. Er kann den Frust nachvollziehen, denn auch er empfindet, dass bisher keine ihrer Maßnahmen erfolgreich gewesen war. Doch was Alex nicht versteht, ist die Starrköpfigkeit und die Voreingenommenheit seines Vaters, vor allem in dieser Lage. Alex nimmt sein Sakko und dreht sich zu Horst. Ruhig und bestimmt sagt er: »Ich glaube, ich habe dir meine Meinung unmissverständlich gesagt. Ich werde nicht zulassen, dass solche Vorhaben, wie du sie planst, unter mir als Geschäftsführer beschlossen werden. Ich habe meine eigenen Pläne und eine Vision, wie du weißt. Und genauso gut kenne ich deinen Standpunkt und weiß, dass du weder dazu bereit bist, dein Vertrauen in mich zu setzen noch dazu, mir eine Chance einzuräumen, mich zu beweisen.« Und bevor Horst noch etwas erwidern kann, wendet Alexander sich ab, geht aus dem Raum und lässt seinen Vater in dessen altem Büro zurück.

Horst dreht sich verdutzt auf dem Schreibtischstuhl um 180 Grad und schaut aus dem Fenster. Er sieht ein paar Möwen. Sie keifen sich und die Welt an. Er fand dieses Geschrei immer schon nervig. »Die fliegen doch auch seit Jahrhunderten auf die gleiche Art und Weise. Und die Alten halten sich mit ihrer Erfahrung die Jungen vom Leibe. Und die Jungen haben Respekt vor den Alten.« So sinniert er vor sich hin und steht auf. Gedankenverloren streicht er sich durchs Haar und bewegt sich langsam zum Fenster. Es kommt gerade rechtzeitig, um zu sehen, wie sich zwei Möwen um etwas Essbares streiten. Die eine Möwe hat das Stück im Schnabel. Und die andere versucht immer wieder, daran zu kommen. Dieser Kampf zieht sich hin. Die alte Möwe ist andauernd in der Verteidigungsposition. Horst streicht sich müde mit beiden Händen über das Gesicht und schließt die Augen. Tief in seinem Inneren spürt er, dass sich eine Veränderung anbahnt.

Zum Vertiefen empfehlen wir Standpunkt 9: Value Streams nur noch mit Informationstechnologie.

Skizzen von Meisterwerken

Alex hat nach dieser Auseinandersetzung das dringende Bedürfnis, seine Gedanken und Gefühle zu ordnen. Energischen Schrittes marschiert er aus dem Bürogebäude.»Wenn es darum geht, neue und innovative Produkte zu entwerfen, ist es wichtig, sich von bestehenden Prozessen und Herangehensweisen lösen zu können. Gerade in der Digitalisierung stehen die technologischen Möglichkeiten im Zentrum«, fasst er gedanklich zusammen und biegt um eine Straßenecke. Hier kommt ihm ein kräftiger Wind aus Richtung des Hafens entgegen.»Es geht darum, sich an den Möglichkeiten der Technologie auszurichten und nicht darum, bestehende Verfahren möglichst gleichartig mit technischen Tools abzubilden. Das muss ich meinem Vater auch noch klarmachen.« Alex hat die Hände in den Taschen und spaziert nahe an den Hauswänden entlang. Er ist sich sicher, dass damit das Potenzial viel besser ausgeschöpft werden könnte. Ihm ist jedoch auch bewusst, dass die Unternehmensprozesse als zielführende Wertströme neu ausgerichtet werden müssen. Um gemeinsam mit den verschiedenen Geschäftsbereichen eine innovative Lösung zu definieren, bringt nicht einfach jedes beteiligte Team seine Anforderungen ein. Vielmehr braucht es ein gegenseitiges Verständnis und auch Akzeptanz der vorhandenen Kompetenzen, um zusammen eine wertstiftende Lösung zu definieren. Alex' Gedanken dazu werden mit jedem Schritt klarer. Aus dieser Klarheit schöpfte er Kraft und Energie. Sein kleiner Spaziergang war notwendig gewesen und in diesem Sinne auch erfolgreich. Er beobachtet gedankenverloren zwei Möwen, die um etwas Essbares streiten.

Zwei Tage sind seit dem Zusammentreffen am Mittwoch vergangen und Steffen kann es gar nicht abwarten, weiter an ihrem Vorhaben zu arbeiten. Mit dieser neuen Idee kann Jacobsens wieder nach vorne gebracht werden, da ist er sicher. Noch am Abend des ersten Meetings hatte er einen Chatraum mit den verbliebenden Teilnehmern erstellt, den er »Juicy-Projekt« getauft hatte und mit ihnen vereinbart, sich am Freitagmittag nochmals für ein paar Stunden zusammenzusetzen. Er will den anfänglichen Drive des Teams unbedingt nutzen und so schnell wie möglich das weitere Vorgehen planen. Denn wenn er eins verstanden hat, dann dass die Zeit knapp ist und Alex zügig Erfolge vorweisen muss. Unbewusst atmet Steffen bei diesem Gedanken laut aus. Er war noch nie ein Fan von hierarchischen und klassischen Strukturen, aber trotzdem sind diese doch so stark in den unterschiedlichen Bereichen verankert, dass sie von vielen Mitarbeitenden nicht mal hinterfragt werden. Umso dankbarer ist er darüber, jetzt diese Gruppe an Kollegen gefunden zu haben, die mit Alex und ihm gemeinsam einen neuen Weg einschlagen wollen.

Rund fünf Minuten nach der vereinbarten Zeit sind sie wieder zu acht in dem Meetingraum versammelt. Dieses Mal ist auch Alex dabei, worüber Steffen sehr erleichtert ist. Bisher hat er sich allerdings im Hintergrund gehalten und hat auch keine Einwände, als Steffen fragt, ob es in Ordnung ist, wenn er die Moderation übernimmt.

»Alles klar, dann starten wir doch mal«, verkündet Steffen und begibt sich zu dem Flipchart, das er ein Stück weit in den Raum zerrt. »Warum sind diese Teile nur immer so schwer zu verschieben?«, ärgert er sich und es kommt ein zustimmendes Lachen vom Rest der Gruppe. »Ich glaube, um zu verstehen, was wir ändern müssen, sollten wir erst mal erfassen, wie wir aktuell arbeiten. Da ergeben sich für mich Fragen wie: Wo fängt unser Value Stream an? Wie definieren wir für uns, was ein Value Stream ist? Was müssen wir alles betrachten? Wie sehen die Zusammenhänge aus? Ich glaube, nur so können wir auch die Wirkung von Veränderungen einschätzen«, schließt er. Steffen bemerkt, dass sie als Gruppe noch sehr zurückhaltend sind. Das liegt sicherlich daran, dass sie untereinander wenig vertraut sind, was die Arbeitsweisen der anderen Abteilungen und Mitarbeiter angeht.

»Ich stimme dir zu, Steffen! Das ist ein guter Ansatz«, kommt es da als Antwort von Gerald, dem Kollegen aus der IT. »Ich persönlich weiß ja nicht mal, was die da hinten im Vertrieb so machen«, sagt er zwinkernd. Die anderen nicken zustimmend und auch Steffen muss zugeben, dass er recht hat. »Dann lasst uns zunächst den Istzustand herausfinden, um unsere Stärken, Schwächen, mögliche Chancen und Risiken zu identifizieren und allen transparent zu machen. Dies sollte die Grundlage bilden, um gemeinsam einen Ziel-Zustand zu finden.« Er blättert auf ein neues Blatt des Flipcharts und überlegt kurz. »Okay, fangen wir mit unserem Istzustand im Ablauf an. Zunächst klären wir das Ziel unserer Prozesse und die wichtigsten Arbeitsschritte. Und dann schauen wir, was von wem reinkommt und zu wem rausgeht« »Das Ziel ist Saft für unsere Kunden, was sonst?!«, wirft Julia aus dem Vertrieb ein. »Okay, und wer sind unsere Kunden?«, fragt Steffen. »Aktuell sind es die Discounter, die unsere Ware einkaufen«, meint Julia »Aber, ob unser Saft dort gekauft wird, entscheiden die Endkunden«. »In Ordnung, und wo geht das ganze los?«, fragt Steffen weiter. »Na, bei den Landwirten mit dem Obst!«, sagt Lisa aus dem Einkauf.

»Gut, dann sehen die Hauptschritte wie folgt aus:« sagt Steffen und schreibt gleich mit, während er aufzählt, »Obsterzeugung, Bestellung, Anlieferung, Verarbeitung, Vertrieb, Auslieferung, Kauf durch Kunden«. Er greift eine Kiste von der Fensterbank links von sich, in der sich selbstklebende Notizblätter und Stifte befinden und hält diese in die Runde. »Jetzt bedarf es euer aller Input!« Mark fragt: »Warum eigentlich ausgerechnet diese sieben Schritte?« »Nur so als erste grobe Orientierung. Wir schauen uns nun an, wer was hier tut. Und wenn wir dann verfeinern müssen, können wir das immer noch tun.« Im Folgenden ergänzen sie die Schritte um Lieferanten, Input, Output und Kunden für jeden dieser sieben Schritte. Nachdem sie einen Moment das Ergebnis angeguckt haben, bilden sich die ersten Vorschläge in einer Skizze heraus, was sie anfassen müssen, um die zuvor besprochenen Ideen umzusetzen.

Nach rund zwei Stunden haben sie ein unglaublich umfangreiches Bild der aktuellen Situation zusammengetüftelt, das auf den ersten Blick alles andere als einfach zu erschließen aussieht. Sie entscheiden sich, zehn Minuten Pause zu machen. Während der Arbeit waren alle so engagiert gewesen, dass kaum jemand mal raus musste. Jetzt stürmen sie alle los, nur Steffen überlegt noch etwas ratlos, wie sie nach der Pause weitermachen sollen. Zu seiner Erleichterung kommt Alex auf ihn zu und nickt wohlwollend. »Das sieht gut aus, alle Achtung«, lobt er Steffen und ergänzt: »Wie geht es dir? Alles okay? Brauchst du Hilfe?«. »Gerne!«, stöhnt Steffen leise und bemerkt erst jetzt, dass auch er mal schnell verschwinden muss.

Nach der Pause ergreift erstmals Alex das Wort. »Genau dieses Bild ist der Grund, warum wir etwas verändern müssen. Wir sehen, wie intransparent unser Wertstrom heute ist, oder hat einer von euch das je als ganze Einheit betrachtet? Selbst als Geschäftsführer muss ich leider eingestehen, dass ich das sicherlich noch nicht habe. Durch immer neue Anforderungen haben sich über die Jahre diese komplexen und gewachsenen Strukturen gebildet. Und da wir das nie hinterfragt haben, ist auch niemandem aufgefallen, in was für einem Wirrwarr wir uns befinden. Da reden wir immer von Agilität und Flexibilität, aber wie soll das funktionieren mit diesen vielen ineinander verflochtenen Prozessen?« Nachdenklich blickt Alex auf das Flipchart und denkt laut weiter: »Okay, aber weiter im Text: Wir haben unsere wesentlichen Prozesse aufgemalt, inklusive aller involvierten Abteilungen. Aber ich glaube, es muss noch einen Schritt weiter gehen.« Er tritt zum Chart und schreibt in drei unterschiedlichen Farben die Worte: »Entscheidungsfindung«, »Werkzeuge« und »Abhängigkeiten«. Dann dreht er sich wieder zur Gruppe und sagt: »Ich hoffe, das schafft mehr Struktur und wir können anschließend besser die Zusammenhänge einschätzen.«

Und tatsächlich behält Alex mit dieser Überlegung recht. Nach einer weiteren Stunde steht die Gruppe wiederum vor einem noch umfangreicheren aber nun zumindest nachvollziehbaren Bild. Zu dem ursprünglich einen Flipchart-Blatt haben sich weitere gesellt. Und eins fällt auf: Das Ergebnis setzt sich aus einer Vielzahl einzelner Prozesse zusammen, die allesamt unterschiedliche Tools nutzen. »Daran zeigt sich doch, dass es im Unternehmen an Anpassungsfähigkeit fehlt«, bemerkt Gerald aus der IT. »Wir haben in der Vergangenheit versucht, die einzelnen Prozesse zu optimieren. Ich glaube, was es jetzt braucht, ist eine neue Fokussierung auf die Kunden, im ganzen Unternehmen und als Ziel unseres Wertstroms. Das Warum eben. Wenn wir uns an dieser Struktur orientieren und einen zielgerichteten Handlungsrahmen schaffen, können wir auch unsere Arbeit dahingehend ausrichten und die Anpassungsfähigkeit in allen Bereichen steigern. Dann ist jedem klar, welchen Beitrag er selbst leistet für das Gesamtziel, über die eigenen Abteilungsgrenzen hinaus. Und da du es eben als Stichwort genannt hast:«, ergänzt der Kollege und schaut zu Alex: »Wir haben doch schon seit mindestens zwei Jahren das Ziel, im Unternehmen agile Arbeitsmethoden und Prinzipien zu etablieren. Ich denke, dabei kann die Wertstrombetrachtung ebenso helfen!« Es ist nicht zu übersehen, dass jeder Einzelne nun für sich überlegt, was die zuvor getroffene Aussage für das Unternehmen und ihr weiteres Vorgehen bedeuten könnte. Steffen geht zu den Fenstern und öffnet zwei von ihnen. Er hat das Gefühl, dass eine kleine Ablenkung der Gruppe guttun würde. Die frische Luft strömt in den Raum und einige strecken sich ihr entgegen.

»Da stimme ich dir zu«, bricht Julia nach einiger Zeit das Schweigen. »Ich glaube, das Ziel, zukünftig auch Wertströme zu betrachten und zu setzen, ist für uns recht eindeutig. Die Frage ist, wie vermitteln wir diese Ausrichtung an unsere Kollegen, insbesondere auf der Ebene der Zusammenarbeit? Außerdem beantwortet das noch nicht unsere Frage, wie wir den Wert für unsere Kunden maximieren können.« Sie schaut fragend in die Runde in der Hoffnung, dass jemand eine Antwort auf diese Frage hat.

»Ich finde schon«, antwortet Steffen. Alle schauen ihn erwartungsvoll an. Schnell spricht er weiter: »Natürlich haben wir noch nicht festgelegt, wie wir weiter vorgehen wollen, aber ich habe gerade an eine der Ideen von Mittwoch gedacht. Was haltet ihr davon, wenn wir eine App entwickeln? Wir könnten damit unsere Überlegungen vereinen. Zum einen können wir mit den Kunden direkter und enger interagieren, sie nach ihren Wünschen fragen und Produkte entwickeln, die ihren tatsächlichen Bedürfnissen entsprechen. Andererseits können wir dort aber auch unsere Ziele, Motivation und Ausrichtung beschreiben. Wir können unsere Wertschöpfungskette darstellen und ich bin mir sicher, auch unsere Kunden haben eine Menge Ideen und Wünsche.«

»Auch in Bezug auf die Produktion könnten wir unsere Kunden fragen und miteinbeziehen. Zum Beispiel bei der Frage, ob sie sich Südfrüchte wünschen«, sagt Alex und zwinkert Steffen zu. Die beiden grinsen sich verschwörerisch an und als sie in die Runde gucken, stellen sie fest, dass auch der Rest der Gruppe die Idee gut zu finden scheint. Julia steigt direkt mit in die Überlegungen ein und bemerkt, dass es wohl kaum eine bessere Möglichkeit gibt, um die unterschiedlichen Bedürfnisse der Kunden in Erfahrung zu bringen und auch die Vertriebsgrößen den Wünschen anzupassen. Auch ein Kollege aus der Produktion ist ganz aus dem Häuschen von der Idee, die Bestellungen der Kunden so weit wie möglich zu individualisieren. »Das bedeutet zwar mehr Verantwortung und Veränderungen, aber das können wir im Team gut verkraften«, meint er.

Es entsteht eine Pause. Steffen ist sehr glücklich über die Begeisterung in der Gruppe. Er freut sich über die Aufbruchstimmung, die deutlich zu spüren ist. Nichtsdestotrotz merkt er, dass die Energie bei ihm wie bei seinen Mitstreitern für heute ausgeschöpft ist. Er wirft einen Blick auf seine Uhr und stellt überrascht fest, dass es schon nach 18 Uhr ist. Steffen überlegt, wie es nun weitergehen soll. Sie haben eine tolle Idee und ein motiviertes Team. Der Istzustand und das Zielbild sind – mehr oder weniger – definiert. »Wie sollen wir damit nun in die Umsetzung kommen?«, fragt er sich im Stillen selbst und blickt in die Runde.

Laut sagt er »Sehr gut,« und lächelt, »damit sind wir heute schon viel weitergekommen, als ich es erwartet hätte! Fehlt nur noch, dass wir das Ganze umsetzen!«, ergänzt er lässig mit einem schelmischen Augenzwinkern, ganz so als wäre es nur eine Kleinigkeit. »Wie wollen wir uns denn die nächsten Wochen organisieren? Ist schon ein nächstes Treffen angesetzt?«, meldet sich nun Julia zu Wort, »Ich glaube mir würden regelmäßige Termine und einige Meilensteine sehr helfen, um auch dieses Projekt wirklich in meinen Arbeitsalltag integrieren zu können.«

»Ja, da hast du mit Sicherheit recht, immerhin sind wir alle zeitlich stark eingebunden. Wir müssen uns auf jeden Fall überlegen, wie wir nun am besten zusammenarbeiten und wie wir alle Lösungen aufbauen und langfristig pflegen können«, ergänzt Steffen nickend. »Aber ich glaube, für heute müssen wir vor allem erst mal nach Hause und haben uns das Wochenende mehr als verdient«, fügt er hinzu. »Was haltet ihr von folgendem Vorgehen: Durch unsere Chatgruppe haben wir schon einen Platz für die gemeinsame Dateiablage. Dort lege ich die Fotos von unseren erarbeiteten Meisterwerken ab«, er deutet auf das Flipchart neben sich. »Ergänzend fasse ich schon mal unsere Ideen rund um die App in einem Dokument zusammen.«

»Das hört sich gut an«, stimmt Gerald ihm zu. »Steffen, wir beide können uns gerne – auch mit jedem anderen, der noch Lust hat – noch mal zusammensetzen und darüber sprechen, was alles noch geklärt werden muss. Also zum Beispiel können die Kunden über die App ihre Säfte on Demand bestellen und ein Etikett gestalten. An welche Abteilung so eine Anforderung weitergeleitet werden muss, müssen wir noch im Detail ausarbeiten.« bietet Mark, der junge Software-Entwickler aus der IT, an.

»Moment noch, ich habe noch eine für euch wichtige Sache zu klären.« Alex steht auf und geht in die Mitte der Gruppe. »Einige haben mich heute tagsüber persönlich angesprochen und gefragt, wie viel Zeit sie investieren dürfen und was sie den anderen sagen dürfen. Das sind gute Fragen. Ich möchte euch nicht bremsen und noch weniger möchte ich irgendwelche Vorgaben oder Vorschriften machen. Ich gebe euch die volle Freiheit bei der Entscheidung, wie viel Zeit ihr investiert, wie ihr das mit den Kollegen abstimmt und wie viele Details ihr von dieser Arbeit weitergebt. Ich vertraue euch, dass ihr selbst einschätzen könnt, wer euch vielleicht Arbeit abnehmen kann und wer euch inhaltlich unterstützen könnte, wenn ihr etwas erzählt. Achtet aber bitte auch darauf, dass unsere reguläre Arbeit weiterlaufen muss.« Alex schaut sich im Raum um und versucht mit allen nacheinander einen direkten Blickkontakt aufzubauen. »Ihr kennt euren Job besser als ich. Sollte es zu diesen Themen bei euch Fragen oder Probleme geben, bin ich euer Ansprechpartner. Steffen kümmert sich um das Fachliche, denn das macht er super und ihr seid zusammen ein starkes Team. Ich halte euch den Rücken frei und werde auch darauf achten, dass bei aller Motivation keiner in ein Burn-out gerät. Okay?«

Steffen sieht erschöpfte und zufriedene Gesichter. Der ein oder andere trinkt noch einen Schluck und die letzten Obstreste werden verzehrt. Das nächste Meeting ist für den kommenden Donnerstag angesetzt. Die Gruppe will anhand des Bildes die Ideen für die anstehenden Veränderungen konkreter angehen. Sie wollen sich auf diejenigen fokussieren, die ihnen aus ihrer Sicht am besten helfen können, die Ziele hinsichtlich der besseren Wertschöpfung zu erreichen. Die übergeordnete Zielsetzung sollte sein, dass die Kunden mit Jacobsens Säften individuelle, auf ihre Wünsche zugeschnittene Produkte bekommen, die gleichzeitig auch nachhaltigen Ansprüchen genügen. Es herrscht die einhellige Meinung im Team, dass die Kunden bereit wären, margenträchtige Preise dafür zu bezahlen. Und man ist gemeinsam der Auffassung, dass die Kunden den Säften von Jacobsens treu bleiben würden oder dass neue, der Marke treue Kunden gewonnen werden könnten. So würden

Umsätze und Deckungsbeiträge steigen und Jacobsens Säfte sollte seine Marktposition zum Marktführer ausbauen können.

Steffen hält nach dem Meeting im ersten Entwurf eines Businessplans die Komponenten und Konsequenzen daraus fest. Es soll eine App geben, in der Jacobsens Säfte mit den Kunden dichter in Kontakt gehen kann. Erste konkrete Ideen sind, spezielle Angebote zu machen und einfache Wege zu schaffen, um Feedback zu geben, beispielsweise um Verbesserungsvorschläge machen zu können. Außerdem sollte die Möglichkeit bestehen, Säfte direkt oder über den Handel zu beziehen. Damit sollen vor allem neue Vertriebskanäle erschlossen werden. Zwei Ideen hatten Alex und dem Team ganz besonders gefallen: Einerseits sollten die Kunden individuelle Saftmischungen bestellen können, andererseits wollte man auch eine Auswahl an vorkonfigurierten Bio-Varianten anbieten. Alex und Steffen sind sehr froh über die cross-funktionale Zusammensetzung des Teams. Denn die Möglichkeit für die individualisierten Saftmischungen setzt eine Just-in-Time-Lieferfähigkeit (JiT) voraus, ebenso wie eine flexiblere Produktion und Logistik sowie ausgefeilte Funktionen in der App. Hierfür wird die Idee von Alex aufgegriffen, ein Control Panel zu schaffen, das Transparenz in die Produktionsabläufe bringt. Über eine Internet-of-Things-Ausstattung (IoT) der Fertigungslinien werden Daten gesammelt und für die Produktionssteuerung bereitgestellt. Für die ökologischen und nachhaltigen Varianten muss an Glasflaschen sowie an regionale und Bioprodukte gedacht werden, was den Einkauf, die Logistik und wiederum zusätzliche Funktionalitäten in der App betrifft.

»Die Kunden achten auf Gesundheit für sich und ihre Familie und auf ihren ökologischen Fußabdruck«, hatte es Julia sehr schön beschrieben. »Sie sehen das als Statussymbol und schätzen die soziale Interaktion mit dem Hersteller, genauso wie die individuelle Personalisierung von ursprünglichen Massenprodukten.«

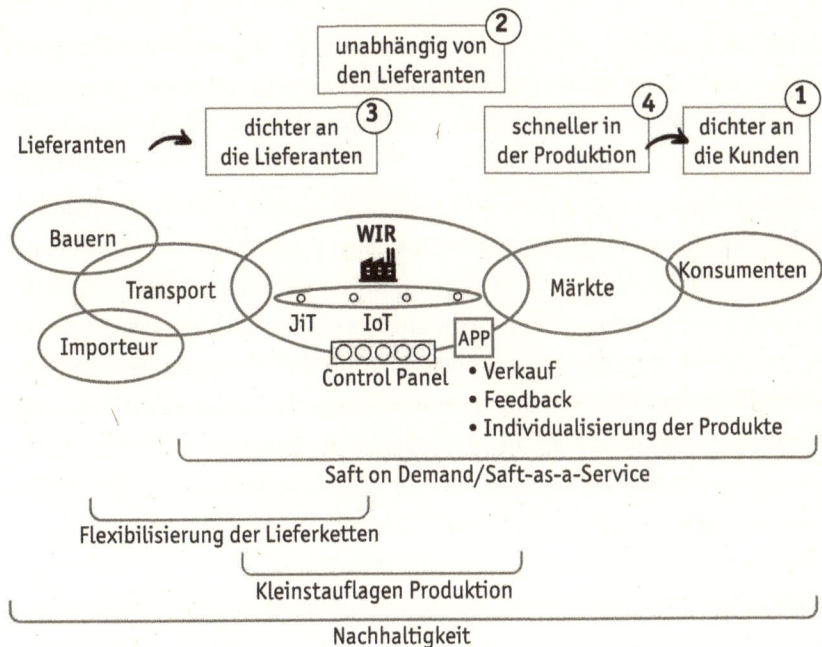

Abbildung 1: Das Zielbild

Julia hatte einiges zum Alleinstellungsmerkmal beigetragen, was sich in folgender Aussage niederschlug: »Die direkte Kommunikation mit dem Kunden in einem Massenmarkt und die Transparenz in der Produktion schaffen belastbares Vertrauen, das Richtige zu tun.« Die Zielsetzung wurde mit einer durchgängigen ökologischen und nachhaltigen Qualität in der Lieferkette beschrieben. Intern formulierte man das Ziel einer Erhöhung der aktuellen Umsatzrendite um fünfzehn Prozent. Der Kundenservice sollte Bestnoten in Markentreue und anerkannten Kennzahlen erreichen, um die Marktführerschaft sicherzustellen. Steffen überzeugte vor allem die Markteinschätzung des Teams: Die Nachfrage nach Qualität und Nachhaltigkeit würde steigen und das Kaufverhalten der Kunden würde sich zunehmend in Richtung ökologischer Alternativen sowie gesunder und klimafreundlicher Ernährung ändern. Die Gruppe kam überein, dass die direkten Wettbewerber von Jacobsens Säften noch weitestgehend auf Standardmassenproduktion mit erheblichen Schäden für Mensch und Umwelt abzielen. Alex hatte Zustimmung geerntet mit der Aussage: »Für die geht Preis vor Qualität. Als mittelständisches Unternehmen können wir in diesem Preiskampf nicht lange mithalten und müssen daher mit innovativen Ideen gegenüber unseren Mitbewerbern bestehen.« Schließlich fassten sie noch zusammen, welche Änderungen hinsichtlich der Lieferantenstrategie und der Produktion passieren müssen, welche Kosten und Risiken zu berücksichtigen sind, einschließlich der damit verbunden finanzwirtschaftlichen Planungen. In diesem Moment bemerkt Steffen, dass, entgegen seiner Annahme, noch nicht alle den Meetingraum verlassen haben. Alex ist hinter ihn getreten und wirft nun ebenfalls einen Blick auf den Business Plan.

»Das ist ein gutes Stück Arbeit, diese Ideen erstmalig und in diesem Umfang über verschiedene Bereiche auf Herz und Nieren zu prüfen«, meint Steffen und dreht sich dabei zu seinem Geschäftsführer um. »Selbst wenn sich in der iterativen Umsetzung notwendige Anpassungen zeigen werden, gibt es doch ein schönes Gesamtbild der Wechselwirkungen und der Konsequenzen für uns. Da liegt wohl noch eine Menge Arbeit vor uns!«, stimmt Alex zu. Er lehnt sich zurück und schaut zu Steffen rüber und beginnt seine Gedanken und Eindrücke in Worte zu fassen: »Weißt du, Steffen, was mir gerade so klar wird? Lass uns das mal gemeinsam formulieren. Hast du noch Lust?« Ohne eine Antwort abzuwarten, fährt er fort: »Unser Blick auf die Wertströme zeigt mir, dass sie auch ohne Agilität funktionieren. Ich finde das hervorragend, weil es dann nicht so dogmatisch wirkt.« Steffen lehnt nachdenklich und mit geschlossenen Augen mit dem Rücken am Fenster. Jetzt runzelt er die Stirn und blickt Alex an. Langsam beginnt er die Aussage von Alex zu verstehen und entgegnet: »Stimmt, da hast du recht. Wobei die Wertstrombetrachtung für uns die Agilität unterstützt, oder?« Auch Steffen wartet die Antwort von Alex nicht ab, denn seine Frage kann er selbst beantworten: »Wir nutzen ein methodisch sauberes Vorgehen, um die Value Streams zu analysieren. Das ist eine Bewertung von Abläufen der Werterzeugung hier bei Jacobsens, die auf Fakten basiert. Wir verhindern damit, dass wir mit eigenen oder definierten Vorgaben zu agieren versuchen.« Auch Alex kommt ins Grübeln und denkt seinerseits über die Aussage von Steffen nach. Er ergänzt: »Ganz genau. Wenn wir dieses eher rationale Vorgehen mit dem Fokus auf Menschen und ihre Bedürfnisse kombinieren, können wir nachhaltig und gezielt Erfolge im Rahmen der Veränderungen bei Jacobsens schaffen.« Steffen bewegt sich vom Fenster weg und schnappt sich einen Stift vom Flipchart. Sein Versuch, ihn als Balancierobjekt in seiner rechten Hand zu nutzen, schlägt fehl, woraufhin er ihn vom Boden aufhebt. Das gibt Alex kurz die Gelegenheit, seinen Gedanken weiterzuentwickeln: »Ich habe den Eindruck, dass wir Agilität hier bei Jacobsens unterschiedlich definieren, umsetzen und leben. Trotzdem werden wir den Menschen mit seinen Bedürfnissen und Erwartungen in den Mittelpunkt des Handelns und des erzeugten Wertes stellen, wenn wir Value Streams ermitteln, bewerten und vergleichen.« Beide erkennen, dass eine starke Gemeinschaft, die achtsam und bewusst Wertströme mit dem Fokus auf den Menschen generiert, die bestehende Genetik der Organisation verändert.

> **Zum Vertiefen empfehlen wir Standpunkt 5: Value Streams unterstützen Agilität.**

›Juicy‹ – das digitale Produkt

Alex bleibt nach dem Gespräch mit Steffen noch einen Moment im Raum und betrachtet nachdenklich das Flipchart. Er kann noch gar nicht glauben, was sie hier heute gemeinsam auf die Beine gestellt haben und wie transparent auf einmal alles ist. Neben der Euphorie stellt sich auch ein leichtes Gefühl von Überforderung ein, weil ihm die Größe dieser Aufgabe nun richtig bewusst wird. Hat er vielleicht doch zu voreilig und groß gedacht und sie hätten besser mit kleineren Schritten anfangen sollen?

»Das geht auf, unser Geschäftsmodell geht auf!«, macht er sich mit Blick auf die Zeichnungen Mut und atmet tief durch. Natürlich ist er begeistert und beeindruckt von den Ideen des Teams. Sie teilen nicht nur seine Vision, sondern ergänzen seine Ansätze mit vielen wertvollen Vorschlägen. Irgendwie gibt es aber immer unterschiedliche Auffassungen, was tatsächlich die Lösung für den Kunden darstellt. Ist es ein neues Produkt, oder ist es ein Service? Diese Diskussion hat schon sehr viel Zeit gekostet, in der sie keinen Schritt weitergekommen sind. Zudem wird es mit Sicherheit nicht so flüssig laufen, wie sie es sich gerade vorstellen. Es ist eigentlich kaum zu glauben, wie aus ihrem kleinen Familienbetrieb in den letzten Jahrzehnten so ein großes Unternehmen mit so vielen Prozessen, Lieferanten und Angestellten entstanden ist.

Plötzlich wird ihm heiß und er geht mit drei großen Schritten zum Fenster, um dieses weit zu öffnen. Kühle Luft strömt ihm entgegen und er atmet tief ein. Den ganzen Nachmittag hatte es geregnet und die Luft ist noch feucht. Doch jetzt zum Ende des Tages lockert sich die Wolkendecke etwas auf und ein paar Sonnenstrahlen brechen durch. Er atmet nochmal tief ein und fühlt sich gleich etwas besser.

Für einen Moment schließt Alex die Augen und genießt die frische Luft und den leichten Wind in seinem Gesicht. Dann wendet er sich bestimmt ab, schließt das Fenster, nimmt sich seine Jacke vom Stuhl und geht hinüber zum Lichtschalter. Mit einem Seufzer lässt er nochmal seinen Blick durch den Raum schweifen, in dem heute so viel passiert ist. Dann schaltet er das Licht aus und geht hinaus.

Am Sonntag um 14 Uhr ist Yvonne pünktlich vor dem Ruderverein an der Alster. Hier wollen Steffen und sie sich für einen Spaziergang treffen. Es ist ein wundervoller Spätsommertag. Die Bäume am Ufer färben sich schon langsam orange und es geht ein angenehmer lauer Wind. Yvonne ist froh, eine leichte Jacke mitgenommen zu haben und atmet die frische Luft ein. Wie jedes Jahr freut sie sich auf diese paar perfekten Herbsttage, die nun anstehen und schaut auf ihr Handy. In dem Moment hört sie schon Steffen ihren Namen rufen. Als sie sich umdreht, sieht sie ihn winkend auf sich zu kommen.

Nach einer herzlichen Begrüßung schlendern sie gemeinsam den Weg an der Alster entlang. Gespannt erkundigt sich Yvonne nach Steffens Projekt. Ausführlich berichtet er ihr von den Ergebnissen der letzten Wochen und wie alles langsam Gestalt annimmt. Sie zögert mit ihrer Reaktion, weil sie ihn nicht verunsichern will. Darum fragt sie zunächst: »Darf ich dir einen Hinweis geben?« Steffen nickt eifrig und antwortet: »Ja bitte, auf jeden Fall.« Yvonne lächelt und überlegt kurz, wie sie ihre Überlegungen formulieren soll. »Als du gerade davon erzählt hast, dass ihr eure Wertschöpfungsketten auf den Wert ausrichten wollt, den ihr für den Kunden schafft, hast du dich sehr knapp gehalten. Ich weiß nicht, ob du diesen Aspekt jetzt nur so kurz angerissen hast, aber meiner Erfahrung nach ist das tatsächlich der entscheidende Punkt. Deswegen rate ich dir in eurem Team wirklich herauszuarbeiten, was ihr unter Wert versteht.« Yvonne schaut Steffen von der Seite an und hofft, dass sie sich verständlich ausgedrückt hat. Dieser betrachtet eine ganze Weile nachdenklich den Weg vor ihnen, schaut sie dann aber an und sagt: »Ja, ich denke, ich verstehe, was du meinst. Ich hatte schon bei unserem Meeting am Freitag das Gefühl, dass die Kollegen aus den unterschiedlichen Fachbereichen zum Teil stark abweichende Vorstellungen von dem Wertbeitrag haben, den ihre Abteilung leistet. Zudem reden die Software-Entwickler von einem Produkt, während andere im Team einen Service kreieren wollen. Wir haben schon Stunden damit zugebracht zu diskutieren, was wir letztlich dem Kunden anbieten werden.« »Das ist ja auch verständlich«, ergänzt Yvonne, »immerhin wird bisher noch in einzelnen Prozessen gearbeitet, in denen eine ganzheitliche Sicht fehlt. Erst mal braucht ihr hier Transparenz. Werdet euch einig, wie das Angebot für den Kunden zu bezeichnen ist. Ich würde euch empfehlen, dass ihr die Stimme des Kunden nochmal beschreibt. Dabei schreibt jeder auf, was eure Kunden sagen, respektive, was sie wirklich haben wollen. Jeder im Team versetzt sich dabei im Prinzip in die Rolle und Situation des Kunden. Das hilft sehr häufig. Und ich finde es schade, wie häufig die Menschen das verlernt haben, beziehungsweise wie weit sie durch die Arbeitsteilung vom Kunden entfernt sind.« Sie lässt Steffen etwas Zeit, das eben Gesagte zu verarbeiten, bevor sie fortfährt: »Und wie geht es jetzt weiter?«

Nach kurzem Nachdenken sagt Steffen: »Nun ja, ich denke, wir müssen erst mal in die Umsetzung kommen. Die Teams sollten sich Gedanken darüber machen, welche Anforderungen sie haben und welchen Beitrag sie dazu leisten können, was das Arbeiten mit einer App für sie bedeutet und so weiter. Aber vorher werde ich mich mit einem Kollegen aus der IT zusammensetzen und versuchen, einen konkreten Business Case aufzustellen. Und wie gesagt, wie das mit unserem Wert zusammenhängt. Nur so bekommen Alex und ich ein klares Bild davon, was es für das weitere Vorgehen braucht und wo wir stehen. Da könnten wir dann auch die Stimme des Kunden einbauen.«

»Das ist doch schon mal ein super Ansatz!«, findet Yvonne und ergänzt: »Du hast absolut recht damit, dass ihr die Arbeit zwischen dir und Alex aufteilen solltet.« »Hmmm«, kommt es zurückhaltend von Steffen, »das stimmt. Ich habe nur das Gefühl, Alex und ich müssten die Gruppe noch stärker leiten, um sicherzustellen, dass wir alle auf dem gleichen Weg bleiben«, fügt er hinzu und Yvonne merkt, dass er mit der Schärfung des weiteren Vorgehens seine Sicherheit zurückgewinnt.

Schweigend gehen sie weiter. Nach einigen Schritten schaut sie zu Steffen hinüber und bemerkt, wie dieser wieder nachdenklich auf den Boden vor ihnen starrt. Es erscheint ihr besser, dieses Thema für heute zu beenden. Eins will sie ihrem alten Schulfreund aber noch mitgeben und sagt deswegen: »Steffen, ich weiß, du hast dich diesem Thema verpflichtet und das ist die Hauptsache. Du musst nicht gleich alle Fragen beantworten können und zu allem sofort die Lösung kennen. Das wird sich ergeben. Vergiss nicht, dass du sehr viele gute Leute hinter dir hast, die Experten auf ihrem Gebiet sind. Wenn du also nicht weiter weißt, sprich mit ihnen, vertrau ihnen und versuch dabei, immer den Blick für das große Ganze beizubehalten.« Steffen schaut zu ihr auf: »Danke Yvonne! Ich bin dankbar, über dieses Thema mit dir reden zu können.« »Das freut mich,«, sagt Yvonne und stupst ihn leicht mit der Schulter an, »und es macht mir großen Spaß, deine Sparringspartnerin zu sein!«

Am Mittwoch um 14 Uhr trifft Steffen sich wie vereinbart mit Mark dem Kollegen aus der IT. Steffen möchte dieses Gespräch nutzen, um das weitere Vorgehen zu erproben, das er mit Yvonne am Wochenende besprochen hatte. Im Gespräch mit Mark wird Steffen aufzeigen, welche Veränderungen ihr Projekt für den Bereich mit sich bringt. Er möchte unbedingt über die nächsten Schritte bezüglich der unterschiedlichen Lösungen diskutieren, für die die IT nun mal unverzichtbar ist. Und er möchte ein Verständnis dafür bekommen, wie Mark sich die Arbeit in seiner Abteilung zukünftig vorstellt.

»Steffen, hier hinten«, hört er aus einer Ecke links im Raum und sieht Mark, der ihm aus einem kleinen Büro mit zwei Arbeitsplätzen zuwinkt. Mit wenigen Schritten ist er in dem gläsernen Würfel und schließt die Tür hinter sich, um die konzentriert arbeitenden Kollegen im Großraumbüro nicht zu stören. Mark deutet auf einen Kollegen, den Steffen bisher nur vom Sehen kennt. Er sitzt an dem zweiten Schreibtisch hinter seinem Bildschirm. Als Steffen eintritt, steht er auf, um ihm die Hand zu reichen. »Das ist Till, ein weiteres Mitglied aus unserem IT-Team.«

»Bevor wir loslegen, haben Till und ich noch ein Thema, das wir gerne kurz mit dir besprechen würden«, erklärt Mark. »Klar, worum geht's?«, fragt Steffen gespannt. »Nun ja«, beginnt Mark, »Till war die letzten zwei Wochen im Urlaub. Ich hatte allerdings das Gefühl, dass er sich sehr für unser Vorhaben interessiert und habe vorhin angefangen, ihm davon zu erzählen.« »Ja, ich habe auf jeden Fall Lust, mich einzubringen«, ergänzt Till. »Allerdings sind Mark und ich auf eine Verständnisfrage gestoßen, die wir untereinander nicht eindeutig klären konnten. Das macht es mir noch schwer, den Umfang und die Vision des Projekts ganz klar einzuordnen.«

»Okay, und welche Frage wäre das?«, fragt Steffen, sein Interesse ist geweckt. »Also,«, setzt Till an, »so wie ich es aufgefasst habe, ist das Ziel, eine App zu entwickeln, um das bestehende Angebot unserer Säfte zu ergänzen. Also eine Art Add-on zu unseren Produkten. Somit würde es sich dabei um ein weiteres oder ergänzendes Produkt handeln.« Mark, der Till ebenfalls aufmerksam zugehört hat, ergreift nun das Wort: »Na ja, und ich habe es anders verstanden. Meiner Auffassung nach, soll die App ein eigener umfangreicher Service sein, mit dem wir noch gezielter die Kundenbedürfnisse erfassen können und gleichzeitig unsere Prozesse verbessern.«

Sowohl Till als auch Mark schauen Steffen erwartungsvoll an. Steffen, der sich noch nicht sicher ist, ob er die Differenz der beiden richtig verstanden hat, fragt nach einer kurzen Pause: »Ich glaube, erst einmal müssen wir feststellen, dass wir nicht nur von der App, sondern gesamtheitlich von ›Juicy‹, also all unseren angedachten Lösungen wie dem Control Panel, der JiT-Belieferung und IoT sprechen. Eure Frage ist also, ob es sich bei ›Juicy‹ nun um ein Produkt für die Kunden handelt oder einen Service für Kunden und Unternehmen?« Diese Frage lässt er kurz im Raum stehen. Mark und Till schauen sich an und bestätigen nickend: »Ja, so in etwa.«

Till versucht, seinen Punkt noch weiter auszuführen: »Ich meine, ein Produkt für die Kunden wäre es wohl, wenn sie ihre Saftflasche oder Obstkombinationen individuell wählen könnten. Dass wir dies für sie so produzieren werden, wäre aber mehr als ein Produkt: Es wäre ein Service. Und sie fühlen sich sicherlich mehr mit unserem Unternehmen verbunden und durch diesen besonderen Service mehr wertgeschätzt. Aber so wie ich Mark verstanden habe, ist es auch unser Ziel, als Unternehmen unsere Prozesse zusammenzubringen und das gelingt durch die Eigenschaften von ›Juicy‹.«

Steffen steckt seine Hände in die Hosentaschen, lehnt sich an den Schreibtisch und ordnet seine Gedanken. Sie stehen in einem kleinen Kreis im Büro und Steffen spürt die gespannten Blicke von beiden Seiten. Nach einem weiteren kurzen Moment setzt er an: »Grob zusammengefasst sind die wichtigsten Werte für unseren Kunden, auf die wir uns konzentrieren wollen, folgende:«, beginnt er aufzuzählen.

»**Erstens: Nachhaltigkeit.** Der Fokus unserer Zielgruppe geht immer mehr in diese Richtung. Deswegen wäre es optimal, wenn die Kunden sich für ein umweltfreundlicheres Verpackungsmaterial entschieden. Hinzu kommt, dass wir weniger Lebensmittel wegschmeißen müssten, wenn wir durch die Angaben zu Obstwünschen in Smoothies unsere Planung optimieren könnten.

Zweitens: Convenience. Unsere Kunden sind es gewohnt, alles auch online zu bekommen, weshalb immer mehr Menschen Produkte von vornherein online bestellen. Deswegen wollen wir den Service, unsere Produkte direkt nach Hause zu bestellen, über eine App anbieten. Der Vorteil für uns liegt damit in einer Absatzsteigerung.

Drittens: Mehrwert. Die Kunden wollen mit Produkten mehr erleben, also nur den Konsum. Der digitale Service kann eine ganze Community schaffen, in der sich Kunden einbringen können. So haben sie die Möglichkeit, aktiv an der Entwicklung unserer Produkte mitzuwirken, wenn sie das wollen. Der Vorteil für uns: Wir vergrößern unsere Reichweite und eventuell die Zielgruppe.

Viertens: Vielfalt. Kunden wünschen sich Produkte, die genau ihren Erwartungen entsprechen. Über die App haben sie die Möglichkeit, Säfte oder Smoothies zu kreieren, indem sie ihre Wünsche äußern, Fragen stellen und Verbesserungsvorschläge machen. Uns erleichtert dies die Produktion und Planung einer Sortimentserweiterung, Testzyklen neuer Produkte können zum Beispiel mit einigen App-Nutzern durchlaufen werden und auch der Feedbackprozess wird optimiert.«

Steffen atmet nur einmal kurz durch und setzt dann seinen Monolog sofort fort: »Zusammenfassend lässt sich feststellen: Eine App verbindet all diese Kundenbedürfnisse und erlaubt uns, unsere Prozesse direkt darauf auszurichten. Die weiteren Lösungen ermöglichen uns, die Informationen, die wir durch die App generieren, intern weiterzuverarbeiten und zu nutzen.

Die ganzen digitalen Service-Leistungen, die wir durch ›Juicy‹ schaffen, unterstützen aber letztendlich nicht nur unser reales Produkt – die Säfte, sondern schaffen außerdem einen ... wie soll ich das nur formulieren ... einen ganzheitlichen Wert«, er macht kurz eine Pause. »Versteht ihr, wie ich das meine?«

»Hmm«, lautet Marks erste Reaktion auf Steffens Ausführung und dieser befürchtet schon, dass es ihm nicht wirklich gelungen ist, seinen Standpunkt verständlich zu machen. »Dann verstehe ich es so, dass im Vordergrund das Nutzungserlebnis unserer Kunden steht. Ob es sich nun um ein Produkt oder einen Service handelt, ist lediglich eine Frage der Begriffsdefinition. Wir sollten uns intern auf einen gemeinsamen Begriff einigen, um Missverständnisse zu vermeiden. In erster Linie handelt es sich um den Konsum unserer köstlichen Säfte. Aber durch unser Produkt und unseren Service wird dieses

Erlebnis erweitert und im Idealfall verbessert. Nennen wir dies doch einfach ein digitales Produkt. Und als Unternehmen können wir mit dem digitalen Produkt unsere weiteren Lösungen und Ansätze steuern oder zumindest unterstützen.

»Ganz genau!«, pflichtet Steffen ihm bei. »Und unser digitales Produkt ist ja ›Juicy‹. Doch wir müssen ›Juicy‹ auf mehreren Ebenen betrachten. Aber was bedeutet das für unsere Produktion? Beispiel: Ein Kunde möchte eine Glasflasche statt einer Plastikflasche. Dann muss ein Kollege in dem Bereich wissen, wie er die Maschinen entsprechend umstellt. Und uns muss bewusst sein, wie lange dieser Wechsel dauert, damit wir das ökonomisch bewerten können.«

»Ich verstehe, das ergibt für mich auf jeden Fall Sinn! Und macht das Vorhaben umso spannender!«, stellt Till begeistert fest. »Ja, es war auf jeden Fall gut, dass wir nochmal darüber gesprochen haben«, ergänzt Mark. Diese Abgrenzung beziehungsweise Nicht-Abgrenzung macht ja doch einen großen Unterschied. Dann setzen wir das mal um, was?«, sagt er lachend, als wäre es etwas, dass im Handumdrehen erledigt ist.

Steffen wollte als nächstes den Business Case vorbereiten und hatte Alex am Morgen spontan gefragt, ob er dazukommen könne, um seine Sicht mit einzubringen. Da Steffen weiß, wie eingebunden Alex immer ist, hatte er nicht damit gerechnet, dass dieser Zeit finden würde. Doch anscheinend hatte die Ausarbeitung des Business Case auch für Alex höchste Priorität. So entsteht nach einer kurzen Diskussion folgende Struktur auf einem Flipchart:

Inhalte des Business Case

1. Saft-as-a-Service ➲ gesteuert über das digitale Produkt:

   - individuelle Etiketten;
   - Crafted Saft (Kleinstauflagen);
   - Interner Aufwand für Tracking dieser Bestellungen ➲ brauchen das beste Lager-, Verpackungs- und Liefersystem;
   - Abfrage, ob Kundinnen Südfrüchte wollen ➲ der Punkt ist Alex besonders wichtig, denn so bekommt er Horst mit.

2. Nachhaltigkeit: Glasflaschen, Verpackung aus Obstschale, weniger Pestizide (Wie?), Sonderaktionen und -rabatte, wenn Saft aus bald ablaufenden Früchten gekauft wird.

3. CO_2-Ausgleich, wenn der Verkauf über das digitale Produkt (die App) geklärt wird. Wohin geht das? ➲ Geht an die Bauern/Lieferanten zurück.

4. Bessere Lieferantenanbindung ➲ weniger Pestizide erforderlich, da Obst schneller verarbeitet wird.

5. Quantifizierbare Kosten- und Nutzenelemente benennen.

Während Alex den Raum mit einem »Tschüss« wieder in Richtung seines Büros verlässt, fotografiert Steffen ihr Arbeitsergebnis der letzten drei Stunden und teilt es im Gruppenchat des ›Juicy‹-Projekts. Er bittet die Mitglieder des Teams, sich innerhalb ihrer Abteilungen Gedanken zu machen, wie sie die Inhalte umsetzten können. Er schreibt außerdem dazu, dass sie sich bitte melden sollen, wenn es zu irgendwelchen Problemen oder Nachfragen kommt. Das nächste Teammeeting ist erst in eineinhalb Wochen, doch er ist jetzt schon gespannt, was das Team bis dahin an Umsetzungsideen haben wird.

Horst klemmt sich mit der Schulter den Telefonhörer ans Ohr, während er eilig in einen ruhigen Konferenzraum huscht. Beim Anblick der ausländischen Telefonnummer wusste er direkt, dass es sich bei dem Anrufer um den Anbieter der Südfrüchte handelt, mit dem er seit einigen Wochen in Kontakt steht. Nach wenigen Minuten endet das Telefonat und Horst atmet laut aus. Sie haben sich geeinigt, zeitnah einen Termin anzusetzen, um weitere Details einer möglichen Zusammenarbeit zu besprechen. Er ist kein Fan von diesen telefonischen Absprachen und dann noch in englischer Sprache! Die besten Beziehungen hatte er bisher immer zu den Lieferanten aus der Umgebung aufgebaut, mit denen er sich regelmäßig persönlich traf. Schon früher hatten sie die meisten geschäftlichen Dinge bei einem Mittagessen oder zumindest im großzügig ausgestatteten Büro besprochen. Jetzt muss er nur noch Alexander davon erzählen. Das wird erneut Streit mit seinem Sohn geben, da ist er sich sicher. Aber er würde ihn schon überzeugen. Und wenn nicht, würde Alexander sich seinem Vater wohl kaum entgegenstellen. Er weiß, sein Sohn hat eine gute Ausbildung genossen und kennt das Unternehmen, das würde schon werden.

Horst sieht sich in dem kleinen Konferenzraum um und entdeckt ein Flipchart am anderen Ende des Raumes. Neugierig geht er ein paar Schritte darauf zu, um herauszufinden, welche Abteilung wohl daran gearbeitet hat. Immerhin werden diese Räume meist nur für größere Meetings oder abteilungsübergreifende Veranstaltungen genutzt. »Sieht aus wie ein Zielbild für eine neue Strategie«, denkt sich Horst verwundert. »Was soll das denn? Und was sollen diese wilden Ergänzungen?« Konzentriert versucht er, das Wirrwarr an Pfeilen, Wörtern und Umkreisungen zu verstehen. Dabei kneift er die Augen zusammen und beugt sich leicht vor. »Was zur Hölle!«, denkt er und bemerkt, wie ihn Wut überkommt. Was soll denn dieser Quatsch mit den ganzen Ergänzungen »App«, »JiT« und »Saft-as-a-Service«?! Das kann ja nur auf Alexanders Mist gewachsen sein. Was denkt der Junge sich dabei, die Arbeitszeit der Leute damit zu vergeuden, bunte Bildchen mit unrealistischen Abläufen zu malen? Horst beginnt zu schwitzen und schnauft, als er das oberste Blatt des Flipcharts abreißt und feststellt, dass sich darunter noch weitere solcher Zeichnungen befinden. Er denkt gar nicht daran, das Licht auszumachen, als er aus dem Raum in Richtung von Alexanders Büro stürmt. Alex sieht seinen Vater vor seiner Bürotür stehen. Horsts Kopf ist feuerrot und er schnauft, als wäre er gerade einen Marathon gelaufen. In der rechten Hand hält er ein unordentlich aufgerolltes großes Papier. Doch das erste, was er an Horst wahrnimmt, ist dessen durchdringender, zorniger Blick.

Mit zusammengeballter Faust hält er Alex den Papierhaufen in seiner Hand entgegen. In diesem Moment ist Alex froh, dass Horst sich direkt gesetzt hat und sie durch den Schreibtisch voneinander getrennt werden. Als Horst das Wort ergreift, spricht er überraschend ruhig. »Alexander, was ist das?« und dabei wedelt er Alex mit dem Papierhaufen entgegen. Als Alex schon sagen will, dass er gar nicht weiß, was auf dem Papier steht, erhebt sich Horst, entknüllt das Papier und breitet es auf Alex' Schreibtisch aus. Mit ein, zwei unkoordinierten Bewegungen versucht er, es glatt zu streichen, was ihm allerdings nicht wirklich gelingt.

»›Juicy‹-Projekt? Was zur Hölle soll das sein? Und JiT? Wofür soll das stehen. Junge!« Horst blickt Alex wütend an und jetzt hat er ganz vergessen, seine Lautstärke zu kontrollieren: »Was soll das?«. Alex atmet tief ein und strafft seine Schultern: »JiT steht für ›just in time‹. Das ist ein Prinzip, das zum Beispiel in der Automobilbranche angewandt wird. Teile – oder in unserem Fall Früchte – werden dabei in möglichst genauer Menge exakt zum benötigten Zeitpunkt geliefert. Dadurch kann man Lagerkosten und die Kosten für verdorbene Früchte reduzieren.« Bevor Horst zu Wort kommt, redet Alex schnell und bestimmt weiter. »Und was das digitale Produkt und die weiteren Markierungen angeht, die du auf diesen Zeichnungen siehst,«, er deutet auf den Schreibtisch vor seinem Vater, »dabei handelt es sich um unterschiedliche Lösungen, die wir umsetzen werden, um als Unternehmen digitaler und effizienter zu werden. Wir werden damit langfristig unsere Kosten senken, während wir den Umsatz steigern«, schließt Alex und schaut seinen Vater selbstbewusst an. Er stellt fest, dass er seinen Vater wahrlich überrumpelt haben muss, denn Horst bringt nur eine Antwort auf seinen letzten Satz hervor: »Kosten senken? Das machen wir doch durch den Import der Südfrüchte!«

»Ich habe dir zugehört, Vater, und weiß, dass du Früchte aus dem Ausland beziehen willst. Aber es muss dir doch, neben den Kosten, auch um unsere Kunden gehen. Durch ›Juicy‹, so heißt unser digitales Produkt, können wir gezielt abfragen, wie viele Konsumenten Saft mit Südfrüchten wollen. Wir können genau diese Menge bestellen und so sichergehen, dass wir keine unnötigen Kosten für Früchte und Saft verursachen, die am Ende niemand kauft. Das ist alles bereits in unserem Business Case berücksichtigt«, beendet Alex auch diese Ausführung und sieht seinen Vater gespannt an. »Pah«, antwortet Horst dann mit einem abfälligen Lachen. »Du glaubst doch selbst nicht, dass sich das in einem Unternehmen mit hunderten Mitarbeitern durchsetzt, oder?« Horst, dem eine Idee gekommen zu sein scheint, lehnt sich betont langsam in seinem Stuhl zurück und wippt leicht hin und her.

»Natürlich wird das funktionieren und ich benötige deine Unterstützung, Vater. Und wenn das zu viel erwartet ist, möchte ich, dass du mir zumindest die Chance gibst, es dir zu beweisen«, antwortet Alex, leicht überrascht von der plötzlichen Beherrschung seines Vaters. »Folgendes, Alexander,«, sagt Horst, nimmt einen Kugelschreiber vom Schreibtisch und dreht diesen langsam in seiner Hand, »ich bin nicht überzeugt. Das sage ich dir ganz ehrlich. Aber ich glaube, du wirst nur daraus lernen, wenn du deine eigenen Fehler machst und selbst zu dieser Einsicht kommst. Wir müssen die Kosten senken. Punkt. Und wenn das bis in vier Monaten nicht gelungen ist, gehe ich keinen Kompromiss mehr ein. Dann importieren wir die Südfrüchte, stellen unsere Maschinen um und dann heißt es »Tropical meets Jacobsens Säfte«! Ich stehe bereits in Kontakt mit einem südamerikanischen Unternehmen, das für eine mögliche Zusammenarbeit infrage käme. In einigen Wochen soll ein erster Videotermin dazu stattfinden.«

Alexander kneift leicht die Augen zusammen und verschränkt seine Arme, denn diese Ausführung seines Vaters entspricht natürlich so gar nicht seinen eigenen Vorstellungen. Aber ihm ist auch bewusst, dass er bei diesem Gespräch mit Bedacht handeln muss.

Horst fährt fort: »Hier also mein Vorschlag: Ich werde euch die vier Monate Zeit gewähren, keinen Tag mehr. Und sollten die Zahlen in diesem Zeitraum weiter sinken, dann war's das sofort. Ansonsten habt ihr – und das ist mehr als großzügig von mir – sogar über ein Quartal Zeit. Im Gegenzug setzt du dich in ein paar Wochen mit in das Meeting mit dem Lieferanten aus Südamerika und hörst dir das Angebot und meine Vorschläge an.«

Alex ist verärgert, dass sein Vater die ganze Situation so dreht und zu seinem eigenen Vorteil ausnutzen will. Offensichtlich hat bereits ein Gespräch mit dem Südfrüchtelieferant stattgefunden, und das hinter seinem Rücken. Aber gut, was soll er sich jetzt darüber aufregen. Vier Monate sind zwar knapp, aber machbar und mehr Zeit wird Horst niemals gewähren. Das ist wohl die erste und letzte Chance dieser Art, die Alex von seinem Vater bekommen würde und er wird sie nutzen, so viel ist sicher. »Ist gut! Eine Bedingung habe ich allerdings noch. Wir verheimlichen nichts mehr. Ich werde dir gegenüber transparent in Bezug auf das Projekt sein und du triffst keine Abmachungen mehr hinter meinem Rücken. Damit meine ich sowohl deine voreiligen Gespräche mit Lieferanten als auch mit dem Betriebsrat.« Alex streckt seinem Vater die Hand entgegen. Horst gefällt der Ton seines Sohns gar nicht, aber sie scheinen hier endlich mal wieder einen Kompromiss gefunden zu haben. Er ergreift die Hand seines Sohnes und drückt diese kräftig. »Also gut, Alexander, auf deine Verantwortung.«

Als Horst das Büro seines Sohnes verlässt, bleibt dieser mit gemischten Gefühlen zurück. Die plötzliche Zustimmung seines Vaters hatte Alex überrascht. Doch vielleicht hatte auch Horst einfach die Auseinandersetzungen satt. Er ruft sich seine Vision vor Augen: »In Zukunft sind alle Produkte digital mit Services unterstützt. Eine App oder der konkrete Saft und auch die verschiedenen Leistungen und Services im Unternehmen sind Teile des gesamten Angebots für den Endverbraucher. Ich muss sicherlich noch klarer aufzeigen, was letztlich einen Wert für den Kunden generiert und klare und für alle akzeptierbare Begriffe verwenden«, schießt es ihm durch den Kopf und langsam dämmert ihm, dass es nun ums Ganze geht. Wie zur Bestätigung seiner Überzeugung denkt er, dass ein digitales Produkt die beiden Grundbausteine wie reale Produkte und Serviceleistungen im Unternehmen vereint. Das ist meine Vision! Seine gedankliche Verarbeitung der letzten Wochen ist noch nicht am Ende: »Mit Steffen muss ich noch am gemeinsamen Verständnis arbeiten, dass alle zu erbringenden und erwarteten Leistungen innerhalb der IT sowie in der Zusammenarbeit mit den beteiligten Geschäftsbereichen das digitale Produkt ausmachen. Das digitale Produkt ist das zentrale Ergebnis, welches es zu liefern gilt und was für den Kunden Wert generiert!«

> **Zum Vertiefen empfehlen wir Standpunkt 10: Services sind digitale Produkte.**

Running Sushi

Das ›Juicy‹-Projekt hat vier Monate Zeit bekommen. Das ist nicht allzu viel, weswegen Alex nun schnell handeln und sicherstellen muss, dass das Projekt richtig ins Rollen kommt. Jetzt, wo der zeitliche Rahmen gezwungenermaßen feststeht, brauchen sie mehr denn je eine verbindliche Zielsetzung und Planung des weiteren Vorgehens.

Daher treffen Steffen und Alex sich auch an diesem Morgen mal wieder in Alex' Büro. »Klasse, dass es so spontan geklappt hat. Setz dich«, grüßt Alex. »Ja sicher, ich kenne doch die Priorität des Projekts«, erwidert Steffen und nimmt gegenüber von Alex Platz. »Wenn es dir nichts ausmacht, würde ich direkt anfangen, denn es gibt einige Punkte, die ich heute mit dir bespre-chen möchte.« Steffen ist ganz Ohr. »Also,«, beginnt Alex, »ich habe ges-tern Horst von unseren Plänen berichtet. Begeistert war er nicht, wie du dir vorstellen kannst. Aber wie ich dir zugesichert habe, wird er kein Hindernis darstellen. Dennoch ist es allerhöchste Zeit, dass wir umgehend in die Um-setzung kommen. Die Vision und der Business Plan stehen. Wir müssen nun unseren Fokus schärfen. Das erste Thema, dass wir angehen müssen, ist die App ›Juicy‹. Dazu bist du bereits mit der IT im Austausch, richtig?« »Ja, ge-nau«, antwortet Steffen. »Mark und Till haben das Thema quasi für sich über-nommen.« »Sehr gut«, erwidert Alex zufrieden. »Dann sollen die beiden dir eine Zeitplanung erstellen mit möglichst realistischen Terminen sowie eine Aufbereitung, in der sie die Funktionen der App nochmal zusammenstellen.« »Gut, das sollte kein Problem sein«, sagt Steffen, der rasch seinen Laptop aufklappt, um sich einige Notizen zu machen.

»Wir haben vier Monate, bis es die ersten positiven Ergebnisse geben muss«, bringt es Alex auf den Punkt. Bei diesen Worten zieht Steffen scharf die Luft durch die Zähne ein und blickt Alex an: »Das wird sehr sportlich. Ich meine rund sechzehn Wochen sind wirklich nicht viel Zeit.« »Das ist mir bewusst«, erwidert Alex zerknirscht und schiebt hoffnungsvoll hinterher: »Aber sport-lich ist nicht unmöglich, oder?«

»Nein«, lenkt Steffen ein, »Aber dann gibt es ein anderes Thema, das wir noch betrachten müssen«, sagt er, während er weiter eifrig auf seinem Laptop tippt. »Das Projekt nimmt einen immer größeren Umfang an. Es ist wichtig, dass wir uns jetzt auch mit der Ressourcenplanung des Teams auseinander-setzen. Ich würde von den Teammitgliedern Angaben dazu anfordern, woran sie arbeiten und wo sie eventuell kürzertreten können.« »Dein Vorschlag ist gut, so kannst du es gerne machen.«

»Die nächste Aufgabe wäre dann, eine Zeitplanung für die Lösungen auf unserem Übersichtsbild zu erstellen. Ich bitte dich, mit dem Team abzuklären, welche Funktionen zu Beginn nicht dringend notwendig sind und nachträglich in der App ergänzt werden können. Ich benötige das bis Mitte der kommenden Woche. Schafft ihr das?«, schließt Alex und sieht Steffen erwartungsvoll an. »Ja, das ist machbar.« »Ich werde heute noch eine Mail an das Team verfassen und das Projekt offiziell im Unternehmen bekannt geben, damit dir alle Türen offenstehen und du weitere Schlüsselpersonen einbinden kannst. Ich werde außerdem klarstellen, dass du die Leitung für ›Juicy‹ übernimmst«, ergänzt Alex und lächelt Steffen anerkennend an. »Das hört sich doch nach einem Plan an«, stimmt Steffen ihm zu. Etwa eine Stunde später verlässt er das Büro von Alex. Sie hatten noch einige weitere Punkte besprochen und er hatte nun eine Liste voller Aktivitäten. Er möchte, dass sich das Team mindestens einmal in der Woche trifft und sich in einem Meeting über den aktuellen Stand austauscht. Yvonne hatte den Begriff »Weekly« dafür benutzt. Da sie keine Zeit zu verlieren haben, entschließt er sich, dem Team schon heute den Arbeitsauftrag zu erteilen, sich bis zum nächsten Weekly am Dienstag Gedanken zu machen, wie sie die Lösungen umsetzen können, beziehungsweise was das für ihren Arbeitsbereich bedeutet.

Die letzten Tage der Woche vergehen wie im Flug. Steffen merkt schon jetzt, dass die zusätzliche Aufgabenbelastung in der normalen Arbeitswoche kaum zu stemmen ist. Er muss dringend seine Arbeit und insbesondere die im Projekt konkret priorisieren. Über das Wochenende besucht Steffen seine Eltern, verbringt Zeit mit seiner WG und macht Sport. Gerne hätte er sich mit Yvonne getroffen, allerdings meinte sie, sie sei gerade so eingebunden in der Arbeit. Steffen freut sich umso mehr, als sie vorschlägt, am Mittwoch in der Mittagspause zusammen essen zu gehen. Sein Büro und der Co-Working-Space, in dem sie arbeitet, sind mit dem Fahrrad nur zwanzig Minuten voneinander entfernt und fast genau in der Mitte hat vor einigen Wochen ein neues Sushi-Restaurant eröffnet.

Es ist Dienstag, 11 Uhr und das erste Weekly der ›Juicy‹-Gruppe steht an. Steffen begibt sich beschwingt zum Meetingraum. Als er fragt, welche Gedanken sich die Abteilungen bisher zu den Lösungen gemacht haben, wird es leise und Steffen befürchtet schon, dass das Team die Motivation verloren hat. Da räuspert sich ein Kollege aus der Produktion. »Also, wir haben schon einige Überlegungen angestellt und den einen oder anderen Probelauf vorgenommen. Das können wir gerne vorstellen.« Der Kollege, der nun vor seinem Laptop steht, stellt sich vor: »Ich bin Andreas und arbeite hier seit rund 21 Jahren in der Produktion. Ich kenne mich daher mit unseren Maschinen und den neueren Software-Produkten ganz gut aus. Ich habe den ganzen Wandel von der manuellen Bedienung und dem Befüllen der Flaschen bis zur automatisierten Befüllung begleitet. Außerdem habe ich schon einige Macken und Probleme mitbekommen, die in der Produktion entstehen können«, endet er seufzend und die restlichen Teammitglieder nicken interessiert. »Falls ihr gleich Fragen habt oder ich zu schnell werde, könnt ihr mich jederzeit unterbrechen, okay?«

Andreas beginnt zu berichten, dass sie sich in der Abteilung Produktion bereits zusammengesetzt haben und das Team besonders von den Ideen »Saft-on-Demand« und »Saft-as-a-Service« des neuen digitalen Produkts ›Juicy‹ angetan war. Die Lösungen setzen voraus, dass man in der Lage ist, möglichst schnell die Produktionsanforderungen umzusetzen. Je nach Wunsch der Kunden muss es möglich sein, zwischen Plastikflaschen und nachhaltigen Glasflaschen zu wechseln und unterschiedliche individuelle Etiketten anzubringen. Außerdem müssen die Flaschen mit den gewünschten Säften befüllt werden. »Das funktioniert rein theoretisch«, stellt Andreas nach einigen Minuten Ausführung fest. »Dennoch müssen wir dafür unsere Produktionsstraßen erheblich umstellen. Die Verwendung unterschiedlicher Flaschen, die Zuordnung zur Maschine, die die Befüllung durchführt, und das Weiterleiten mit entsprechenden Informationen an das Lager müssen allesamt berücksichtigt werden. Das Problem, auf das wir gestoßen sind, ist unsere Rüstzeit,

die viel zu groß ist. Die Produktion ist nun mal auf große Losgrößen ausgerichtet. Der Aufwand, der mit der Umstellung der Maschinen einhergeht,
ist viel zu groß, als dass es sich für einige hundert Flaschen lohnt«, schließt
Andreas und fügt rasch hinzu: »Ich weiß, das ist nicht das, was ihr hören
wolltet, aber das ist aktuell leider unsere Einschätzung.«

Mark, der heute ebenfalls wieder anwesend ist, meldet sich zu Wort: »Weißt
du, welche Software ihr verwendet, um die Maschinen zu steuern, die den
Saft pressen und die Befüllung ausführen?« Andreas denkt kurz nach: »Die
wurde damals mit unserer internen IT zusammen extra so entwickelt, dass wir
sie eigenständig umschreiben können. Das wurde bewusst so gewählt, damit
wir gewisse Schritte speichern und per Knopfdruck wiederholen können und
nicht immer neu eingeben müssen. Und natürlich, damit wir die Mischver-
hältnisse bei Bedarf anpassen können.«

Die Antwort scheint Mark zu gefallen: »Das hört sich so an, als könnten wir
damit gut arbeiten. Ich meine, was ihr braucht, ist doch ein möglichst hoher
Grad an Automatisierung ohne manuelle Eingriffe. Damit könnte die Produktion per Knopfdruck an die entsprechenden Anforderungen angepasst
werden und die manuelle Einstellungszeit fällt weg.« Andreas lacht und sagt
achselzuckend: »Na ja, wenn das geht, dann hört sich das nach einer möglichen Lösung an, aber ist das wirklich so einfach?« Jetzt ist Mark derjenige,
der kurz überlegen muss. »Es würde etwas Zeit brauchen, bis sich unser Team
in die Software eingefuchst hat, aber danach können wir einfach die Anforderungen ergänzen. Wir müssten die Datenschnittstellen standardisieren
und Prüfchecks einbauen. Dann halt mal einige Testdurchläufe machen, um
zu schauen, wie hoch die Durchlaufgeschwindigkeit wird.« Andreas ist noch
etwas skeptisch: »Also eine hochgradige Automatisierung würde uns schon
helfen, aber wir müssen sicherstellen, dass die Qualität darunter nicht leidet
und wir trotzdem kurzfristige Anpassungen vornehmen können.«

Da kommt Steffen eine Idee und er mischt sich ein: »Sag mal Mark, müsste es nicht auch möglich sein, diese Software direkt mit der ›Juicy‹-App zu verbinden? Also, dass die Saft-on-Demand-Bestellungen mit der individuellen Saftsorte direkt dort in der Produktion erscheinen?« Dieses Mal muss Mark leider einwenden: »Das kann ich nicht sagen, bevor ich die Software kenne. Die Informationen müssen gezielt mittels eines Control Panels an die unterschiedlichen Abschnitte der Wertschöpfungskette weitergegeben werden. Es braucht ein Dashboard, welches den Status der Aufträge anzeigt und es soll Möglichkeiten geben, Aufträge zu priorisieren. Die Produktion würde dann informiert, welcher Saft in welcher Flasche gewünscht wird und wohin die Bestellung dann wie verschickt werden soll.«

Nun steigt Andreas wieder ein: »Das ist eine gute Überleitung zu unserer nächsten Folie. Hier haben wir uns schon mit zwei Kollegen aus der Lagerung und dem Vertrieb zusammengesetzt und einige Anforderungen aufgelistet. Julia, magst du hier übernehmen?«, fragt er und deutet in Richtung seiner Kollegin. »Ja, gerne,«, sagt Julia. »Andreas hat mir am Freitag kurz seine Überlegungen geschildert. Im nächsten Schritt haben wir überlegt, was das für die vor- und nachgeschalteten Prozesse bedeuten würde. Wie ihr hier seht, werden bei einem Saft-on-Demand ganz andere Losgrößen verarbeitet. Statt dreihundert Kilogramm Äpfeln bräuchten wir dann zum Beispiel nur noch zweihundert Kilogramm, aber zusätzlich fünfzig Kilogramm Orangen und fünfzig Kilogramm Birnen. Da wir die Bestellungen erst kurzfristig erhalten, wäre hier die angedachte Just-in-Time-Belieferung durch die Lieferanten extrem wichtig. Wir müssen klären, ob eine solche Zusammenarbeit möglich wäre. Auch bei der Lieferung der Glasflaschen müssten wir einen neuen Lieferanten finden. Darüber hinaus müssten neue Labels entwickelt werden, die wir selbst drucken können. Oder wir müssen festlegen, wie viel Gestaltungsfreiraum wir den Kunden mithilfe der ›Juicy‹-App geben wollen und können.

Julia macht eine kurze Pause. Dann fährt sie fort: »So viel erst mal zu den Produktionsschritten. Aber auch in der Lagerung und Logistik würde das einige Veränderungen bedeuten. Dank der Anwendung des Just-in-Time-Prinzips könnten wir unsere Lagerzeiten und Lagerkapazitäten reduzieren. Durch die individuellen Anfragen müssten wir unsere Struktur aber so umbauen, dass wir die Bestellungen genau zuordnen und einlagern können, bis der Versand stattfindet. Dazu wäre das Control Panel unverzichtbar.« Sie schaut kurz auf die Folie und beendet ihre Ausführung dann mit einem knappen: »Genau, das wär's von meiner Seite.« Kurz ist es leise und dann beginnen alle wild durcheinander zu reden. Scheinbar sind nicht alle Fragen beantwortet worden oder doch einige Zweifel aufgekommen.

»Okay, okay«, versucht Steffen, sich Gehör zu verschaffen. Nach einigen Sekunden wird es leiser und er fährt fort: »Julia und Andreas, das ist meiner Meinung nach eine wirklich großartige Aufbereitung. Was uns jetzt sehr plausibel vor Augen geführt wird, ist die immense Komplexität unseres Unternehmens. Jeder Bereich hat seine Prozesse und Abläufe und hat diese für seine jeweiligen Anforderungen optimal ausgerichtet. Jede Abteilung ist jedoch noch stark auf sich selbst ausgerichtet. Wenn wir diese Prozesse nun automatisieren wollen, dann reicht es nicht aus, sie mit irgendwelchen Schnittstellenprogrammen zusammen zu klemmen. Wir müssen die Wertströme übergreifend mit allen Informationsflüssen und Übergabepunkten aufzeichnen und dann den idealen Ablauf über alle involvierten Bereiche hinweg betrachten.

Aus dem Team kommt ein zustimmendes »So machen wir's!«. Eine knappe Stunde später haben sie die Projektstruktur und die Arbeitspakete aufgeteilt. Dazugekommen sind außerdem noch einige Punkte für die Marketingabteilung und rund um die Bearbeitung des digitalen Produkts ›Juicy‹.

Steffen macht sich besonders um die Umstellung zur Just-in-Time-Belieferung große Gedanken. Eine solche Umstellung wirkt sich massiv aus. Daher ist er sich nicht sicher, wie schnell das umgesetzt werden kann und vor allem, ob es in der sechzehnwöchigen Frist von Alex so möglich sein wird. Das ganze Thema um die Automatisierung wird hier wohl noch sehr wichtig werden.

Am Mittwochnachmittag ist es zum Glück trocken, sodass Steffen sich richtig auf die kurze Fahrradstrecke zum Sushi-Restaurant freut. Als er dort ankommt, wartet Yvonne schon auf ihn. »Wie immer ist sie mehr als pünktlich«, denkt er mit einem etwas schlechten Gewissen, da er ein paar Minuten später dran ist. Doch Yvonne strahlt ihn an und begrüßt ihn wie immer freundlich: »Na, hat dir die kleine Fahrradtour auch so viel Spaß gemacht wie mir?« »Absolut!«, antwortet Steffen begeistert und nimmt mal wieder wahr, was für eine unbeschwerte und positive Ausstrahlung Yvonne an sich hat. Jetzt, wo er so drüber nachdenkt, fällt Steffen auf, dass es vielleicht wirklich keine schlechte Idee wäre, Yvonne bei Alex mal vorzustellen. Immerhin hat Alex noch viel mehr inhaltliche Themen, mit denen er sich für sein Unternehmen auseinandersetzt und Yvonne wäre bestimmt gespannt darauf, davon zu hören und ihre Ansichten zu teilen. Oder könnte es sein, dass die beiden sich bereits vom Handballspiel kennen bei dem Yvonne zugeschaut hatte? Nein, unmöglich stellt Steffen dann fest. Alex war wie immer früh gegangen, da seine Arbeit ihm keinen Abend Freizeit ließ. Steffen nimmt sich vor, den beiden bei Gelegenheit ein Treffen vorzuschlagen.

»Wollen wir reingehen?«, fragt Yvonne und holt Steffen damit aus seinen Gedanken zurück. »Aber unbedingt«, antwortet er und hält ihr die Tür zum Sushi-Restaurant auf. Yvonne steuert schon einen Tisch an, als Steffen sie stoppt und auf einen Tisch am Anfang des Sushi-Laufbands deutet. »Lass uns den Tisch nehmen! So sehen wir alles. was aus der Küche rauskommt und können uns als Erste die besten Happen runterschnappen.« Yvonne lacht. Sie nehmen Platz und richten dann ihre volle Aufmerksamkeit auf das Sushi-

Laufband. »Das ist ja richtig aufregend«, stellt Yvonne fest und schaut faszi-niert die ersten drei vorbeifahrenden Teller an. »Ich finde das Prinzip wirklich cool. Man kann sich einfach nehmen, worauf man gerade Lust hat, muss nicht lange warten und kann viele unterschiedliche Sachen ausprobieren. Das ist Essen just-in-time.« Yvonne lacht: »Fehlt nur noch, dass man seine eigenen Kreationen eingeben kann und diese in wenigen Minuten erhält.« »Stimmt,«, sagt Steffen und seufzt, »wobei ich mit dem bestehenden Angebot schon sehr zufrieden bin.«

Yvonne kommt ein Gedanke: »Fehlt eigentlich nur noch, dass man seine lee-ren Teller direkt zurückschicken kann. Stell dir das mal vor! Wir hätten viel mehr Platz auf dem Tisch und die Küche bräuchte ebenfalls viel weniger Ge-schirr.« »Aber dann wüsste man ja nicht mehr, wie viele Teller wir gegessen haben und könnte auch keine Abrechnung vornehmen.« Einige Sekunden schaut Steffen einem verschwindenden Teller auf dem Laufband nach. »Oder ein Sensor zählt dann live mit und man sieht den Tellerstand auf einem klei-nen Bildschirm am Tisch.« Yvonne klatscht begeistert in die Hände. »Durch das ganze Essen, das hier durchgehend vorbeikommt, wird man aber auf jeden Fall dazu verleitet, viel mehr zu essen, als man Hunger hat. Ich meine, dieser Essensstrom läuft ja quasi ununterbrochen weiter. Und wenn sie gerade in der Küche etwas Zeit brauchen, um neue Rollen zu machen, dann kommt halt etwas aus dem Standardsortiment vorbei wie der Seetangsalat, eine Schüssel Reis oder die Edamame, diese leckeren japanischen Sojabohnen. Das wäre mal ein gut funktionierender Wertstrom«, sagt sie. Dann sieht sie Steffen an und fragt: »Du siehst aus, als sei dir soeben eine Idee gekommen.« Steffen antwortet zögerlich: »Nicht direkt eine Idee, eher eine Überlegung. Wir ha-ben bei uns im Saftladen bisher nur überlegt, wie wir die Produktion und Be-reitstellung der Säfte optimieren können. Es könnte aber auch sinnvoll sein, sich mal Gedanken darüber zu machen, wie wir den Rücklauf der Glasflaschen organisieren können.« Yvonne legt den Kopf zur Seite und überlegt: »Hmm, das ist sicherlich ein Ansatz, der noch interessant werden kann. Übertragen auf ein Unternehmen wären solche Daten doch besonders sinnvoll, wenn es darum geht, zu schauen, wo Engpässe bestehen oder wo es Stauungen gibt, die durch zusätzliche Unterstützung gelöst werden können.« Steffen nickt. Er bekommt das Gefühl, als ergäben sich aus diesem Gespräch über das Running-Sushi-Konzept gerade sehr viele wertvolle Überlegungen, die sich auch auf das ›Juicy‹-Projekt übertragen ließen. Daher versucht er, ihre Gedanken nochmal zusammenzufassen. »Wir haben hier also einen hochgradig automatisierten Wertstrom. Für alle Beteiligten von den Mitarbeitenden in der Küche bis zum Kunden am Tisch ergeben sich Vorteile und jeder profitiert von dem stetigen Durchlauf. Die Kunden können zwar keine individuellen Bestellungen aufgeben, die dann auf dem Band erscheinen. Aber der Rest funktioniert so gut, dass für solche Wünsche schnell die entsprechenden Ressourcen wie Mitarbeitende und Lebensmittel bereitstehen und auch diese Anforderung erfüllt werden kann.« Yvonne, die Steffens Zusammenfassung interessiert zugehört hat, grinst ihn jetzt an. »Ich hatte gerade das Gefühl, du bist gedanklich gar nicht mehr nur beim Running-Sushi.« Jetzt muss auch Steffen wieder lachen und antwortet: »Da hast du recht. Wir müssen die Wertströme in unserem Unternehmen ebenso ganzheitlich ausrichten, um solch eine Automation zu ermöglichen.« Yvonne fragt interessiert: »Wo du es gerade ansprichst, wie läuft es denn gerade bei euch im Projekt?«

Steffen überlegt einen Moment. Er hat mitbekommen, dass Yvonne die vergangene Woche selbst sehr eingebunden in ihrer eigenen Arbeit war und entscheidet sich für eine knappe Antwort: »Ganz gut. Wir kommen gut voran. Ich habe in der letzten Woche versucht, eine klare Projektstruktur aufzubauen und wir arbeiten ziemlich intensiv an den unterschiedlichen Lösungen.« »Davon gehe ich aus,«, erwidert Yvonne, »Gibt es denn eine konkrete Schwierigkeit, an die du gerade denkst?« Steffen ist insgeheim froh, dass Yvonne weiter nachgefragt hat und schildert ihr daraufhin offen seine Bedenken bezüglich der Just-in-Time-Belieferung. Nach einigen Minuten, in denen Yvonne aufmerksam zugehört hat, stellt sie fest: »Ich verstehe. Das Problem liegt dabei wohl nicht mal nur bei euch, sondern darin, dass ihr eine Veränderung anstoßen müsst. Welche Option siehst du denn von eurer Seite, um das Problem zu lösen?«, fragt Yvonne geschickt. »Nun ja, die Veränderung ergibt sich aus einer internen Entscheidung zum Zusammenarbeitsmodell mit den Lieferanten. Entweder die Lieferanten verstehen das und sind offen für eine Veränderung, oder sie weigern sich, das JiT-Prinzip umzusetzen, so wie wir es uns als ihr Kunde vorstellen«, erklärt Steffen. Yvonne schaut ihn nickend an: »Du solltest dich vorab schon mal mit den Fragen auseinandersetzen, was JiT für eure Kunden bedeutet, was ihr als Unternehmen ändern müsst und was das für die Lieferanten für Auswirkungen hat.« Steffen reibt sich über die Stirn, verschränkt dann die Hände und lehnt sich in seinem Stuhl zurück. »Du hast schon recht, aber das alles braucht Zeit und die haben wir nicht.« Yvonne schaut ihn fragend mit hochgezogenen Augenbrauen an. »Alex hat uns vier Monate gegeben«, sagt er etwas kleinlaut.

»Wie wäre es, wenn du mal mit Alex sprechen würdest?«, fragt er dann plötzlich. Yvonne sieht kurz verwirrt aus und sagt dann lachend: »Meinst du das ernst?« Als Steffen keine Anstalten macht, seinen Vorschlag zurückzunehmen, fährt sie fort, »Und was erhoffst du dir davon?« »Du hast nun mal viel Erfahrung damit, was es bedeutet, grundlegende Veränderungen in einem Unternehmen durchzusetzen und einen nachhaltigen Erfolg dabei zu sichern. Ich glaube, diese Perspektive fehlt bei uns noch. Bei uns sind alle so auf die Zahlen des kommenden Jahres fixiert, dass sich niemand Gedanken macht, welche Wirkung diese Transformation langfristig haben wird.« Steffen hat das Gefühl, dass er Yvonne damit überzeugen kann und fährt schnell fort: »Folgender Vorschlag: Wie wäre es, wenn ich mal ein Treffen arrangiere, bei dem wir uns zu dritt ganz entspannt unterhalten? Du kannst Alex erzählen, was du beruflich machst und dann wird er schon von allein feststellen, dass du ziemlich gute Gedanken zum Thema Veränderung in Unternehmen hast.« Da Yvonne noch immer nicht angebissen hat, fragt Steffen sich, ob er zu voreilig und eigennützig gedacht hat. »Hey, tut mir leid, wenn das zu viel erwartet war«, sagt er deswegen schnell und hebt die beiden Hände, als wolle er zeigen, dass er nichts Böses vorhat.

»Ich will dich zu nichts drängen. Ich schätze den Austausch mit dir nur sehr und glaube, dass du einen sehr wertvollen Beitrag zu unserem Projekt leisten könntest.« Er schaut Yvonne mit einem entschuldigenden Blick an. »Okay. Ein Gespräch zum Kennenlernen schadet ja nicht«, sagt sie lachend. Steffen ist sehr erleichtert, dass sie einwilligt und nimmt sich vor, Alex schnellstmöglich darauf anzusprechen.

Yvonne freut sich über die Bewegung und die frische Luft nach dem Essen. Sie biegt in dieselbe Straße ein, aus der sie vor rund einer Stunde gekommen ist, und denkt an das Gespräch, dass sie im Restaurant mit Steffen geführt hat. Der Vorschlag von Steffen, sich mit Alex zu treffen, hatte sie ziemlich überrumpelt. Aber zugegeben, eigentlich hatte sie sich ja schon häufiger gefragt, was dieser Alex für ein Typ ist, nach allem, was Steffen so erzählt hatte.

Sechs Wochen sind inzwischen vergangen, seit Alex ihm das Projekt übertragen hat. Umso aufgeregter ist Steffen vor den heutigen Meetings. Das IT-Team hatte angekündigt, dass sie einige Neuigkeiten bezüglich der ›Juicy‹-App und des Control Panels hätten, die sie gerne mit ihm teilen wollen. Er hat bisher eigentlich noch keine schlechten Neuigkeiten erhalten, trotzdem hat Steffen heute ein mulmiges Gefühl, als er den Meetingraum betritt, in dem Mark und Till, die IT-Vertreter, schon auf ihn warten. Till, der für die App-Entwicklung verantwortlich ist, ergreift direkt das Wort: »Zuerst zum Positiven: Wir haben einen Prototyp der ›Juicy‹-App fertigstellen können und konnten darin die meisten Anforderungen umsetzen. Es gibt eine Chat-Funktion mit Feedback-Kanal, ein eigenes Profil, welches die Kunden sich anlegen können, Auswahl-funktionen für Flaschen und Saftkombinationen und, und, und. Dazu kommt ein recht ansprechendes Design der ›Juicy‹-App.« Till macht eine kurze Pause und schaut Steffen beinah verlegen an. »Jetzt zum nicht so guten Teil:«, fährt er fort. »Wir haben in der vergangenen Woche bereits einige Testdurchläufe mit Kunden vorgenommen und leider nicht die erhoffte Rückmeldung erhalten.« »Was soll das heißen?«, hakt Steffen direkt nach.

»Na ja, unsere bisherigen Anwender haben angegeben, dass sie den Mehrwert des digitalen Produkts ›Juicy‹ nicht sehen. Die Funktion der Saft-on-Demand Bestellung sei zwar interessant, allerdings gäbe es bereits eine Menge anderer Anbieter, die viel mehr Funktionalitäten anbieten. Zum Beispiel »Flaschenjet«, der alle Getränke nach Hause ausliefert.« Till atmet hörbar ein und spricht dann weiter: »Außerdem sei der Anreiz zur Nutzung der ›Juicy‹-App einfach nicht groß genug. Der Wechsel lohnt sich wohl nicht genug.«

Steffen schluckt schwer. Das hat er nicht erwartet. Er hat gar nicht an die Möglichkeit gedacht, dass die App bei den Kunden nicht ankommt. Till, der Steffens Unbehagen zu bemerken scheint, ergänzt schnell: »Wir haben schon Leute darauf angesetzt, um zu recherchieren, was die Konkurrenz macht. Und was wir den Kunden bieten könnten, damit sie sich die ›Juicy‹-App doch runterladen würden.« »Wie sieht es mit dem Control Panel aus?«, fragt Steffen und sieht jetzt Mark erwartungsvoll an. Dieser versucht, seinem Blick auszuweichen, sieht kurz Till an und erklärt dann zerknirscht: »Leider sind wir in Sachen Control Panel auf unerwartete Schwierigkeiten gestoßen. Die Schnittstellen sind sehr komplex und die Daten kaum aggregierbar. Du kannst es dir vorstellen wie ein Knäuel aus verwickelten Kabeln. Es ist fast unmöglich, einen Überblick darüber zu bekommen, welche Informationen aktuell worüber laufen, wo sie gespeichert sind. Und die Attribute stimmen oftmals nicht.« Mark macht eine kurze Pause. »Das sind alles keine Probleme, die unlösbar sind, aber wir brauchen Zeit und die Analyse ist wirklich aufwendig. Steffen reibt sich mit der Hand über die Augen. Er hat das Gefühl, dass Mark noch etwas ergänzen will und schaut ihn deswegen eindringlich an. »Gibt's noch was?«, fragt er langsam. »Hast du schon mit dem Logistikteam gesprochen?«, fragt Mark vorsichtig. »Ich möchte nichts vorwegnehmen, aber vielleicht ist es ganz sinnvoll, dir die Schwierigkeit aus IT-Sicht zu erläutern.« Mark führt weiter aus: »Wir haben uns ja dazu entschieden, im Bereich Produktion und Lagerhaltung den Ansatz zu verfolgen, dass wir die beiden Bereiche mit einer verbesserten IoT-Funktion ausstatten. Die Idee ist, Sensoren einzusetzen, die die Produktion verfolgen und Produkte einscannen können. Der Erfolg hängt stark von unserem Control Panel ab, immerhin sollen von diesem die Daten weiterverarbeitet werden. Das zweite, davon unabhängige, Problem ist, dass das WLAN in der Fabrik einfach zu schlecht ist. Obwohl Alex die letzten ein, zwei Jahre einiges in die Digitalisierung im Unternehmen investiert hat, ist dieser essenzielle Bereich leider übersehen worden«, sagt Mark mit einem entschuldigenden Schulterzucken und beendet damit seine Beschreibung.

Nachdem Steffen noch rund eine halbe Stunde mit Till und Mark über die Probleme und deren mögliche Lösungen diskutiert hat, hetzt er zu seinem nächsten Meeting. Dieses Mal ist er immerhin vorbereitet und weiß, dass er mindestens von Logistikseite bezüglich der Sensoren nichts Gutes zu erwarten hat. Und wie Steffen es vermutet hat, gibt es aus der Fabrik alles andere als gute Neuigkeiten. Ihm wird berichtet, dass die Obstlieferanten sich bei der Just-in-Time-Belieferung querstellen. Sie sähen wohl keine Notwendigkeit für eine solche Veränderung und wollen die verlässliche Planbarkeit der festen Abnahmemengen in keinem Fall aufgeben. Es ist, wie Steffen es bereits mit Yvonne besprochen hatte: Die Import- und Transportunternehmen, mit denen sie zusammenarbeiten, stellen sich zwar nicht ganz so quer, haben jedoch angekündigt, dass eine Änderung der Lieferregelmäßigkeit und -mengen zu hören Transportkosten führen wird. »Und das, wo Horst jetzt schon auf jeden Cent schaut? Das kann noch was werden ...«, denkt Steffen.

Ein Problem, das ihn allerdings mit am meisten beschäftigt ist, dass die Motivation seiner Kollegen sich sehr stark unterscheidet. Sie haben im Rahmen des Projekts sehr kurzfristig weitere Teammitglieder eingebunden, einfach um schneller voranzukommen. Doch wo mehr Leute beteiligt sind, gibt es natürlich auch mehr Meinungen und Diskussionen. Und er weiß spätestens seit seinen Gesprächen mit Yvonne, dass diese nicht zu unterschätzen sind. Das Unternehmen ist nun mal nur so gut wie seine Mitarbeitenden. Seit einigen Monaten herrscht ohnehin eine bedrückte Stimmung auf den Fluren, weil man weiß, dass es finanziell nicht gut um das Unternehmen steht. Kaum einem waren die Auseinandersetzungen zwischen Alex und Horst entgangen und der Flurfunk erledigte den Rest. Wenn sich jetzt noch verbreiten würde, dass das Projekt vor Problemen steht, könnten sie direkt einpacken.

Steffen ist frustriert, als er um kurz nach fünf aus dem letzten Meeting geht. In dem Moment sieht er eine Nachricht auf seinem Handy: »Fahre jetzt aus dem Büro los, bin in zwanzig Minuten da. Freue mich!« »Mist,«, denkt er. Er hat ganz vergessen, dass er Yvonne vorgeschlagen hatte, heute an seinem Arbeitsplatz vorbeizukommen. Er hatte Alex extra gebeten, sich eine halbe Stunde Zeit zu nehmen, um sie kennenzulernen. Steffen hatte ihm gegenüber schon angekündigt, dass Yvonne großartige Kenntnisse rund um die Themen Coaching, New Work, agile Arbeit und so weiter hatte und sich mit Value Stream Management auskannte. Am liebsten hätte er ihr noch schnell abgesagt, aber das ging jetzt nicht mehr. Immerhin war sie schon auf dem Weg. Er entschloss sich deswegen, schon jetzt zu Alex zu gehen. Er wusste, dass der Geschäftsführer ihn nach dem Verlauf der heutigen Meetings und einem Status-Update des Projekts fragen würde. So hatte Steffen hoffentlich noch etwas Zeit, um Alex die Schwierigkeiten zu schildern, bevor Yvonne eintraf.

In Alex' Büro angekommen beginnt Steffen, ihm die Probleme zu schildern. Er erzählt von der ›Juicy‹-App, die keine Nachfrage auf Konsumentenseite erfährt, den Schnittstellen-Schwierigkeiten mit dem Control Panel, den WLAN-Problemen in der Fabrik und von den unflexiblen Lieferanten. Steffen versucht dabei, so sachlich wie möglich zu bleiben und sich nicht anmerken zu lassen, wie entmutigt er in diesem Moment ist. Nach kurzem Zögern deutet er auch noch die internen Probleme an, die er in Bezug auf die Motivation und Veränderungsbereitschaft der eigenen Kollegen wahrgenommen hat. Als er schließt, schaut er Alex an. Er erwartet, dass der Geschäftsführer mindestens so frustriert reagiert, wie er selbst. Schließlich ist es seine Vision, die gerade schwierig umzusetzen ist. Doch Alex wirkt ruhig. Er schaut Steffen nachdenklich an und wippt leicht mit seinem Schreibtischstuhl vor und zurück. »Das sind allerdings keine guten Neuigkeiten«, sagt er dann langsam. »Dann müssen wir nun schnellstmöglich Lösungen finden.« Steffen nickt und hofft auf einen Vorschlag. Doch Alex sagt nichts mehr. Steffen setzt fort: »Ich habe bereits mit den Teams gesprochen und sie alle arbeiten an einer Lösung, dennoch bleibt das Problem, dass sie alle vollkommen überlastet sind. Das Projekt ist neben dem Regelgeschäft zu viel. Und die Entwicklung von Lösungen braucht nun mal Zeit.« Jetzt zieht Alex die Augenbrauen zusammen und schaut Steffen intensiv an. »Das glaube ich, Steffen. Du bist verantwortlich für die Projektleitung und ich habe dir gesagt, ich stehe hinter dir und unterstütze dich bei allem so gut wie möglich. Wenn du etwas Konkretes brauchst, gib mir gerne Bescheid. Was ich dir aber nicht geben kann, ist mehr Zeit. Die Deadline steht.«

Es entsteht eine Pause und nun klopft es an der Tür. Sowohl Alex als auch Steffen wenden ihren Blick ruckartig zur Tür und Alex bittet herein. Die Tür wird vorsichtig von der Empfangsdame geöffnet und sie sagt: »Herr Jacobsen, hier ist eine junge Frau für Sie. Sie sagt, sie sei mit Ihnen und Steffen verabredet.« Steffen muss dabei schmunzeln, dass die Mitte fünfzigjährige Frau ihn duzt, während sie den Geschäftsführer siezt. Steffen geht zur Tür und trifft erwartungsgemäß auf Yvonne. »Natürlich, entschuldige, dass ich dich nicht unten abgeholt habe. Ich habe die Zeit ganz aus den Augen verloren.« »Das macht doch nichts«, sagt sie freundlich wie immer und lächelt ihn und Alex an. »Braucht ihr noch einen Moment, dann kann ich gerne draußen warten.« »Nein, nein,«, sagt Alex jetzt und steht ebenfalls auf. »Danke Linda, dass du Yvonne nach oben begleitet hast«, sagt er zu der Empfangsdame, die sich daraufhin auf den Rückweg zum Eingang macht. Es scheint ihr nichts auszumachen, dass er sie wiederum duzt. Nun wendet er sich Yvonne zu: »Hallo Yvonne, ich bin Alex. Bitte entschuldige dieses etwas chaotische, erste Aufeinandertreffen.« »Das macht mir wirklich nichts aus. Ich freue mich, dich kennenzulernen,«, sagt Yvonne mit strahlenden Augen. Um keine unangenehme Pause entstehen zu lassen, schlägt Steffen vor, dass sie sich ein paar Säfte holen und in die Lounge neben dem Empfang setzen. Dort sind sie ungestört und gemütlicher ist es auch als in Alex' formellem Büro.

Die Stimmung ist sehr locker und fröhlich, worüber Steffen wirklich erleichtert ist. Er bemerkt, dass Alex etwas weniger angespannt zu sein scheint als sonst, dennoch zeigen seine Wortwahl und Körperhaltung, dass er wie immer sehr auf sein Auftreten bedacht ist. Alex ist gerade dabei, Yvonne zu erzählen, wie er vor wenigen Jahren die Geschäftsführung übernommen hat und ihr seine Vision zu schildern. Er wechselt dabei geschickt zwischen Berichten aus der Jugend, der Kindheit und den letzten Jahren ab. Alex hat gelernt, seinen Anteil an Erfolgen sympathisch darzustellen und nicht so ein großes Aufsehen um seine Person zu machen. Den Streit mit seinem Vater kann er beim Erzählen gut ausblenden. Und es ist ihm wichtig, Yvonne immer wieder einzubinden. Er fragt bei vielen Aussagen nach ihrer Meinung oder Einschätzung. Er achtet sensibel auf ihre Reaktionen. Yvonne reagiert mit häufigem Lächeln. Während Steffen sich zunehmend langweilt und mit seinem Handy spielt, kommen sich Alex und Yvonne immer näher. »Mir gefällt dein Lächeln und ich genieße die Zeit mir dir«, rutscht es Alex im Eifer des Gefechts raus. Eine kurze Stille entsteht und Steffen starrt ihn ungläubig an, genau wie Yvonne. »Oh, äh, bitte entschuldige, wenn das jetzt zu unverblümt und direkt war.« Alex wird ein bisschen rot. »Kein Problem. Das hat mir noch keiner so gesagt«, entgegnet Yvonne und lächelt wieder. Auch, weil ihr sonst dazu gerade keine passende Antwort einfällt. Sie wundert sich über ihre eigene Sprachlosigkeit.

Plötzlich springt Alex auf und blickt auf sein Telefon. Scheinbar bekommt er gerade jetzt einen dringenden Anruf. Schnell geht er außer Hörweite und nimmt den Anruf von Horst entgegen. »Junge, wo bist du? Ich habe schon zweimal versucht, dich zu erreichen.« »Ich …«, will Alex antworten, da wird er schon wieder unterbrochen. »Euer kleines Projekt kannst du als erledigt betrachten! Mir reicht's, wir holen die Südfrüchte! Mit den Äpfeln wird es dieses Jahr nichts mehr!« Alex, völlig von seinem Vater überrumpelt, fragt verwirrt: »Was meinst du? Wovon sprichst du?« »Ich habe gerade mit unserem Hauptlieferanten gesprochen,«, erklärt Horst, »es gibt auf der Plantage eine Apfelschorfinfektion, die bereits vierzig Prozent der Ernte vernichtet hat. Daraufhin habe ich die anderen Lieferanten angerufen und da sieht die Lage wohl nicht besser aus.« Alex schluckt schwer und versucht, zu Wort zu kommen: »Und was haben sie dir in Bezug auf die Lieferungen gesagt? Ich meine, wie stark werden wir als Abnehmer davon betroffen sein und mit wie vielen Tonnen können wir noch rechnen?« Er hört Horst am anderen Ende schnaufen: »Pah, das wüsste ich auch gerne! Da scheint überhaupt niemand mehr einen Überblick zu haben und alle drehen durch. Ich rufe jetzt die Südfruchtlieferanten an und frage nach, wann wir die erste Produktprobe und -lieferung bekommen können.« »Nein Vater,« sagt Alex bestimmt, »lass uns erst mal abklären, wie viel Obst wir im Lager haben und wie viel und wie lange wir damit noch produzieren können. Außerdem sollten wir eine offizielle Stellungnahme unserer regionalen Lieferanten abwarten.« Bevor sein Vater etwas ergänzen kann, fügt er schnell hinzu: »Wo bist du? Im Büro? Dann komme ich zu dir und wir besprechen gemeinsam das weitere Vorgehen!« Horst brummelt: »Natürlich im Büro. Da, wo du auch eigentlich sein solltest« und legt, ohne eine Antwort abzuwarten, auf. Alex hastet Richtung Lounge zurück, als Steffen und Yvonne ihm schon entgegenkommen. »Alles okay?«, fragt Yvonne besorgt. Alex versucht, sich zusammenzureißen, doch gelingt es ihm nicht so gut, wie er gehofft hatte. »Es tut mir leid, dass ich unser Treffen abkürzen muss, aber ich muss wieder hoch in mein Büro, ein Notfall.« Er schaut Steffen an und ergänzt: »Komm morgen bitte so früh wie möglich ins Büro, das Problem wird das ›Juicy‹-Projekt beeinflussen.« An Yvonne gewandt fährt er etwas weniger angespannt fort: »Es hat mich wirklich gefreut, dich kennenzulernen und ich würde unser Gespräch gerne fortsetzen. Zu blöd, dass ich jetzt so überraschend wegmuss.« »Gerne!«, antwortet Yvonne schnell und dann zu Steffen gewandt: »Könntest du Alex wohl meine Nummer geben?« Steffen nimmt sein Handy wieder in die Hand, tippt einige Sekunden darauf herum und sagt dann: »Schon geschehen.« Alex und Yvonne lächeln sich an. »Sehr gut, dann melde ich mich«, sagt Alex. Daraufhin nickt er den beiden entschuldigend zu und eilt in Richtung der Treppen und zu seinem Büro.

Steffen wendet sich Yvonne zu, grinst sie an und fragt: »Na, was hältst du von unserem Geschäftsführer?« Sie lacht, doch Steffen bemerkt, wie sie verlegen errötet. Das kennt er gar nicht von ihr. »Er wirkt wirklich sympathisch ... und inspirierend«, antwortet Yvonne, »Ich kann gut verstehen, warum du unbedingt Teil des Projekts sein wolltest.« Steffen verkneift sich einen Kommentar zum Spruch von Alex über das Lächeln von Yvonne und muss grinsen.

»Weißt du, was mir gerade durch den Kopf geht?«, wendet sich Steffen an Yvonne, die gedankenverloren neben ihm geht. »Mir ist noch mal klar geworden, dass es bei der Automatisierung einerseits um Standardisierung und andererseits um Steuerung der Abläufe hin auf ein übergeordnetes Ziel geht. Mein Gespräch mit Julia und Andreas hat mir gezeigt, dass die Automatisierung ebenso wenig punktuell in Silos betrachtet werden sollte wie der Rest, denn sonst können sich die Vorteile nicht entfalten. Alles, was nichts zu dem übergeordneten Ziel ›Saft für Kundenbedarfe‹ beiträgt, muss weggelassen werden«, schließt er seine Ausführungen. Yvonne nickt vielsagend.

> **Zum Vertiefen empfehlen wir Standpunkt 4: Value Stream Management hilft bei der Automatisierung.**

Saft-as-a-Service

Alex kann sich am nächsten Morgen vor Anrufen kaum retten. Inzwischen hat er persönlich mit den Obstlieferanten gesprochen und gerade auch mit dem Leiter der Produktion, der völlig aus dem Häuschen ist. »Wie sollen wir denn ohne Äpfel Säfte herstellen? Das ist unsere Grundzutat. Verdammt!?« Alex ärgert sich über diesen Gefühlsausbruch. Nun klopft auch noch Steffen an. Alex winkt ihn eilig herein. Er erklärt Steffen knapp das Problem: »Es gibt seit zwei Wochen eine Apfelschorfinfektion in der Region. Ich kann dir auch nicht erklären, wie es dazu kommt und warum mir das verdammt noch mal« – jetzt haut Alex verärgert mit der Hand auf den Tisch – »erst jetzt berichtet wird.« Er atmet durch und greift sich mit Daumen und Zeigefinger zwischen den Augen an den Nasenrücken. Er sieht müde und geschafft aus. Steffen versteht, dass Alex deswegen gestern so abrupt losmusste und wahrscheinlich auch nicht allzu viel geschlafen hat. Alex fährt fort: »Das bedeutet für uns, dass wir die kommenden acht Wochen nur vierzig Prozent unserer normalen Apfellieferungen erhalten werden. Ich habe bereits mit dem Lager und der Produktion gesprochen, um herauszufinden, wie groß unsere aktuellen Einlagerungen sind und wann uns die Äpfel ausgehen.« Steffen reibt sich nachdenklich über die Stirn. »Das sind natürlich keine guten Neuigkeiten.« und überlegt schon eifrig, wie sie aus diesem Schlamassel rauskommen. »Ich werde direkt ein Meeting mit dem ›Juicy‹-Team einberufen, damit wir uns bewusst machen, was das für das Projekt bedeutet. Saft-on-Demand wird dabei wohl erst mal nichts«, sagt er und schaut Alex an. »Kann ich dich sonst noch irgendwie unterstützen?« Alex schüttelt den Kopf und wendet sich seinem Schreibtisch zu. Steffen versteht, dass er sich besser wieder an die Arbeit macht. Als er schon fast aus der Tür ist, hört er Alex noch sagen: »Ach, Steffen!« Er dreht sich um und schaut den Geschäftsführer an. Alex steckt seine Hände in die Taschen und fragt, etwas zu betont beiläufig: »Es war übrigens cool, deine Freundin Yvonne gestern kennenzulernen. Sie hat ein bezauberndes Lächeln und wirkt wirklich sehr smart und na ja ...« er hält inne, als überlege er, wie er sein Anliegen am besten äußert. Da ihm keine Formulierung einzufallen scheint, fragt er Steffen einfach direkt: »Seid ihr eigentlich ein Paar oder so?« Steffen unterdrückt ein Grinsen. Er hat das Gefühl, dass Alex diese Frage nicht leichtgefallen ist. Wenn es ihm nicht wirklich wichtig wäre, hätte er ihn darauf niemals angesprochen. »Nein, sind wir nicht«, antwortet Steffen knapp und ergänzt nach einigen Sekunden noch: »Wir sind nur gut befreundet und mehr soll es auch nicht sein.« Alex nickt erleichtert. »Okay, cool. Ich ... ähm ... also, ich wollte nur sichergehen, dass ich da nichts übersehe oder irgendwo dazwischenfunke.« Jetzt nickt Steffen seinem Handballkollegen zu und zieht lächelnd eine Augenbraue hoch, bevor er sich umdreht und auf den Weg zu seinem Büro macht. »Soso«, murmelt er schmunzelnd vor sich hin und freut sich über diese nette Begebenheit am Morgen. Als er am Ende des Büroflurs um die Ecke biegt, hat er das jedoch schon fast bereits wieder vergessen und steckt gedanklich bereits wieder tief in seiner beruflichen Problematik.

Steffen setzt direkt einen Termin für ein Meeting am frühen Nachmittag an und versucht, so viele Vorbereitungen wie möglich zu treffen. Er hat sein Projekt-Team gebeten, das gleiche zu tun. Um 11 Uhr klingelt sein Telefon. Yvonne ruft ihn an. Er zögert kurz, da er gerade wirklich viel zu tun hat, andererseits möchte er sie auch nicht einfach wegdrücken. »Hey Steffen, wie geht's?«, fragt Yvonne munter. »Hallo, gerade viel los hier«, antwortet Steffen freundlich, aber knapp. »Wäre es in Ordnung, wenn ich dich später zurückrufe oder ist es was Dringendes?« Yvonne antwortet schnell: »Ach nein, nichts Dringendes, ich will auch gar nicht stören. Ich wollte nur fragen, ob du Zeit zum Mittagessen hast. Bei uns im Bistro um die Ecke gibt es heute nur Spinatlasagne, davor wollte ich mich drücken.« Steffen kann förmlich hören, wie sie gerade die Nase rümpft und muss trotz allem lachen. »Tut mir leid, ich kann heute unmöglich raus. Aber zur Wiedergutmachung bringe ich dir das nächste Mal einen Saft mit, okay?« Er hört sie am anderen Ende lachen. »Schon okay, ich werde es überleben. Aber zum Saft sag ich natürlich nicht nein!«

Als das Team sich am Nachmittag trifft, ist die Stimmung angespannt. Alle haben schon von dem Apfeldilemma gehört und diskutieren, in welchem Bereich dadurch die meisten Komplikationen entstehen. Die Produktion beharrt darauf, dass sie so nichts produzieren können, während das Lager hervorhebt, dass sie komplett umplanen müssen. Außerdem schalten sich die Kollegen ein, die die individualisierten Saft-on-Demand-Bestellungen umsetzen sollen. Steffen atmet tief durch und ergreift das Wort: »Passt mal auf. Ich verstehe, dass diese Neuigkeiten Probleme für jeden unserer Bereiche mit sich bringen und danke euch für die Ausführungen. Lasst uns bitte jetzt Gedanken darüber machen, wie wir damit umgehen. Darüber hinaus bin ich mir sicher, dass auch schon über Lösungen diskutiert wird. Wir wollen jetzt also bitte den Fokus nochmal auf unsere internen Probleme im Projekt richten. Damit haben wir immerhin genug zu tun. Wir können nicht gebrauchen, dass es hier ebenso zu Verzögerungen kommt. Also, gibt es schon Neuigkeiten?«, er schaut erwartungsvoll in die Runde, in der jedem Einzelnen die Unsicherheit ins Gesicht geschrieben steht. »Na ja, was die ›Juicy‹-App angeht,«, sagt Till aus der IT, »haben wir uns mit dem Vertrieb zusammengeschlossen, um zu überlegen, wie wir diese als Produkt trotzdem attraktiv machen. Wir haben darüber nachgedacht, sie in andere Apps oder Angebote zu integrieren. So was wie ein Bonuspunkte-Programm als Anreiz wäre natürlich auch denkbar.« Steffen nickt: »Okay, bitte weiter so.« Till nickt knapp.

Das JiT-Prinzip braucht länger, berichtet eine andere Kollegin, da sie sich gerade auf den Austausch mit den Apfellieferanten konzentriere. Steffen macht sich eine kurze Notiz und weist sie daraufhin, dass sie aber gerade jetzt die anderen Lieferanten nicht aus dem Blick verlieren dürfen. Immerhin sind diese aktuell ihre einzige Chance, um weiterhin Saft produzieren zu können. Sie nickt zustimmend, erwidert aber sarkastisch: »Ich glaube zwar nicht, dass der Spinat uns jetzt rettet, aber klar.« Steffen horcht auf: »Warum Spinat?« Sie lacht und sagt verlegen: »Das war nicht ganz ernst gemeint, aber Spinat ist doch das absolute Saisongemüse für die kommenden Wochen. Aber hey, war nur ein Kommentar, um die Stimmung zu lockern. Vergiss es.« Da ist es wieder. Steffen hat wieder das Gefühl, irgendetwas zu übersehen, wie vorhin schon im Gespräch mit Yvonne. Julia steigt nun bei dem Spinat-Gespräch mit ein und sagt: »Hätten wir uns mal auf Gemüsesäfte spezialisiert.«

In dem Moment macht es bei Steffen »klick« und er schaut sie plötzlich mit strahlenden Augen an. Sie guckt irritiert zurück. »Das ist es doch!«, sagt Steffen begeistert. »Das wird unser Saison Special »Spinat meets Obst«. Die anderen schauen ihn noch immer verwirrt an. »Wir brauchen ein Produkt, das den Kunden überzeugt, also bieten wir etwas Neues. Unseren saisonalen, regionalen Spinatsaft!« Die Kollegin aus der Marketingabteilung wirft ein: »Also nachhaltig ist das auf jeden Fall. Das kommt immer gut an.« Die Vertriebskollegin ergänzt: »Und man könnte trotzdem Saft-as-a-Service bieten, nur eben mit der festgelegten Grundzutat Spinat.« »Jaja«, steigt die Marketingkollegin wieder ein »und verkaufen lässt sich das doch auch, wenn wir die Nachhaltigkeit und die Vorteile durch die Verwertung des Produkts in den Vordergrund stellen. Wir könnten das digitale Produkt ›Juicy‹ unter dem Motto »Nachhaltig mit Spinat« launchen. Dazu interviewen wir die Spinatbauern, schreiben einen Artikel über die gesundheitlichen Vorteile von Spinat und in der ›Juicy‹-App kann man sehen, woher der Spinat in der eigenen Flasche kommt. Die beiden Kolleginnen schauen Steffen begeistert an und in seinem Kopf rattert es. »Das könnte wirklich was sein!«, denkt er sich und fühlt sich darin durch die anderen bestätigt. »Okay, ich spreche mit Alex. Wir arbeiten weiterhin an unseren Projektthemen und ich melde mich, sobald es zum Spinatsaft was Neues gibt.« Nach dieser aufregenden Wendung ist der Rest des Meetings schnell abgehandelt. Steffen ist euphorisch wegen seiner Idee. Er kann sich allerdings auch noch nicht so ganz vorstellen, ob sie sich am Markt tatsächlich durchsetzen kann. Spinat statt Äpfel. Wem soll das schmecken? Wer soll das kaufen? Yvonne schon mal nicht.

Steffen eilt direkt nach dem Meeting zu Alex und erzählt ihm von der Idee. Dieser ist erst skeptisch, doch als Steffen die Idee ausführt und die Ansätze erklärt, ist auch Alex zuversichtlicher. »Wir legen den Fokus damit in erster Linie auf die Nachhaltigkeit und die Gesundheit«, denkt Alex laut. »Genau, aber gleichzeitig schaffen wir damit auch einen Mehrwert für den Kunden«, ergänzt Steffen eilig. »Wir müssen wieder das große Ganze sehen. Unsere Wertschöpfung erstreckt sich damit vom Spinatbauern über die interne Produktion und Nachhaltigkeit bis hin zum Kunden. Wir entlasten unsere überforderten Apfelbauern, sodass sie weniger Druck haben.« Alex nickt langsam: »Das könnte funktionieren.« Plötzlich springt er auf, schlägt sich vor den Kopf und sagt dann: »Weißt du was? Ich glaube, so was haben wir schon mal gemacht!« Als Steffen ihn erstaunt anguckt, fährt Alex fort: »Ich meine Spinatsaft. Es gibt ein altes Familienbuch mit den Saftgrundrezepten, die Jacobsens bei der Firmengründung angeboten hat. Als ich noch klein war, habe ich bei meinen Großeltern immer in dem Buch herumgeblättert.« Er überlegt kurz: »Ich rufe meine Mutter an und frage sie, ob sie mir die Seite abfotografiert. Hoffentlich hat sie das noch griffbereit. Sicherlich bedarf das Rezept einiger Anpassungen. Aber besser, als das Ganze komplett neu aufzuziehen. Die Entwicklung und Testung eines neuen Rezepts dauern sonst immerhin Wochen, wenn nicht Monate.« Als er Alex' Büro verlässt, schickt Steffen an Yvonne eine kurze Nachricht: »Du kannst dich auf Spinatsaft freuen!«, mit einem Zwinker-Smiley dahinter.

Am Nachmittag hat Steffen einen weiteren Termin mit den Kollegen aus der IT. Besonders aus dieser Abteilung hat er mitbekommen, dass es einen großen Ressourcenmangel gibt, was nur verständlich ist, da die Kollegen für so gut wie alle Lösungsansätze im Projekt gebraucht werden und ihre Regeltätigkeiten noch hinzukommen. »Wir sollten eine Aufwandseinschätzung mit dem gesamten Projektteam vornehmen. Aber ich habe das Gefühl, wir brauchen ... wie soll ich das sagen, eine andere Währung.« Als Mark und Till ihn verwirrt angucken, fährt Steffen fort: »Du hast gerade wieder alle wichtigen Bestandteile des Projekts aufgelistet, in denen die IT involviert ist. Wir könnten jetzt eine Aufwandsschätzung in Arbeitsstunden vornehmen und eine Priorisierung der Themen abstimmen, aber ich glaube wir sollten uns dabei nicht nach der Zeit der Mitarbeiter richten. Das bringt uns nicht wirklich weiter, denn im Zweifel sind alle Themen superwichtig und wir haben alle viel zu wenig Zeit dafür.« Ihm kommt eine Idee: »Wir sollten uns auch hier auf den Wert ausrichten. Sodass wir bewerten, welche Aufgabe den größten Wert generiert. Das könnten wir sicherlich auch in eine bereits bestehende Methode einbinden. Und anstelle der Arbeitszeit nehmen wir als Währung den Wert!« Mark, der Steffens Ansatz anscheinend verstanden hat, schlägt vor: »Wie wär's mit »Planning Poker«? Kennst du das?« Steffen, der mit Yvonne vor Kurzem noch über ihre Top 5 der agilen Methoden gesprochen hat, nickt begeistert. »Ja, wir sortieren die Aufgabenpakete nach ihrem Wert für den Kunden und orientieren uns daran bei der Umsetzung.«

Am Ende ihrer Session erproben die drei Kollegen ihr Planning Poker mit Value-Bezug kurz für die IT und beschließen, es direkt beim nächsten Meeting mit dem ›Juicy‹-Team durchzuführen. Immerhin sind die IT und Steffens Abteilung nicht die einzigen mit Ressourcenschwierigkeiten. Steffen denkt das Ganze direkt schon wieder größer und sie philosophieren noch einige Minuten darüber, ob es nicht auch möglich wäre, diese Werteinheit im ganzen Unternehmen einzuführen. Sie stellen fest, dass das Projekt, in dem ja mehrere Abteilungen involviert sind, sich ziemlich gut als Pilotprojekt dafür eignet. Tatsächlich ist ihr neues Planning Poker beim nächsten ›Juicy‹-Meeting ein voller Erfolg. Sie stellen gemeinsam fest, dass es nicht leicht ist, den Wert eines Arbeitspakets für den Kunden festzulegen. Aber der Perspektivwechsel wird als ungemein hilfreich gesehen.

Bei der Priorisierung stoßen sie auf ein weiteres Thema, das Steffen so noch gar nicht betrachtet hat. Als es um die Priorisierung und Abarbeitung der Aufgaben geht, kommt der Einwand von Andreas, dass sich manche Aufgaben doch schneller abarbeiten lassen als andere. Er nennt das Quick Wins. Also Aufgaben, die einen relativ großen Einfluss auf den Erfolg haben, bei relativ geringem Aufwand. Man sieht also schneller ein Ergebnis. Andreas schlägt vor, diese Aufgaben nochmal separat zu betrachten, da sie eine andere Einheit haben. Als er das anspricht, wird Steffen allerdings bewusst, dass es so nicht sein sollte. Wenn sie sich nach dem Wert ausrichten wollen, müssen sie das in allen Bereichen und in Bezug auf alle Aufgaben tun. Dazu muss erst mal eine Bewertung stattfinden, ob dieser schnelle Nutzen der Quick Wins auch gleichzusetzen mit schnellem Wert ist. Ist das nicht der Fall, sollten diese Aufgaben auch nicht anders priorisiert oder separat betrachtet werden.

Am Freitagabend telefoniert Steffen mit Yvonne. Er kann es kaum erwarten, ihr von den Neuigkeiten im Projekt zu erzählen und ist gespannt darauf, was sie davon halten wird. Umso erleichterter ist er, als sie von der Spinatsaftidee und davon, wie sie das Ganze aufziehen wollen, sehr angetan ist. »Mehr Wert für alle!«, kommentiert sie das Vorhaben nun begeistert und Steffen nimmt sich vor, sich diesen Satz zu merken. Er berichtet ihr außerdem, wie erleichtert er darüber ist, dass die Stimmung im Team wieder hervorragend ist. »Als hätten sie dieses Spannungsmoment gebraucht«, beschreibt er. »Und auch der Ausblick auf einen besseren Umgang mit den Ressourcenschwierigkeiten hat alle nochmal zuversichtlicher gemacht. Es entwickelt sich irgendwie eine ganz neue Dynamik innerhalb des Projektteams. »Das hört sich doch gut an«, stellt Yvonne fest. »Steffen, ich würde auch gerne noch weiter quatschen, aber ich habe gleich noch eine Verabredung. Lass uns die Tage gerne nochmal sprechen.«

»Uh, etwa ein Date?«, fragt Steffen neugierig nach, denn normalerweise erzählt Yvonne immer direkt, was sie unternimmt. Sie lacht verlegen, sagt dann aber übertrieben geheimnisvoll: »Das wüsstest du wohl gerne. Aber vielleicht bist du auch einfach nur zu neugierig.« Steffen seufzt und sagt: »Na gut, ich muss eh rüber, ich wollte heute mit meinen Mitbewohnern Lasagne kochen.«

»Auch nicht schlecht,«, sagt Yvonne und fügt lachend hinzu »aber hoffentlich ohne Spinat! Dann dir auch einen schönen Abend!« Und schon hat sie aufgelegt.

Yvonne atmet erleichtert auf, weil sie froh ist, dass Steffen nicht weiter nachgefragt hat, was sie heute Abend vorhat. Sie hätte ihm nur ungern über das Telefon erzählt, dass sie sich gleich mit Alex auf einen Drink trifft. Ihr war zwar klar, dass Steffen kein Problem damit hätte, aber sie wollte keine große Sache daraus machen, für den Fall, dass das Treffen nicht so läuft, wie sie es sich vorstellt. Sie hatte sich wirklich gefreut, als Alex ihr kurz nach ihrem Besuch bei Jacobsens Säfte geschrieben hatte.

Eine gute Stunde später treffen Yvonne und Alex sich vor der Bar, die Alex vorgeschlagen hatte. Sie hat eine moderne Einrichtung und wirkt trotzdem gemütlich. Yvonne betrachtet anerkennend den ansprechenden Gastraum und sie nehmen sich direkt die Karte vor. Alex bestellt einen Gin Tonic und Yvonne entscheidet sich für einen Moscow Mule. »Spinat mag ich ja nicht so sehr, aber Gurken schon«, entfährt es ihr. Zum Glück überhört Alex diese berufliche Anspielung und sie kommen sehr schnell ins Gespräch. Nach etwas Small Talk spricht Alex noch mal über sein Unternehmen und das Projekt, von dem Yvonne schon so viel von Steffen gehört hat. Er schildert ihr die Schwierigkeiten und Lösungsansätze, die sie gerade verfolgen.« Yvonne hat bisher einfach nur zugehört. Sie findet es sehr interessant, das Ganze mal aus einer anderen Perspektive als der von Steffen zu hören. Außerdem hatte sie sich vorgenommen, sich mit ihrer Meinung etwas zurückzuhalten. Es ist nicht so, dass sie schnell eingeschüchtert ist oder nichts dazu zu sagen hätte, aber sie wollte nicht gleich mit der Tür ins Haus fallen und Alex alle ihre Ideen um die Ohren hauen, ohne einschätzen zu können, wie er darauf reagiert. Doch Alex fragt sie immer wieder nach ihrer Meinung und sie hat das Gefühl, er hofft darauf, dass sie darauf anspringt.

Daher schlägt sie nun vor: »Ihr solltet hier nochmal auf die unterschiedlichen Perspektiven schauen. Ich habe die Erfahrung gemacht, dass deren Vernachlässigung häufig einen Teil der Probleme stellt. Zunächst einmal scheinen sich bei Jacobsens zwei eigentlich komplementäre Sichten zu streiten: Die nach außen auf den Markt gerichtete Kundenorientierung und die umsatzgesteuerte nach innen. Ihr wollt Produkte liefern, welche bestehende und neue Kunden ansprechen und von ihnen gekauft werden, um als Unternehmen wieder wirtschaftlich gut dazustehen. Wenn ihr nach innen schaut, redet ihr über Optimierung der Kosten und Umsatzziele. Letztlich sind Umsatz, Rentabilität und Profit wichtige Kennzahlen dafür, ob eure Angebote dem Markt entsprechen beziehungsweise dort angenommen wurden. Sie repräsentieren aber nicht die Ziele und die Angebote selbst und greifen darum allein zu kurz.«

Da Alex Yvonne gespannt ansieht und ihrer Ausführung mit großem Interesse folgt, fährt sie fort: »Sie sind also Kennzahlen, welche euch im Nachgang zeigen, ob ihr die richtigen Entscheidungen getroffen habt. Man nennt das »Lagging Indicator«, weil sie »nachhängen«. Und damit sind wir bei der ersten Perspektive, dem Wert für die Kunden. Was war der Mehrwert, also der Grund, warum die Kunden bisher bei euch eingekauft haben?« »Oh, das ist einfach«, antwortet Alex, »wir haben bisher den Handel beliefert. Für uns bedeutete das, große Mengen verlässlich umzusetzen und für die Kunden war der Wert vermutlich die verlässliche und solide Lieferung unserer Säfte zu einem sehr günstigen Preis.« »Das hat ja auch viele Jahre gut funktioniert«, bemerkt Yvonne, »aber nun werden die Kunden anspruchsvoller in Bezug auf Nachhaltigkeit und Qualität und die Discounter versuchen weiterhin über Preisführerschaft und ein attraktives Sortiment am Markt zu bleiben. Damit wird die Luft für euch dünner. Ihr partizipiert nicht direkt am Endkundenmarkt und könnt darum nicht direkt auf die Komplexität der Anforderungen reagieren«.

»Das klingt jetzt nicht neu für mich, darum treiben wir ja den Aufwand mit der ›Juicy‹-App, um die Endkunden direkt anzusprechen«, wirft Alex ein.

»Das dachte ich mir schon«, erwidert Yvonne, »Die Frage ist, wie ihr darauf gekommen seid und wie ihr validiert habt, was ihr stattdessen tut.« »Was meinst du mit ›stattdessen tut‹?«, hakt Alex nach. »Na, ihr dachtet, die App wäre der Knaller und ein enormer Mehrwert für die Kunden. Für mich sieht es so aus, als würdet ihr den Wert, den eure Ideen für euch darstellen, auch auf die Kunden übertragen«, beginnt Yvonne zu erklären. »Natürlich, nur durch Umfragen erhält man keine neuen Produkte«, scheint Alex sich zu rechtfertigen. »Das ist richtig, aber die Frage nach dem Wert muss hier weiter gefasst werden und die Antworten müssen validiert werden«, erläutert Yvonne weiter. »Im Endkundengeschäft gibt es eine größere Vielfalt von Werten für den Kunden. Und wenn ihr nicht über die Preisführerschaft geht, muss der Wert für die Kunden ein anderer als der Preis sein. Es geht nicht nur um das Produkt, sondern den Job, den euer Produkt für den Kunden erledigt. Ich möchte mich beispielsweise verantwortungsbewusst fühlen, dadurch dass ich nachhaltige Produkte kaufe, oder sinnstiftend, weil die Einnahmen dem Erhalt alter Sorten dienen, ich möchte meinem Körper etwas Gutes tun, indem ich Säfte in abwechslungsreicher und sehr guter Bio-Qualität trinke. Ich möchte das Beste für meine Familie, oder gegenüber Bekannten meinen Status und mein Image deutlich machen. Es sollte ein Kundenerlebnis erzeugen.«

Nach einer kleinen Pause spricht sie weiter: »Das sind die »Währungen« des Values. Am Ende verkauft ihr nicht nur einen Saft, sondern unterschiedliche Kundenerlebnisse. Wenn ihr also den Wert des günstigsten Preises für den Kunden durch einen anderen Wert ersetzt, müsst ihr die Ideen mit den Kunden validieren und frühzeitig lernen und akzeptieren, dass ihr nicht mit eurer allerersten Idee in tiefe Liebe verfallen dürft« »Das gilt aber nur für Ideen, nicht für den ersten Eindruck bei Menschen, oder?«, lächelt Alex verschmitzt. »Ich weiß nicht, worauf du anspielst«, antwortet Yvonne mit einem betont ahnungslosen Gesicht »Das heißt, wenn wir früh validieren, können wir erkennen, was für vermutlich viele oder bestimmte Kundengruppen wichtig ist, und unsere Produkte und Services darauf anpassen. Das ist im Grunde auch nicht neu.« überlegt Alex weiter, als hätte er ihre Erwiderung nicht gehört. »Nein, neu ist vielleicht eher, echte Kunden und diese sehr früh, in die Entwicklung einzubinden. Die Testergebnisse sind gewissermaßen eure Leading Indikatoren. Sie zeigen euch im Vorfeld den Weg. Umgekehrt zu den Lagging Indikatoren sind sie eine Metrik, die dir und deinem Unternehmen frühzeitig und unmittelbar ein Feedback geben, ob ihr auf dem richtigen Weg seid.« Alex denkt laut nach: »Ich verstehe, also nicht die App zu Ende entwickeln und dann fertig präsentieren, sondern über stetige Prüfung in kleinen Schritten die Wertorientierung sicherstellen«, fasst er zusammen.

»Na ja, das würde bei euch tiefgreifende Wirkung in der Wertschöpfung haben«, setzt Yvonne wieder an, »Wenn du magst, können wir uns gerne gemeinsam mit Steffen zusammensetzen und nochmal über die Co-Creation Aspekte sprechen. Die Wertschöpfung passiert nicht nur gemeinsam mit dem Kunden, sondern auch mit euren Lieferanten. Wenn ihr ihnen wie auch den Kunden den Wert und die Chancen vermitteln könnt und sie deren Wert dabei erkennen können, sind sie vielleicht eher bereit, sich auf neue Ideen einzulassen. Wodurch die unterschiedlichen Perspektiven auf den Wert komplettiert werden«, schließt sie.

Alex lehnt sich ein Stück zurück und schaut sie einen Moment lang nur an. Als er nach ein paar Sekunden nichts sagt, ist sie verunsichert und fragt sich, ob sie in ihrer Ausführung vielleicht doch zu weit gegangen ist. Schnell sagt sie: »Tut mir leid, Alex, wenn ich zu sehr vorgeprescht bin. Ich wollte gar nicht so tief bei alldem einsteigen« und schaut ihn direkt an. Jetzt lächelt er, schüttelt langsam den Kopf und sagt: »Nein, nein, im Gegenteil. Ich habe die Themen doch angesprochen und dich nach deiner Einschätzung gefragt.« Er schaut sie direkt an und hat den Eindruck, dass sie etwas rot wird. Beide setzen ihr

Getränk an, um dann festzustellen, dass die Gläser längst leer sind. Sie lachen und bestellen eine weitere Runde. »Jetzt aber zu spaßigeren Themen.« Und damit lassen sie das Thema Arbeit für den Rest des Abends hinter sich.

> **Zum Vertiefen empfehlen wir Standpunkt 6: Value ist stets eine Frage der Perspektive.**

Launch der ›Juicy‹-App

Die nächsten Wochen vergehen wie im Flug. Die Lösung für die Apfelschorfinfektion war zwar in der Theorie schnell abgehakt, stellte sich in der Praxis aber doch komplizierter dar. Jetzt gibt es endlich positive Neuigkeiten. Steffen hat gerade von der IT erfahren, dass sie eine Lösung für das Problem mit den Schnittstellen gefunden haben und das Control Panel in zwei Wochen einsatzbereit sein soll. Mark berichtet ihm aufgeregt, dass sie nicht nur eine Möglichkeit gefunden haben, die bestehenden Daten zu analysieren. Als nachfolgendes Projekt haben sie sich vorgenommen, künstliche Intelligenz und Data Analytics so weit in den Systemen zu verankern, dass es damit auch in Zukunft keine Schwierigkeiten mehr geben sollte. »Damit können auch die App-Bestellungen und -Auswertungen direkt über das Control Panel an die betroffenen Bereiche geleitet werden. Das WLAN ist auch ausgebaut, sodass wir IoT in den Abfüllanlagen verwenden können. Das ist zwar noch nicht der ideale Zustand, aber wenn du mich fragst, ein echt guter Fortschritt«, schließt Mark und fragt dann noch: »Hast du mit dem Marketing und der Produktion dazu gesprochen, wie dort der Stand bezüglich des digitalen Produkts ›Juicy‹ ist?«

»Ja, das war nochmal ein ziemliches Auf und Ab. Du hast ja mitbekommen, dass sich Alex dort noch etwas eingebracht hat, oder?« »Ich habe von Till kurz dazu was gehört, aber nicht allzu detailliert. Er ist in erster Linie für die ›Juicy‹-App zuständig«, antwortet Mark. »Stimmt, also kurz zusammengefasst hat Alex nochmal den Fokus daraufgelegt, dass die App zur Produktivsetzung noch nicht perfekt sein muss, sondern wir sie lieber basierend auf dem Feedback und Tests mit den Kunden weiterentwickeln«, führt Steffen kurz aus. Mark erwidert begeistert: »Na sehr gut, endlich mal etwas Agilität und gesunder Menschenverstand in der Praxis.« Steffen pflichtet ihm bei: »Ja, total. Aber wir wollten das Ergebnis der ersten Tests trotzdem nicht ganz außer Acht lassen. Jedenfalls habe ich Anfang der Woche die Rückmeldung bekommen, dass der Anbieter Flaschenjet ziemlich begeistert von der Spinatsaft-Idee ist. Er hat Interesse daran, die Säfte über die eigene Plattform zu vertreiben. Allerdings soll man darüber auch zu der ›Juicy‹–App gelangen. Die Funktionen und möglichen Inhalte haben durch die Ausrichtung des Starts unserer ›Juicy‹-App eine ganz neue Bedeutung erhalten. Außerdem soll es Treuepunkte für jede Glasflasche geben, die zurückgegeben wird und bei jeder vierundzwanzigsten Flasche gibt es einen Saft gratis. Die Kolleginnen haben schon bestätigt, dass diese Angebote, sowie das Thema des Starts der App, super bei den Testern ankommen«, schließt Steffen. »Das hört sich doch gut an!« Mark ist begeistert. »Auf jeden Fall! Tatsächlich habe ich den Kollegen auch Bescheid gegeben, dass sie die Veröffentlichung der ›Juicy‹-App vorbereiten sollen. Zieldatum ist morgen in zwei Wochen.«

Steffen verabschiedet sich fröhlich von Mark und macht sich mal wieder auf den Weg zu Alex' Büro. Auf dieses Treffen war er schon die ganze vergangene Woche gespannt gewesen. Er muss zugeben, dass er ziemlich überrascht war, als er von Alex einen Termin zusammen mit Yvonne eingestellt bekommen hat, mit dem Betreff »Co-Creation-Ansatz«. Anscheinend hatten die beiden nach Yvonnes Besuch im Büro tatsächlich Kontakt gehalten. Steffen ist sehr gespannt, was ihn erwartet und wie seine Schulfreundin und sein Chef und Handballkollege miteinander agieren. Als er vor dem Büro ankommt, hört er schon von draußen Alex lachen. Er klopft an, öffnet die Tür und findet die beiden ins Gespräch vertieft. Als er eintritt, dreht Yvonne sich beschwingt herum, winkt ihn heran und begrüßt ihn: »Hey Steffen, wie geht's?« Alex ist etwas reservierter, räuspert sich und richtet sein Jackett. Steffen grinst breit und entgegnet gedehnt: »Na, ihr zwei?«

Ohne darauf einzugehen, beginnt Alex: »Zum heutigen Thema: Co-Creation. Yvonne, du hast es beim letzten Mal so gut erklärt, darf ich es dir überlassen, Steffen in das Thema einzuführen?«, sagt er zu Yvonne und zwinkert ihr beinah unmerklich zu. »Klar doch!« setzt sie an, als würde sie sich auf einen Pitch vorbereiten. »Also Steffen, wie Alex schon erwähnt hat, habe ich vorgeschlagen, dass wir uns zum Thema Co-Creation nochmal zusammensetzen. Kurz gesagt soll es darum gehen, zu überlegen, wer an welchem Wert auf welche Weise beteiligt ist. Wenn ich es richtig verstehe, habt ihr euch bei der Problemlösung zuletzt auf den internen Bereich und das Unternehmen als Wertschöpfungskette konzentriert. Das ist auch gut so und sicherlich ein wichtiger Schritt gewesen. Wenn ihr aber Lösungen wie Just-in-Time-Belieferung anstrebt, müssen wir über diese Lieferkette hinaus nach vorne auf die Lieferanten und hinten raus auf die Abnehmer und Konsumenten schauen.«

Alex und Steffen nicken aufmerksam. »Woran, glaubt ihr denn, hakt es bei der Just-in-Time-Thematik?«, fragt Yvonne jetzt. »Ich glaube, wir müssen einfach besser kommunizieren. Und ich meine nicht nur über Themen, die unsere Lieferverhältnisse aktuell betreffen, sondern darüber hinaus. Also was unsere Vision ist und auch die Strategie dahinter, als Unternehmen«, sagt Alex. »Wir müssen darauf achten, dass Horst das Thema Wertschöpfung und Wertströme versteht und auch als seine Aufgabe anerkennt. Es ist wichtig, dass er an den notwendigen und sinnvollen Veränderungen mitwirkt und uns unterstützen kann. Wir werden noch genügend Herausforderungen zu bewältigen haben, bei denen seine Erfahrung und Unterstützung hilfreich und erforderlich ist«, ergänzt Steffen.

Yvonne nimmt die Aussage von Steffen auf und spricht weiter: »Das passt zu einem tollen Artikel, den ich neulich gelesen habe. Dieser Artikel behandelt den Unterschied zwischen Outcome und Output. Wir drei denken in Ergebnissen, zum Beispiel mit der Betrachtung von Wertschöpfung. Horst repräsentiert noch die Sicht auf Output. Er hat die Zahlen und Messgrößen im Blick, zum Beispiel die Produktionsmenge in Hektolitern. Wir schauen auf den Nutzen für unsere Kunden und uns ist klar, dass da unterschiedliche Bewertungen vorliegen, das heißt der Outcome unterschiedlich bewertet wird. Insofern ist unser Ansatz Outcome auch eine Bewertung des Outputs. Mit Value Stream Management fokussiert sich eine Organisation stärker auf Outcome als auf Output. Output bedeutet »Ausgabe« oder »Leistung« während Outcome sehr gut mit »Ergebnis« oder »Resultat« übersetzt werden kann. Wir brauchen Horst für eine neue Art der Verantwortung. Wir müssen diesen Unterschied erklären und in der Organisation umsetzen. Meine Idee ist, zukünftig Wertschöpfung, anstatt Arbeitsleistung zu messen und auch zu honorieren.«

Steffen überlegt kurz, »Wenn wir dem Ansatz von Yvonne folgen wollen, sollten wir Horst einbinden. Und zwar besser früher als später.« Steffen merkt, dass Alex innerlich mit sich kämpft und hat das Gefühl, in seiner Rolle als Geschäftsführer wäre es ihm lieber, seinen Vater so lange wie möglich außen vor zu lassen. Doch schließlich antwortet Alex: »Ich kann den Ansatz gut nachvollziehen und denke, ihr habt recht. Trotzdem bin ich nicht allzu zuversichtlich was Horst angeht. Aber das muss ich euch wohl nicht erklären.« Er sieht erst Steffen und dann Yvonne an.

Yvonne setzt vorsichtig an: »Natürlich hast du als sein Sohn eine besondere Beziehung zu ihm und immerhin ist es euer Familienunternehmen. Ich glaube trotzdem, dass es eine größere Wirkung haben wird, wenn nicht du beziehungsweise nicht nur du Horst auf das Thema ansprichst. Wie wäre es zum Beispiel, wenn du es einfädelst, dass jemand aus dem Projektteam mit Horst spricht und ihm die Fortschritte in der eigenen Abteilung zeigt? Dadurch bekommt er möglicherweise einen besseren Eindruck davon, welchen Wert ihr intern im Unternehmen geschaffen habt.«

Die drei beraten sich noch einige Minuten und beschließen dann, dass sie das Thema Co-Creation und die Einbindung von Horst nach dem Start der ›Juicy‹-App gezielt angehen wollen. Als Steffen und Yvonne sich schon verabschieden und aus dem Büro gehen wollen, tritt Alex an Yvonnes Seite und sagt wie selbstverständlich: »Ich bringe dich noch runter.« Sie lacht und sagt dann forsch: »Den Weg finde ich gerade noch allein.« »Klar, aber man weiß ja nie«, antwortet Alex und grinst sie an. Steffen, der gedanklich ohnehin schon wieder an seinem Schreibtisch sitzt, verabschiedet sich mit einem kurzen: »Alles klar, bis dann.« und macht sich auf den Weg. Yvonne und Alex gehen runter zur Eingangstür des Jacobsens-Gebäudes und treten nach draußen. »Na gut,« beginnt Alex, »Ich geb's zu, ich hatte einen Grund, dich noch ein Stück begleiten zu wollen.« Yvonne zieht übertrieben die Augenbrauen nach oben, wodurch ihr Blick ganz eindeutig so was sagt wie »Das war mir schon klar«. Alex lächelt verlegen, räuspert sich und schaut sie dann direkt an: »Ich wollte dich noch zwei Sachen fragen. Und unter anderen Umständen würde ich das auch im Büro tun und nicht hier draußen, aber ich wollte dich nicht überrumpeln, vor allem als Steffen noch dabei war. Yvonne, ich habe in den letzten Wochen viel von deiner Arbeit mitbekommen und das nicht nur durch das, was du oder auch Steffen erzählen. Du hast uns ...«, Alex unterbricht kurz »mir, schon viele hilfreiche Hinweise und Impulse gegeben, wie ich dieses Unternehmen«, bei den Worten deutet er auf das Gebäude, vor dem sie stehen, »auf einen neuen Kurs lenken kann. Du zeigst einen Weg auf, durch den ich meine Vision für Jacobsens umsetzen kann und von dessen Erfolg ich vollkommen überzeugt bin. Könntest du dir vorstellen, für Jacobsens zu arbeiten und uns dabei zu helfen, die Vision umzusetzen?«, schließt Alex. Er stellt fest, wie schnell diese Worte aus ihm herausgesprudelt sind – was sonst so gar nicht seine Art ist – und setzt deswegen zur Ausführung an: »Den genauen Auftrag müssten wir natürlich nochmal bei Gelegenheit besprechen, aber ...«. Er stoppt, weil Yvonne ihn unterbricht. »Diese Details sind wirklich zweitrangig. Meine Frage wäre viel eher, was du dir davon versprichst, Alex. In welcher Rolle siehst du mich, wenn ich mit Jacobsens zusammenarbeite?«

»Versteh das bitte nicht falsch«, ergänzt sie, als sie merkt, dass Alex verunsichert wirkt, »ich möchte nur sichergehen, dass wir dieselben Vorstellungen haben.« Alex nickt eifrig, denkt kurz nach und antwortet dann: »Ich würde dich gerne als externe Beraterin beauftragen, vielleicht eher noch als eine Art Coach für Value Streams. Ich glaube, was uns fehlt, sind bisher einfach Methoden und Ansätze, um unseren strategischen Blick zu erweitern. Den ersten Schritt haben wir im Projekt ›Juicy‹ sicherlich geschafft, aber das reicht noch lange nicht. Du hingegen hast eine Vorstellung davon, wie wir weitermachen können und die Erfahrung und den Spirit, die dieses Unternehmen braucht. Und du kommst von außen, bist nicht so betriebsblind wie wir. Außerdem haben wir noch ein paar Standorte, die noch lange nicht so weit sind wie dieser. Wir müssen ›Juicy‹ einfach auf die ganze Organisation Jacobsens übertragen.« »Ich bin dir wirklich dankbar für das Angebot, Alex und könnte mir gut vorstellen, mit Jacobsens zusammenzuarbeiten«, sagt Yvonne und lächelt Alex an. »Und ich mag die Arbeitsatmosphäre bei euch sehr. Trotzdem würde ich mir gerne einige Gedanken machen, bevor ich dir eine endgültige Antwort gebe«, schließt sie und sieht ihn vorsichtig an, weil sie sich nicht sicher ist, wie er darauf reagieren wird. »Natürlich, mach das!«, sagt Alex und schaut sie einen Moment an, bevor sie sich zum Abschied umarmen. Als sie sich schon einige Schritte von ihm entfernt hat, fällt Yvonne ein: »Alex, meintest du nicht du hättest zwei Fragen?« Kurz fährt er sich mit der Hand durch die Haare und winkt dann ab »Beim nächsten Mal, sonst erfrieren wir hier noch.« »Wie du meinst«, erwidert Yvonne lachend, die Alex inzwischen gut genug kennt, um zu wissen, dass sie eh nichts aus ihm herausbekommt, was er nicht ansprechen will, und geht zu ihrem Fahrrad.

Es ist der Launch Day der ›Juicy‹-App. Die ganze Woche schon wuseln alle nur so durcheinander und rennen hektischer als sonst von einem Büro zum anderen. Sie haben einen Bildschirm im Konferenzraum aufgestellt, in dem die Downloadzahlen übertragen werden. Alex hat auch Yvonne eingeladen und sie unterhält sich mit Steffen, bevor Alex eine kurze Ansprache hält und sie die App live schalten. Nach wenigen Minuten gibt es bereits erste erfreuliche Signale, dass es funktioniert. Es sind nicht nur ›Juicy‹-Projektkollegen zum Launch gekommen, sondern auch Kolleginnen und Kollegen, die nicht am Projekt mitgearbeitet haben. Zur Freude des Teams sind die Reaktionen durchweg positiv. Die Mitarbeitenden sind begeistert vom Saison-Special: »Spinat meets Obst«, denn es zeigt die Regionalität und soziale Verantwortung von Jacobsens. Zur Überraschung aller ist auch Horst gekommen. Er brummt Alex allerdings nur etwas zu von wegen: »Ob eure lustige kleine ›Juicy‹-App auch einen Einfluss auf die Geschäftszahlen hat, werden wir ja sehen. Bisher habt ihr nur Kosten verursacht. Ich hoffe, das ist dir bewusst.« Mit diesen Worten stampft er aus der Tür. Als sich der Trubel nach einigen Stunden gelegt hat, nutzen sowohl Steffen als auch Alex die Gelegenheit, um nochmal das Wort an das ›Juicy‹-Team zu richten: »Zuerst einmal vielen Dank für euer Durchhaltevermögen, euer lösungsorientiertes Denken und den unerschütterlichen Einsatz, den ihr alle in dieses Projekt eingebracht habt. Die ersten Zahlen sind vielversprechend. Wir wollen euch dennoch darauf hinweisen, dass dies erst der Anfang ist. Wir haben noch Großes vor. Und wir haben heute den ersten großen Schritt gemacht. Vielen Dank euch allen!« Es folgt ein lautes Klatschen und Steffen hat das Gefühl, dass dieser Ausblick auf weitere Erfolge das Team nur noch mehr zu motivieren scheint. Man merkt, wie stolz alle sind. Die Team-Mitglieder identifizieren sich mit dem digitalen Produkt ›Juicy‹ und auch mit dem Launch-Motto.

Der Start des digitalen Produkts ›Juicy‹ war tatsächlich ein voller Erfolg. Der Markt hat sie angenommen und die Download-Zahlen sind enorm. Am Montagmorgen der nächsten Woche hört Steffen aus der Marketingabteilung, dass das Unternehmen dadurch eine nie dagewesene Menge an Aufmerksamkeit bekommen hat. Nicht nur durch die ›Juicy‹-App, sondern viel mehr auch wegen der damit verknüpften Botschaft. Auch haben sie schon einige Anfragen für Interviews bekommen. Es scheint wohl einige zu interessieren, wie ein solches Traditionsunternehmen diesen Sprung in die digitale Zukunft geschafft hat. Es war auch eine tolle Idee der Kollegen aus dem Marketing gewesen, das alte Familienbuch der Jacobsens mit dem Rezept des Spinatsafts in die Kampagne einzubeziehen. Steffen überlegt, dass er diese Story gerne teilen würde, da ja so viel mehr hinter dem ›Juicy‹-Projekt steckt als bloß die App. Er macht sich auf den Weg zum heutigen ›Juicy‹-Teammeeting und hört beim Eintreten Julia und Mark bereits aufgeregt reden: »Habt ihr euch mal die Kommentare angeschaut?« kam die freudige Frage von Julia. »Ja, damit kann man wirklich super arbeiten und die ›Juicy‹-App weiter ausbauen!«, meint Till und fängt an, ihr von seinen weiteren Vorschlägen und Ideen für das Produkt zu erzählen. Die Stimmung im Team ist großartig. Trotzdem lässt es Steffen nicht mehr los, dass sie noch nicht entschieden haben, wie und wann sie auf Horst zugehen. Er weiß, dass diese Aufgabe jetzt bei Alex liegt. Aus seiner Sicht sollte jetzt, wo der Launch der ›Juicy‹-App tatsächlich ein Erfolg war, nichts mehr dagegensprechen. Steffen entscheidet sich, Alex heute noch darauf anzusprechen, bekommt ihn aber den ganzen Tag über nicht mehr zu fassen. »Dann wohl morgen«, denkt er sich und verlässt um 18 Uhr zügig das Büro, um nicht zu spät zum Handball zu kommen.

Das abendliche Training hilft Steffen wie immer, seinen Kopf freizubekommen und er powert sich richtig aus. Heute ist auch Alex, der die letzten Wochen nur an den Samstagstrainings teilgenommen hat, wieder da. Steffen freut sich, ihn etwas unbeschwerter zu sehen, weshalb er erst überlegt, ob er Alex jetzt wirklich noch auf Horst ansprechen soll. Er ist sich nicht sicher, wie Alex reagieren wird. Doch als er es dann doch wagt, lehnt dieser sich zurück, verschränkt die Hände hinter dem Kopf und schaut kurz an die Decke. Schließlich antwortet er: »Dann ist es wohl Zeit, auf Horst zuzugehen.« Steffen atmet innerlich auf. »Absolut.« Darauf ergänzt Alex: »Mir ist aber wichtig, dass wir uns nicht nur auf die App beziehen. Wenn wir ihm das verständlich machen, wird er einsehen, dass auch die Just-in-Time-Belieferung einen wichtigen Wert liefern wird.« Als er Steffens Nicken bemerkt fährt er fort. »Ich fand die Idee gut, ihn durch die Abteilungen zu führen, sodass er den Flow erkennt, den wir von der Anlieferung bis zum Vertrieb geschaffen haben.« Alex überlegt kurz, beugt sich dann etwas zu Steffen vor und stützt seine Ellbogen auf den Knien ab. »Du hast aus dem Projekt heraus den besten Überblick, Steffen. Würdest du diese Aufgabe übernehmen? Und noch etwas: Ich habe Yvonne gefragt, ob sie uns als externe Beraterin unterstützen wird. Wir müssen eine echte Kompetenz aufbauen und ich bin mir sicher, sie ist die Richtige dafür.« Steffen, der dieser Idee viel abgewinnen kann, erwidert: »Ich finde den Vorschlag super. Hat sie denn schon zugesagt?« Alex guckt etwas verlegen und gesteht dann: »Nein, wir sprechen morgen noch mal darüber. Ich bin mir auch nicht sicher, ob sie zusagen wird. So oder so wollte ich dir nur vorher einmal davon erzählt haben, damit du nicht überrascht bist, falls du es von ihr zuerst hörst.«

Alex ist ganz aufgeregt, als er am Dienstag in die Mittagspause geht. Normalerweise nimmt er sich nie eine richtige Pause. Nicht, dass er es sich nicht vornahm, aber spontan ergaben sich dann doch meistens irgendwelche Termine oder wichtigen Telefonate. Doch als er heute Morgen Yvonnes Nachricht gesehen hat, in der sie fragte, ob er es spontan einrichten könnte, hatte er keine Sekunde nachdenken müssen und sich die Mittagszeit geblockt. Langsam hat er schon angefangen, sich Sorgen zu machen, ob er sie vielleicht verschreckt hat. Da ihre Antwort zu seinem Beratungsauftrag noch ausstand und er sie keinesfalls drängen wollte, hatte er seit ihrem letzten Gespräch vor Jacobsens auch darauf verzichtet, sie privat zu kontaktieren. Das war ihm schwerer gefallen als gedacht. Doch als sie sich nun begegnen, ist er erleichtert, dass alles wie immer zu sein scheint. »Ich will dich gar nicht lange auf die Folter spannen,«, sagt Yvonne. »Ich schulde dir noch eine Antwort, wollte dir diese aber gerne persönlich geben.« Alex nickt energisch, um ihr zu zeigen, dass er das gut verstehen kann. »Was soll ich sagen? Ich bin dabei. Ich würde mich sehr freuen, für Jacobsens zu arbeiten«, schließt sie mit einem Lächeln. Jetzt muss auch Alex lächeln: »Yvonne, das freut mich riesig!«

Sie stehen etwas abseits der Straße in einem kleinen Park, der sich durch die umliegenden Bürogebäude schlängelt. Alex ist sich nicht sicher, wie er weiterreden soll und sieht sie deswegen für einen Moment nur an. Dann nimmt er kurz entschlossen ihre Hände in seine und sagt: »Ich bin mir nicht sicher, wie gut das Private neben der Arbeit funktionieren kann ...« Er schluckt kurz. »Entschuldige, aber wenn dir das zu viel ist ...«, stockt er und lässt den angebrochenen Satz in der Luft hängen. Bevor Alex weitersprechen kann, lächelt Yvonne mal wieder und sagt nur leichthin: »Das bekommen wir schon hin. Wir gehen einfach eins nach dem anderen an.« Er atmet erleichtert auf und bevor er etwas antworten kann, klingelt sein Telefon. Widerwillig zieht er es aus der Jackettasche. »Tut mir leid, da muss ich rangehen.« Er schaut Yvonne entschuldigend an. Sie lächeln sich an und umarmen sich zum Abschied. Dann läuft Yvonne beschwingt los. Als Alex schon ans Telefon gegangen ist, dreht sie sich noch einmal um und er winkt ihr grinsend zu.

Alex ist nervös, bevor er am Mittwoch in den Konferenzraum tritt, in dem er sich mit seinem Vater treffen wird. Er kommt sich vor wie früher in der Schule. So, als ob er gleich eine Präsentation halten müsste. Das ärgert ihn selbst. Immerhin ist es sein Vater und er ist sich seiner Sache sicher. Die Zahlen sprechen für sich. Die Frist, die Horst ihm gesetzt hat, läuft Ende nächster Woche aus. Er atmet tief durch und fängt an, im Raum auf und abzulaufen.

»Hallo Alexander«, sagt Horst, als er den Raum betritt und lässt sich in einen Stuhl am Ende des Tisches fallen. »Da bin ich ja mal gespannt, was du zu berichten hast«, sagt er mit spöttischem Unterton. »Die Südfrüchtelieferanten sind übrigens sehr an einer Zusammenarbeit interessiert«, ergänzt er und und

Alex ärgert sich über die Selbstgefälligkeit seines Vaters. Dennoch bemüht er sich, ruhig zu bleiben, packt die Reports aus und beginnt, mit Horst die Zahlen durchzugehen. Nach einigen Minuten schließt er: »Die Geschäftszahlen lassen eine eindeutige Tendenz erkennen. Sie werden besser, weil die Auslastung der Maschinen besser geplant werden kann. Die Rüstzeiten sind viel kürzer als vorher. Das kann Steffen dir morgen auch alles nochmal zeigen. Ich habe ihn gebeten, dir morgen mehr zum Projekt ›Juicy‹ zu erzählen.« Erwartungsvoll sieht er seinen Vater an, der unbeeindruckt auf die Präsentation vor ihm schaut. Alex hätte sich eine andere Reaktion erhofft, aber das ist immer noch besser, als wenn Horst ihm direkt das Wort abgeschnitten hätte oder ihm nicht zustimmen würde. Jetzt stellt er sich gegenüber seinem Vater vor den Tisch und stützt sich mit den Händen auf der Tischplatte ab. Eindringlich sagt er: »Das digitale Produkt ›Juicy‹ ist ein Erfolg. Und das möchte ich nun an allen unseren Standorten umsetzen und außerdem die Wertschöpfungsketten vor und nach uns einbeziehen.« Alex muss innerlich schmunzeln, als er feststellt, dass er seine Ausdrucksweise, wenn er über Value und Value Streams redet, eindeutig von Yvonne übernommen hat. Das lässt er sich gegenüber Horst natürlich nicht anmerken und fährt fort. »Und das alles ohne Südfrüchte. Wir sind unserer Qualität und unseren Ansprüchen treu geblieben und haben die Umweltbelastung, die ohnehin schon von Jacobsens ausgeht, nicht noch weiter erhöht.« Jetzt wartet Alex bemüht ruhig die Antwort seines Vaters ab. Dieser schaut abwechselnd auf die Zahlen vor sich und dann wieder zu seinem Sohn. Er fängt an, sich leicht in dem Bürostuhl hin und her zu drehen und tippt immer wieder mit dem Kugelschreiber in seiner Hand auf die den Papierstapel, der vor ihm liegt. Dann sagt er: »Nun gut, das sieht ja erst mal gar nicht so schlecht aus. Ich gehe die Zahlen später noch mal genau durch, aber fürs Erste kann ich dir wohl nicht widersprechen. Außer in dem Punkt, dass wir die Südfrüchte trotzdem brauchen. Vielleicht haben wir jetzt die Gewinne wieder angekurbelt, aber trotzdem sollten wir uns die geringeren Kosten durch Südfrüchte nicht entgehen lassen.« Alex atmet tief ein und unterdrückt den Impuls, die Augen zu verdrehen. »Ich habe andere Pläne«, erklärt er dann. »Ich möchte das Projekt ›Juicy‹, wie wir es hier umgesetzt haben, erst ausweiten und auf die anderen Standorte übertragen. Außerdem sollten wir erst mal die Beziehungen mit unseren bestehenden Lieferanten wieder verbessern. Das war ja durch den Schlamassel mit der Apfelschorf-infektion alles nicht so einfach.«

Jetzt unterbricht Horst ihn doch: »Ja, so was kommt schon mal vor, Junge. Und ich sage nicht, dass wir alle unsere Lieferanten in den Wind schießen sollen. Du weißt, ich kenne die meisten von ihnen schon seit Urzeiten. Aber wir müssen auch an uns denken, sie würden es nicht anders machen.« Alex überlegt, was er darauf erwidern soll. Ist es noch zu früh, Horst um Hilfe zu bitten, wegen der Just-in-Time-Thematik? Wahrscheinlich. Steffen hat wohl recht, dass er erst mitspielt, wenn er wirklich überzeugt ist und das Poten-zial sieht. Ja, dazu ist es noch zu früh, stellt Alex in Gedanken fest. Jetzt erwidert er gegenüber Horst: »Nun gut, ich werde mich dennoch vorerst auf unsere langjährigen«, das Wort betont er besonders, »Lieferanten konzen-trieren. Wenn du Interesse daran hast, zu erfahren, was ich vorhabe und wie ich mir die weitere Zusammenarbeit vorstelle, komm gerne auf mich zu. Ich freue mich, wenn du bei den Gesprächen dabei bist.« Diese letzten Sätze ge-fallen ihm sehr gut, er ist stolz auf sich. Horst blickt ihn nur skeptisch an und gibt ein brummendes »Hmm« von sich, dann sagt er: »Zurück zu deiner ›Juicy‹-Idee«, wobei Horst die letzten zwei Worte übertrieben betont. »Wie willst du das denn machen? Du bist schließlich hier und nicht an irgendei-nem der anderen Standorte. Mal abgesehen davon, weißt du gar nicht, wie es dort laufen wird. Ich bin neugierig. Wie stellst du es dir vor, parallel mehrere solcher Projekte laufen zu lassen?«, fragt er und zieht unschuldig die Augen-brauen nach oben, als sei das eine ganz ernst gemeinte Frage. »Das habe ich schon organisiert. Ich habe eine großartige Beraterin gefunden, die sich mit solchen Projekten genau auskennt. Sie wird mit uns zusammenarbeiten und nicht nur die anderen Standorte unterstützen, sondern uns auch hier an unserem Hauptsitz weiterhin zurate stehen.« Horst kneift die Augen leicht zusammen und guckt seinen Sohn skeptisch an. »Eine Externe? Ist das dein Ernst?«, poltert er. »Die kostet uns doch viel zu viel.« Alex bleibt ruhig und antwortet bestimmt: »Nein tut sie nicht und so oder so: Sie ist jeden Cent wert, du wirst schon sehen.«

Als Horst am Abend nach Hause fährt, denkt er über die Geschehnisse des Tages nach. Er kann nicht anders, als immer wieder an dieses ›Juicy‹-Projekt zu denken. »Mir ist das ganze Ausmaß des Projekts gar nicht so bewusst gewesen«, muss er sich eingestehen. »Aber wahrscheinlich hat Alexander es auch bewusst darauf angelegt, ihn möglichst wenig einzubeziehen. Seine Gedanken schweifen weiter zu der Stunde am Nachmittag, die er mit Steffen verbracht hatte. »Ein pfiffiger Kerl,« hatte er sich schon nach einigen Minuten gedacht, »ein bisschen übereifrig, aber das ist mir lieber als faule, langsame Menschen.« Horst hatte Steffen zuvor nur wenige Male gesehen. »Welche Rolle hat er nochmal? Richtig, Businessanalyst«, fällt es ihm ein. Steffen hatte ihm viel über das Projekt erzählt und sie waren durch einige Abteilungen gegangen. In der Produktion hatten sie auch mit Andreas gesprochen. Horst war beeindruckt davon gewesen, wie begeistert dieser ältere und erfahrene Kollege von dem Vorgehen und den Veränderungen des Projekts gesprochen hatte. »Insgesamt ist das Projekt ja wirklich nicht schlecht gelaufen«, stellt Horst fest. Nicht, dass er es Alexander nicht zugetraut hätte, aber sein Sohn hatte ihm einfach immer einen zu träumerischen Blick auf das Unternehmertum gehabt. Um sicherzugehen, dass nicht an ihm vorbeigeplant wird, ruft er rasch seinen Sohn an. Als dieser mit »Hallo Horst«, antwortet, brummt er Alexander nur entgegen: »Wann sind diese Gespräche mit unseren Lieferanten? Ich werde dabei sein.«

Yvonnes Arbeit im Unternehmen geht direkt los. Sie wollen keine Zeit verlieren. Steffen führt sie schnell und intensiv in das Projekt ein, stellt ihr die Mitglieder des ›Juicy‹-Teams vor und woran sie arbeiten und versucht, alle ihre Fragen zum Unternehmen zu beantworten. Auch auf Horst trifft Yvonne bereits an ihrem ersten Arbeitstag kurz. Mehr durch Zufall, als dass es ein beabsichtigtes Meeting ist. Sie unterhalten sich für einige Minuten, bis Horst einen Anruf bekommt und sich kurz angebunden entschuldigt. An ihrem zweiten Tag ist sie bei dem ›Juicy‹-Weekly dabei. Im Anschluss ans Meeting kommt Steffen auf sie zu: »Na, was meinst du?« Steffen war durch ihre Anwesenheit zu Beginn etwas nervös gewesen. Sie reicht ihm den Schwamm zum Säubern des Whiteboards, nachdem er sich gerade umgedreht hat und antwortet dann: »Ich denke, das lief ganz gut. Das Team ist wirklich cool. Eine bunte Mischung, aber gerade das empfinde ich als sehr bereichernd. Eine Frage hätte ich allerdings noch. Ihr habt eure Vorhaben umgesetzt und so wie ich es verstanden habe, seid ihr auf einem ziemlich guten Weg, die restlichen Ziele innerhalb der nächsten Wochen zu erreichen.« »Das hoffe ich doch«, antwortet Steffen und Yvonne fährt fort: »Habt ihr euch denn schon überlegt, wie es mit dem Projekt weiter geht? Ich meine, wie wollt ihr in Zukunft die Value Stream ausgerichtete Zusammenarbeit organisieren und sicherstellen? Und was sind die nächsten Themen, die ihr in Angriff nehmen wollt?« »Sieht so aus, als hätten wir die erste Amtshandlung für dich gefunden«, sagt er mit einem Grinsen zu Yvonne. »Vielleicht, ja.«

Am nächsten Morgen kommt Yvonne ausgeruht und voller Energie ins Büro. Sie hatte gestern noch etwas Gemüse im Kühlschrank gefunden und sich eine Suppe gekocht. Nach einer gemütlichen halben Stunde auf dem Sofa mit ein paar Zeitschriften war sie entspannt und kaputt genug und hat schließlich gut und erholsam geschlafen. Während sie auf ihr Büro zusteuert, kommt Alex um die Ecke. »Moin,«, sagt er und hebt die Hand wie zu einem militärischen Gruß an den Kopf, »hast du gut geschlafen?« Sein Lächeln zeigt, dass er gut drauf ist. Yvonne beschließt, den seltsamen Gruß zu ignorieren. »Ja, sehr gut. War ein anstrengender Tag gestern. Aber auch sehr erfolgreich. Irgendwie läuft es gerade sehr gut. Es macht Spaß«, erzählt sie.

»Das freut mich«, erwidert Alex. »Ich muss jetzt leider gleich weiter. Sonst hätten wir noch etwas reden können.« Beide lächeln sich an und gehen aneinander vorbei ihres Weges. »Alex?« Yvonne erinnert sich an ihr Gespräch von gestern Abend mit Steffen und will das Thema gleich ansprechen. Alex dreht sich am Ende des Flurs um und setzt ein fragendes Gesicht auf. »Ich habe da noch ein Thema. Eine wichtige Frage, die wir klären sollten«, erklärt Yvonne, während sie wieder auf Alex zugeht. Er schaut kurz auf seine Uhr und antwortet: »Gerne, aber nicht jetzt, oder? Wollen wir einen Termin machen? Ich habe heute Vormittag den Kalender voll. Wollen wir gemeinsam Mittagessen?« Yvonne überlegt kurz und geht gedanklich durch ihren Kalender von heute. »Zu dumm, ich bin für das Projektteam belegt. Wie sieht es bei dir am Nachmittag aus?« »Okay, gegen 16:30 Uhr?«, fragt Alex und erntet ein zustimmendes Nicken von Yvonne: »Ich komme zu dir ins Büro, einverstanden?« Mit einem »Sehr schön, bis später«, verabschiedet sich Alex. Yvonne sinniert noch etwas über ihre Ankunft im Projekt und die Terminabstimmungen mit dem Chef, während sie sich zu ihrem Schreibtisch begibt.

»Weißt du, was ich dir heute Morgen schon sagen wollte?«, begrüßt Alex Yvonne am Nachmittag, als sie sein Büro betritt. »Nein, woher sollte ich?«, reagiert sie betont gelassen. Sie ahnt, dass es etwas Persönliches ist und tut sich damit gerade schwer. Ihr Thema für dieses Gespräch ist beruflicher Natur und da kann sie auch nett gemeinte Ablenkungen privaten Charakters nicht gebrauchen. Alex kennt diese Gedanken natürlich nicht und fährt fort: »Du hast immer ein geschicktes Händchen bei der Auswahl deiner Klamotten. Du hast eine tolle Figur und das unterstreichst du mit deiner Kleidung. Eine schön anzusehende und geschickte Kombination aus leger und sportlich sowie elegant und businessmäßig.« Yvonne überlegt, wie sie mit diesem Kompliment umgehen soll. Sie entscheidet sich für eine schnippische Antwort und hofft, dass Alex die Botschaft versteht: »Ich hoffe, dass du mich nicht nur auf mein Aussehen reduzierst.« »Oops, sorry, so war das nicht gemeint.« Alex versteht, dass er im Umgang mit Yvonne noch üben muss, Privates und Berufliches zu trennen.

»Lass uns mal zu meinem Thema kommen, lieber Alex«, ergreift Yvonne versöhnlich das Wort. »Ich habe gestern mit Steffen noch ein wenig über das Projekt gesprochen. Wir sind beide der Meinung, dass wir jetzt die nächsten Schritte zur Erweiterung beziehungsweise Ausweitung der Projekterfolge planen müssen. Wir sollten also das Thema Value Stream skalieren. Hast du dir schon Gedanken über Rollen und Verantwortlichkeiten gemacht?«, fragt sie Alex. Der muss die kleine Abfuhr von eben noch verdauen und zögert etwas mit der Antwort: »Klar, Steffen ist Projektleiter und hat das gut gemacht. Was meinst du mit Rollen und Verantwortlichkeiten?« Yvonne stellt sich aufrecht ans Fenster und achtet auf ihre Körperspannung. Sie versucht, die Äußerung von Alex mit der tollen Kleiderwahl und der guten Figur auszublenden.

»Für mich ist Steffen mehr als ein Projektleiter. Projekte gehen irgendwann zu Ende und kämpfen immer auch mit den Widerständen aus der bestehenden Organisation. Du hast Steffen in diesem Projekt gut den Rücken freigehalten und ihn bestärkt. Ich würde seine Rolle und Verantwortlichkeit jetzt als »Value-Stream-Verantwortlichen« bezeichnen. Er hat die Verantwortung für den Value Stream der App und alles, was damit zusammenhängt. Aber wie geht es weiter? Welche Rolle spielt Steffen dabei? Wie bekommen wir die Erfolge dieses ersten Projektes nachhaltig in die gesamte Organisation?« »Das ist mein Job«, versucht Alex zu erklären. »Ich übernehme die Gesamtverantwortung, beziehungsweise habe ich sie ja schon. Ich bin Geschäftsführer und am Ende des Tages für alles verantwortlich.« Yvonne bemerkt, dass sie ihre Gedanken zu forsch formuliert hat. Sie hat Alex zu sehr in die Ecke gedrängt und überlegt, wie sie aus dieser unangenehmen Situation wieder herauskommt. Mit einem kleinen Schwung drückt sie sich vom Fenster ab, an dem sie gelehnt hat und geht auf Alex' Schreibtisch zu. Sie setzt sich ihm gegenüber und fährt fort: »Das stimmt. Ich gebe dir uneingeschränkt recht. Man muss nicht für jedes neue Thema eine neue Rolle schaffen. Ich meine das etwas anders. Erinnerst du dich an meine Erklärung zum Unterschied zwischen Output und Outcome? Hier bei Jacobsens muss noch einiges verändert werden. Diese Veränderungen brauchen einen langen Atem und Kraft in der Umsetzung. Lass mich dir ein Beispiel geben. Was hältst du davon, zukünftig »Value für den Kunden« anstatt Arbeitsleistung zu messen und zu honorieren?« Yvonne gibt Alex Zeit, die Tragweite dieser Aussage zu verstehen. »Wie soll das gehen? Wie sollen wir das konkret umsetzen?«, bringt Alex seine Gedanken zum Ausdruck. »Ich habe darauf jetzt noch keine Antwort,«, meint Yvonne, »aber ich bin der Meinung, dass du diese Fragen stellen musst und eine Richtung dazu vorgeben solltest. Du bist aus meiner Sicht auch in der Verantwortung, in absehbarer Zeit aus der Leitungsperspektive des Unternehmens Jacobsens Antworten zu finden. Die Umsetzung sollte jedoch bei jemand anderem liegen. Dieser jemand sollte weitreichende Verantwortung für den Value Stream erhalten. Er sollte ergebnisverantwortlich sein. Dieser jemand könnte Steffen sein«, beschließt Yvonne ihre Erklärungen. Jetzt ist es raus. Yvonne hatte diesen Gedanken schon eine Weile gehabt und auf den passenden Moment gewartet, ihn zu platzieren. Aus ihrer Sicht ist Jacobsens Säfte auf einem guten Weg in Richtung Value Stream Management. Sie ist der festen Überzeugung, dass Alex die zugrunde liegende Philosophie verstanden hat, auch den betriebswirtschaftlichen Ansatz mit einer umfassenden Gesamtbetrachtung. Ein wenig musste sie noch daran arbeiten, Alex und seinem Team den Wandel vom arbeitsteiligen Silodenken zu ganzheitlichem Denken und Handeln nicht nur näher zu bringen, sondern mit allen Konsequenzen einzupflanzen. Die Etablierung von Value Stream Management ist natürlich in logischer Konsequenz Aufgabe der Unternehmensführung, doch zugleich auch abgestuft delegierbar. Alex spielt gedankenverloren mit einem Stift und fährt sich mit der rechten Hand durch das Haar. Er überlegt, wie er Yvonnes Worte auffassen soll. Das klingt alles sehr logisch und zu Ende gedacht, wie es bei ihr immer der Fall ist. Doch irgendetwas sperrt sich innerlich noch. Yvonne hat gelernt, mit Stille umzugehen. Früher hätte sie sofort weitergeredet, doch jetzt weiß sie instinktiv, dass sie Alex noch etwas Zeit geben muss. Sie geht wieder zum Fenster und sieht hinaus. Alex' leises Schnaufen zeigt ihr nach ein paar Augenblicken, dass sie nun nachlegen kann: »Ziel beim Value Stream Management ist, eine Ende-zu-Ende und silodurchbrechende Verantwortung für Wertströme in Unternehmen umzusetzen, das heißt Entscheidungen am Wert für den Kunden auszurichten. Das haben du und auch Steffen schon gut verstanden. Ich bin sicher, dass ihr das beide weiterhin sehr gut umsetzen werdet. Zum Wohl von Jacobsens, den Mitarbeitenden und vor allem zum Wohl der Kunden. Jeder von euch beiden hat seine Rolle und seine Verantwortlichkeit.«

Alex beugt sich auf seinem Schreibtischstuhl nach vorne und schaut Yvonne, die sich wieder ihm gegenüber hingesetzt hat, direkt an: »Lass mich das nochmal mit meinen Worten wiedergeben. Das klingt sehr gut, aber ich bin nicht sicher, ob ich es verstanden habe. Um hier bei Jacobsens eine nachhaltige und kontinuierliche Steuerung, Gestaltung und Ausweitung der Value Streams sicherzustellen, müssen wir verschiedene Ebenen betrachten. Wir sollten bei der Entscheidungsfindung, der Priorisierung und der Bewertung des Kundennutzens auf strategische, taktische und operative Aspekte achten. Ist das richtig zusammengefasst und weitergedacht?« Alex blickt Yvonne fragend an. Ihr zustimmendes Nicken erfreut ihn zwar, aber er hat auch eine Befürchtung: »Das ist noch zu viel für Steffen. Er hat bisher eine gute Leistung abgeliefert. Doch ob er das für Jacobsens Säfte insgesamt schafft? Ich weiß es nicht ...« Yvonne lehnt sich zurück und kontert diese Aussage mit einer provokanten Gegenfrage: »Wie sieht es bei dir aus? Bist du der neuen Verantwortung gewachsen?« Yvonne weiß, dass sie sich mit dieser Frage wieder weit aus dem Fenster lehnt. Sie weiß jedoch nicht, warum sie so handelt. Hat sie der Spruch von Alex mit der guten Figur und der tollen Kleidungswahl doch mehr irritiert, als sie zugeben möchte und animiert sie das zu dieser kleinen fachlichen Provokation? Oder spürt sie, dass sie sich das erlauben kann, weil Alex mehr als freundschaftliche Gefühle hegt? Alex lächelt nach einem kurzen Moment des Überlegens und entgegnet: »Stimmt, Yvonne. 1:0 für dich. Ich bin mir auch nicht immer sicher, ob ich das stemmen kann.«

»Trau dich mehr, als du dir zutraust. Dann entdeckst du, dass du immer mehr kannst, als du dir zutraust«, gibt Yvonne lächelnd zurück. »Das ist ein Spruch meiner Oma und er gefällt mir sehr gut!«, erklärt sie. Alex gefällt die charmante, motivierende und gleichzeitig fordernde Wendung des Gesprächs.

»Wenn wir bei Jacobsens den Weg von Value Stream Management weitergehen wollen, müssen wir darauf achten, lokale und globale Optimierungen richtig auszubalancieren und Prioritäten richtig zu setzen. Steffen und ich sind mit deiner Unterstützung ein gutes Team. Alle Beteiligten – auch wir drei – müssen lernen, mit Komplexität, ständiger Veränderung und Unsicherheit umzugehen. Vielen Dank für alles bisher, liebe Yvonne.«

> **Zum Vertiefen empfehlen wir Standpunkt 7: Value Streams bringen neue Arten von Verantwortung.**

Besuch vom Bruder

»Das lief doch ganz gut«, bricht Alex das Schweigen zwischen seinem Vater und ihm, als sie auf dem Rückweg von einem Besuch bei einem ihrer Hauptlieferanten im Auto sitzen. Alex hatte sich entschieden, dass sie zuerst mit den Lieferanten sprechen sollten, die von der Apfelschorfinfektion am stärksten betroffen waren. »Immerhin müssen sie die weitere Zusammenarbeit besser planen. Wir können nicht den Rest des Jahres nur Spinatsäfte anbieten«, hatte sich Alex gedacht. Doch der Lieferant war wirklich beeindruckt von der Flexibilität von Jacobsens. Alex hatte das sehr gefreut zu hören. Insgeheim war er sogar froh, dass sein Vater dabei gewesen war, um dieses Lob an die Geschäftsführung von Jacobsens aus erster Hand vom Lieferanten zu hören. Dieser war sehr an den Veränderungen bei Jacobsens interessiert und so hatte Alex ihm einiges über ›Juicy‹, ihr digitales Produkt und ihre Motivation erzählt. Er hatte dabei auch nicht gezögert, Yvonne und Steffen als Treiber des Ganzen zu erwähnen. Horst, der den ersten Teil des Gesprächs geleitet hatte, war bei Alex' Ausführung überraschend still geblieben und hatte nur ab und zu die Nase gerümpft, wenn sein Sohn wieder zu viele englische Begriffe verwendet hatte. Zur Überraschung von Horst und Alex erfuhren sie, dass auch der Lieferant bald seine Geschäftsleitung an eine der Töchter übergeben würde. Er hatte gleich vorgeschlagen, dass sich Alex und sie so bald wie möglich zusammensetzen sollten. Horst gibt zu: »Ja, sie schienen jedenfalls recht angetan von deinen Ideen. Hätte nicht gedacht, dass sie in diesem Just-in-Time-Thema so viel Potenzial sehen.« Alex lächelt zufrieden.

Dann räuspert sich Horst: »Kommst du morgen eigentlich zum Abendessen?« Alex schaut seinen Vater überrascht an. Er war seit Wochen nicht mehr bei seinen Eltern zum Abendessen gewesen, vor allem nicht auf Bitte seines Vaters hin. »Wieso? Alles okay?«, fragt er deswegen vorsichtig nach. »Natürlich ist alles okay«, sagt Horst etwas zu laut und aufgebracht. Alex ahnt nichts Gutes. »Hat deine Mutter dir nicht erzählt, dass dein Bruder für zwei Tage da ist?« Als Alex immer noch verblüfft guckt, fährt Horst fort: »Das sieht Nikolas mal wieder ähnlich, meldet sich sieben Monate kaum und dann taucht er einfach wieder auf und lädt sich zum Essen ein.« Alex atmet scharf durch die Zähne ein. Seit sein Bruder Nikolas und sein Vater sich zerstritten hatten, hatte er ihn nur noch selten gesehen. Eigentlich hatte Nik als älterer Bruder vor einigen Jahren schon Jacobsens übernehmen sollen. Sein Vater hatte ihn immer dahingehend unter Druck gesetzt, schon früh zu Meetings mitgenommen und versucht, mit ihm Pläne fürs Unternehmen zu schmieden. Alex ist gespannt, was sein Bruder nun zu erzählen hat, deswegen antwortet er auf Horsts Ausbruch nur knapp »Umso schöner, ihn nun wiederzusehen. Das letzte Mal ist viel zu lange her. Natürlich komme ich zum Abendessen dazu.« Horst rümpft nur die Nase und gibt ein abfälliges Schnaufen von sich.

Das Abendessen der Familie Jacobsens verläuft angespannt. Alex freut sich, endlich seinen älteren Bruder wiederzusehen. Sie reden angeregt, bis sie mit ihren Eltern am Esstisch Platz nehmen. In dem Moment, in dem Horst und

Nikolas sich gegenübersitzen, wird die Stimmung frostiger. Sie genießen das Essen und loben ihre Mutter für die köstlichen Rouladen. »Es gibt viele fantastische Orte und Kulturen auf dieser Erde, aber nirgends schmeckt es so gut wie zu Hause«, sagt Nikolas feierlich. Horst schnaubt nur und fragt: »Und wo geht's als nächstes für dich hin?« Nikolas, der so tut, als habe er den abschätzigen Unterton seines Vaters überhört, antwortet überschwänglich: »Ich werde mir einen Van kaufen, diesen ausbauen und dann Richtung Spanien reisen.«

»Das hört sich toll an!«, sagt Alex etwas sehnsüchtig, »Warum denn ausgerechnet Spanien? Mit einem Van kannst du doch hinfahren, wo du willst?«, fragt er interessiert. »Das ist eine längere Geschichte«, winkt Nikolas ab, »Die Kurzversion ist aber, dass ich die letzten Monate auf einem Segelboot war, mit dem wir jede Menge spanische Häfen besucht haben. Die Landschaft und die Küste sind einfach so wunderschön, dass ich nun mit meinem Van dort hindurchfahren möchte, bis ich ein passendes Grundstück für mich finde.«

»Heißt das, du willst auswandern?«, fragt Alex und die Mutter schaut leicht besorgt zu ihrem Mann. Der meint nur: »Ach, sobald dir das Geld ausgeht, kommst du doch eh wieder zurück.« Nikolas atmet tief ein und sagt: »Ich werde mir dort einen festen Job suchen, damit ich in der Region bleiben kann. In ganz Spanien gibt es eine Menge Plantagen und Bio-Agrarwirtschaft, da finde ich schon etwas zu tun. Außerdem will ich mein eigenes Obst und Gemüse anbauen«, fährt er begeistert fort. Alex bewundert seinen großen Bruder für seine Unbeschwertheit, wobei er auch weiß, dass Nikolas' Leben nicht ganz so leicht und unbeschwert ist, wie es immer scheint. »Das hört sich super an, dann komme ich dich auf jeden Fall im Sommer besuchen!«, sagt Alex fröhlich. Eine Pause tritt ein und Alex ist dankbar, als seine Mutter das Gesprächsthema wechselt.

Yvonne hat die vergangenen Wochen damit verbracht, sich immer weiter bei Jacobsens einzuarbeiten. Sie betreut zwar noch einen anderen Kunden, aber den Großteil ihrer Zeit verbringt sie bei dem Saftproduzenten. Sie hat es mittlerweile geschafft, einen guten Überblick über das Unternehmen zu bekommen. Dabei ist ihr immer wieder aufgefallen, wie stark sich die Vorgehensweisen und das Mindset innerhalb der Belegschaft noch unterscheiden. Während das ›Juicy‹-Team die Wertstromorientierung adaptiert hat, fällt ihr auf, dass in anderen Bereichen wie der Rechnungstellung noch einiges an Aufklärungsbedarf besteht. Dazu stellt sie am Mittwochnachmittag Steffen und Alex ihren Ansatz vor: »Es soll nun darum gehen, wie wir die Wertstromsicht weiter ins Unternehmen tragen. Dazu sind mir zwei Punkte besonders wichtig. Erstens, müssen wir uns bewusst machen, welche Prozesse schon nach dem Wert ausgerichtet sind, wie zum Beispiel die Saftproduktion. Durch ›Juicy‹ haben wir es geschafft, jeden Arbeitsschritt nach dem anvisierten Wert auszurichten. Mein Anliegen ist, dies nun auch auf weitere Wertströme zu übertragen. Welcher Wertstrom ist also der zweitwichtigste für das Unternehmen?«, fragt sie an Alex gerichtet. Dieser überlegt kurz und antwortet dann: »Das sind unsere Tiefkühlprodukte. Also die tiefgefrorenen Früchte, das Eis und die Smoothies.« »Und wie sollen wir das angehen?«, fragt Steffen, »Sollen wir wieder ein Projektteam bilden oder vielleicht sogar das ›Juicy‹-Team neu ausrichten beziehungsweise erweitern?« »Wir können die Ausrichtung auf den Value nicht schrittweise immer im Rahmen eines Projekts durchsetzen. Dadurch fließen die Erkenntnisse aus abgeschlossenen Projekten nicht genug in die Organisation zurück.« Yvonne nimmt einen Stift zur Hand und beginnt, einige kleine Zeichnungen auf dem Whiteboard anzufertigen. Dabei kommentiert sie: »Also, wir haben hier unser Zielbild des wertorientierten Unternehmens. Dazu müssen wir neue Rollen schaffen, die sich genau nach diesem Value ausrichten und arbeiten. Hier,« sie malt eine längere Linie, die zu dem Ziel verläuft, »haben wir unseren ersten Haupt-Value-Stream, wenn man so will.« Diesen benennt sie mit ›Juicy‹. »Nun wollen wir auch die anderen Value Streams«, sie malt einige Linien unter die erste,

»nach dem Value ausrichten.« Die zweite Linie benennt sie TK-Value, was für Tiefkühl-Value steht. »Da wir mit dem digitalen Produkt schon grundlegende Voraussetzungen geschaffen haben, sollte es leichter fallen, diese Ausrichtung zu erreichen. Außerdem haben wir durch das ›Juicy‹-Team schon einige Value-Stream-Experten.« Alex nickt langsam und sagt dann: »Gut, hört sich durchdacht und schlüssig an. Aber wir sollten auch die Bereiche wie Personal oder Rechnungsstellung nicht aus den Augen verlieren. Sie sind ja nicht direkt eingebunden in die Value Streams, aber auch hier ist eine Neuausrichtung sicherlich notwendig.« Steffen ergänzt: »Wisst ihr noch, als wir mit ›Juicy‹ so viel zu tun hatten und einige Schwierigkeiten mit den internen Ressourcen bekommen haben?« Yvonne fügt hinzu: »Die Übertragung der Value-Orientierung wird im TK-Value möglicherweise auch nicht ganz so schnell adaptiert, wie ich es nun darstelle. Das liegt einfach daran, dass ein Veränderungsprozess Zeit braucht. Immerhin arbeiten wir mit Menschen, die sich nicht von heute auf morgen so leicht ändern lassen. Aber mit der Übertragung auf neue Value Streams und je mehr Mitarbeitende eingebunden sind, desto leichter wird es« sagt sie zuversichtlich. In dem Moment klingelt Alex' Telefon. Er entschuldigt sich kurz bei den andern beiden und geht vor die Tür, um den Anruf zu beantworten.

Yvonne und Steffen sprechen in der Zeit weiter. Plötzlich stürmt Alex mit hochrotem Kopf zurück ins Büro und beginnt auf Steffen einzureden. »Du Steffen, ich wurde gerade von Regina von Legal und Compliance angerufen. Es geht um irgendein neues Update der ›Juicy‹-App. Stell dir vor, die will das ganze Programm stoppen!« Steffen reagiert perplex: »Bitte was? Alex, das kann nicht sein. Erzähl, worum geht es genau?« Alex fährt fort, als hätte er Steffens Unterbrechung gar nicht gehört: »Sie meint, ihr säßen der Verbraucherschutz und das Bundesamt für Lebensmittelsicherheit im Nacken. Das sei nicht nur in unserem Bundesland ein Problem, sondern überall. Und nicht zu vergessen bei unseren Zielmärkten in Europa. Regina meint, dass wir diese Anforderungen der Regulatoren nicht unterschätzen und vernachlässigen dürfen mit unserem agilen Vorgehen. Zudem hat sie mir einen Vortrag über das Datenschutzgrundgesetz DSGVO gehalten und dass wir nicht einfach so Nutzerprofile von den Kunden des digitalen Produkts ›Juicy‹ bei uns abspeichern können. Wir müssen die Compliance zu all diesen Vorschriften sicherstellen.« Da Steffen nicht direkt antwortet, ergänzt Alex: »Wenn wir aber unsere Kunden nicht individuell bedienen können, dann hat das digitale Produkt ›Juicy‹ ja gar keinen Wert mehr für sie. Haben wir das völlig aus den Augen verloren?« Steffen ist etwas verwundert. »Aber nein, Alex. Keep cool. Wir haben das schon ganz zu Beginn abgeklärt. Ja, wir müssen das Einverständnis dieser Verarbeitungen von jedem App-Nutzer bestätigen lassen. Auch die Lebensmittelsicherheit haben wir geklärt. Unsere Produktion und IT sind da schon sehr genau, Sie haben uns in der Planung auch immer wieder klar gemacht, was wir berücksichtigen müssen.« »Bist du ganz sicher, Steffen?«, fragt Alex eindringlich. »So was können wir uns wirklich nicht leisten.« Steffen nickt zuversichtlich und antwortet dabei: »Ja, bin ich. Es ist ja klar: der Wert des digitalen Produktes ist nur dann wirklich ein Mehrwert, wenn alle rechtlichen und regulatorischen Anforderungen sorgfältig erfüllt sind und zusätzlich der ganze Nutzen dem Kunden zugutekommt.« Alex sieht Steffen noch einen Moment an und sagt dann: »Okay, wenn du dir sicher bist. Ich möchte trotzdem, dass das Thema keine großen Wellen schlägt. Könntest du die Namen der Kollegen, die sich um die Compliance- und Datenschutzthemen gekümmert haben, bitte an Regina weiterleiten. Ich möchte sichergehen, dass hier kein Show-Stopper liegt. Die Compliance-Themen sind nun mal indiskutabel.« »Man könnte auch sagen, Compliance ist hier bestimmt kein Werte-Killer!«, ergänzt Yvonne, die den beiden Männern bei ihrem Gespräch bisher nur zugehört hat, woraufhin beide lächeln und offensichtlich dankbar für diese Auflockerung der Stimmung sind. Yvonne, die bemerkt, dass die Situation sich wieder etwas entspannt hat, weist dennoch darauf hin: »Aber dieser Konflikt spricht auch dafür, dass wir einen Einbezug und Ausrichtung der Compliance-Abteilung ebenfalls schnellstmöglich sicherstellen müssen. Die gesetzlichen Vorgaben lassen sich nun mal nicht an den Scope oder unsere Vorhaben anpassen, wie es uns beliebt. Compliance-Vorgaben sind gesetzt, weshalb bei der Wertbetrachtung Mitarbeitende mit entsprechender Expertise unverzichtbar sind.« Alex nickt zustimmend und ist gleichzeitig erleichtert, dass sie hier einem größeren Problem gerade nochmal entgangen sind.

Die kommenden Monate tut sich wieder so einiges bei Jacobsens und alle Mitarbeitenden sind stark eingebunden. Im regen Austausch mit den Lieferanten nähern sie sich immer weiter der Umsetzung der Just-in-Time-Belieferung, durch die Jacobsens nicht nur die Planungs-, sondern auch Einlagerungskosten des Obstes und Gemüses stark reduzieren kann. Horst hat schrittweise die Optimierung der Lieferantenzusammenarbeit übernommen, worüber Alex zu Beginn skeptisch war. Yvonne hatte ihn allerdings darauf hingewiesen, dass auch sein Vater so Teil des Value Streams würde und die neue Ausrichtung am besten verstehen und adaptieren könnte. Deshalb hatte Alex eingewilligt, und obwohl Horst anfangs viel gemeckert hatte, leistete er einen guten Beitrag und setzte die richtigen Prioritäten.

Die Steuerung des Tiefkühl-Value-Streams auf das Control Panel umzustellen, hatte einige Wochen gedauert, bis es einwandfrei funktionierte. Inzwischen waren auch die Auslieferung und Lagerplanung final an die IoT angeschlossen worden und die ›Juicy‹-App glänzt mit immer neuen Downloadzahlen. Die sind sicherlich auch der kontinuierlichen Weiterentwicklung der Funktionen zu verdanken, die seit der Beinahe-Datenschutz-Katastrophe nur noch in Abstimmung mit Compliance vorgenommen wurden. Dabei zeigte sich einmal mehr, dass die Abteilungen doch am gleichen Wert arbeiten, und lediglich die Verbindung zwischen den einzelnen Prozessen gefehlt hatte.

Als Yvonne gerade auf dem Weg zu Alex' Büro ist, kommt er ihr schon entgegen. »Hey Alex, hast du ein paar Minuten? Es geht um den TK-Value-Stream.« »Hallo Yvonne, ich bin gerade auf dem Weg zur Kantine, ich wollte dort mit Horst zu Mittag essen. Ist es dringend?«, Alex wirft einen schnellen

Blick auf seine Uhr. Er ist etwas spät dran und Horst regt sich immer auf, wenn man ihn warten lässt. »Leiste uns doch Gesellschaft und nach der Mittagspause sprechen wir über die Angelegenheit«, schlägt er vor.

Als sie im Personalrestaurant ankommen, entdeckt Alex Horst direkt, begrüßt ihn kurz und gibt ihm Bescheid, dass Yvonne und er sich auch schnell etwas zu essen holen. Als sie gemeinsam beim Essen sitzen, ist Yvonne wie immer sehr aufgeschlossen und höflich. Alex ist etwas überrascht darüber, wie gut sie und sein Vater miteinander auskommen. Er hatte zwar schon das eine oder andere Mal mitbekommen, dass Yvonne und Horst sich unterhalten hatten, bisher aber nicht bemerkt, dass sie sich anscheinend prächtig verstanden. »Diese ganzen pflanzlichen Sojajoghurts, die es jetzt überall gibt. Mal ehrlich Yvonne, du kannst mir doch nicht erzählen, dass du glaubst, dass das eine Zukunft hat!«, platzt Horst heraus. Sie überlegt einen Moment und antwortet dann: »Ich muss sagen, es scheint ein erfolgreiches Geschäftsmodell zu sein. Die Nachfrage ist jedenfalls riesig und mit dem richtigen Marketing finden sich eine Menge Abnehmer.« Alex ergänzt: »Außerdem kann man das Thema, zumindest was die Produktion angeht, sehr umweltfreundlich gestalten. Der Anbau von Sojabohnen ist nun mal sehr viel weniger anspruchsvoll als der von Südfrüchten.« Horst tut so, als habe er diese kleine Stichelei seines Sohns nicht gehört. Da wirft Yvonne ein: »Ich würde nicht unbedingt sagen, dass der Anbau weniger anspruchsvoll ist, Alex. Meine Eltern haben einen Hof südöstlich von Hamburg. Und glaub mir, Ackerbau ist sehr viel komplexer, als man meinen mag. Als Jugendliche und in meinen Semesterferien habe ich meinen Eltern viel geholfen. Du glaubst gar nicht, was es da alles zu beachten gibt«, schließt sie und trinkt einen Schluck aus der kleinen Jacobsens-Saftflasche, die man neuerdings überall im Unternehmen findet. Alex räuspert sich und versucht, sich eilig zu korrigieren: »Das glaube ich. Da habe ich mich wohl falsch ausgedrückt. Was ich eigentlich sagen wollte, ist, dass die Anbaubedingungen in Bezug auf das Klima und die Vegetation nicht so speziell sind. Immerhin werden Sojabohnen nicht nur in südlichen Ländern, sondern auch

Nordamerika und Europa angebaut.« »Verstehe,«, sagt Yonne, »damit hast du wohl recht.« »Wenn ihr beide das so erfolgreich findet, sollten wir vielleicht auch in diesen Markt einsteigen«, sagt Horst. »Wie blöd, dass wir keine Ahnung von der Sojajoghurtproduktion haben«, fügt er hinzu und lacht schallend. »Yvonne, bist du auch fertig mit dem Essen? Sollen wir dann zurück an die Arbeit? Du wolltest mir noch was zum TK-Value-Stream erzählen, richtig?«

»Genau, ich wäre so weit«, antwortet Yvonne schnell. Sie merkt, dass Alex es nun eilig hat, aufzustehen. »Alles klar ihr beiden, ich muss auch weiter. Danke für die Gesellschaft«, sagt Horst und erhebt sich ächzend von seinem Stuhl. Im Vergleich zu seinem Vater springt Alex regelrecht auf und bedeutet Yvonne mit einem Kopfnicken, dass er loswill. Sie steht auf, verabschiedet sich von Horst und bringt ihr Tablett zur Geschirrrückgabe. Alex folgt ihr ungeduldig und beginnt, auf sie einzureden, noch ehe sie die Kantine ganz verlassen haben. »Pflanzliche Milch!« Yvonne bleibt stehen und sieht Alex erstaunt an: »Pflanzliche Milch was? Ja, die gibt es und sie ist ein erfolgreiches Produkt.« Alex lacht und legt den Kopf zur Seite, da er sich sicher ist, dass Yvonne genau weiß, worauf er hinauswill. Jetzt lacht auch Yvonne. Dann sieht sie ihn ernst an und fragt: »Also das ist deine Idee? Du willst pflanzliche Milch herstellen?« »Ja!«, sagt Alex schnell, »Wir haben immerhin eine ganze Menge Maschinen, da kann doch die Umstellung auf ein anderes Produkt nicht so schwer sein. Ich meine, Saft oder Milch, das tut sich doch nicht so viel.« »Meinst du? Mit solchen Aussagen wäre ich vorsichtig, vor allem der Produktion gegenüber!«, sagt Yvonne lachend, doch ihr ist anzuhören, dass sie nicht so richtig überzeugt ist. Alex spricht unbeirrt weiter: »Der Zeitpunkt ist perfekt. Ich überlege eh schon länger, wie wir unser Sortiment erweitern können und ich greife auf keinen Fall auf die Südfrüchte zurück. Die pflanzliche Milch können wir aus regionalen Produkten herstellen. Glasflaschen haben wir auch schon und wenn es gut ankommt, können wir auch pflanzliche Milchdrinks mit Fruchtgeschmack anbieten.« Yvonne stellt fest, dass Alex immer überzeugter von seiner Idee und der Erweiterung des Geschäftsmodells wird. Sie will ihn gar nicht ausbremsen, aber hat dennoch die Befürchtung, dass er sich etwas zu voreilig in das Vorhaben hineinstürzen will.

Auf Yvonnes Vorschlag hin fangen sie Steffen gleich am nächsten Morgen nach seinem ersten Meeting ab. Enthusiastisch berichtet Alex ihm von der Idee mit den pflanzlichen Drinks. Yvonne nimmt sich dabei etwas zurück und wartet gespannt Steffens Antwort ab. Nach einer Weile sagt dieser: »Nur, dass ich das richtig verstehe: Ihr wollt einen neuen Value Stream End-to-End aufziehen?« »Genau,«, bestätigt Yvonne jetzt. Steffen denkt wieder kurz nach und stellt dann fest: »Es wäre auf jeden Fall eine einmalige Möglichkeit, um unsere neue Value-Ausrichtung auf die nächste Stufe zu heben. Ich meine, die Anwendung auf die bestehenden Value Streams war eine Sache, aber so könnten wir unser Wissen auch auf neue Geschäftsmodelle übertragen.« »So ist es!«, ruft Alex begeistert. »Meint ihr denn, wir sind schon so weit?«, fragt Steffen und guckt dabei erst Alex an, dann Yvonne. Diese ist kurz irritiert und unsicher, ob nun sie oder Alex antworten soll. »Ja«, bestätigt Yvonne dann, »das Denken in Value Streams hat sich in vielen Bereichen des Unternehmens bereits manifestiert.« Steffen nickt und sagt dann: »Ich glaube, du hast recht. Und wir können vieles noch besser machen und die reibungslose Zusammenarbeit stärken. Nehmen wir mal Compliance als Beispiel. Der Einbezug wird wichtiger als je zuvor, immerhin müssen wir nicht nur neue Lieferanten suchen, sondern auch andere Produkte einlagern und da sicherlich eine Menge Auflagen beachten.« »Auf jeden Fall!«, pflichtet Yvonne ihm bei. »Wusstet ihr zum Beispiel, dass man nicht von pflanzlicher Milch sprechen darf, obwohl es ein Ersatz für Kuhmilch ist?« »Wirklich?«, fragt Alex verblüfft, »Warum das denn nicht?« »Der Begriff ist rechtlich geschützt und es dürfen nur Produkte, die ein tierisches Erzeugnis enthalten als Milch bezeichnet werden.« »Das ist ja interessant! Aber gut zu wissen. Und das bestätigt wiederum, dass wir das Compliance Team auf jeden Fall mit an Bord haben müssen«, stimmt Steffen zu. »Habt ihr euch denn schon überlegt, wie ihr das Ganze angehen wollt?«, fragt Steffen und schaut diesmal nur Alex an.

»Ehrlich gesagt, würde ich diese Verantwortlichkeiten gerne an dich übergeben, Steffen. Ich kann mir niemanden vorstellen, der besser für die Aufgabe,
einen neuen Value Stream aufzubauen, geschaffen ist als du«, antwortet Alex.

Steffen zögert. Er weiß nicht so recht, was er sagen soll. Natürlich hätte er
Lust, die Aufgabe zu übernehmen. Immerhin war es das gewesen, was er von
Anfang an hatte tun wollen. Nun wendet sich Alex zu Yvonne: »Nachdem du
erzählt hast, dass deine Eltern Ackerbau betreiben, habe ich mich etwas informiert. Ich würde gerne dort hinfahren und mit ihnen als unsere möglichen
Lieferanten sprechen. Sie wären der perfekte Produzent. Regional, nachhaltig und die Bewertungen anderer Unternehmen, die ihre Produkte beziehen, sind großartig.« Yvonne sieht Alex verblüfft an. »Da hättest du mich
auch einfach nach diesen Dingen fragen können«, sagt sie mit einem leicht
vorwurfsvollen Ton. »Ich weiß, entschuldige. Ich möchte meine geschäftlichen Entscheidungen allerdings nicht von privaten Angelegenheiten abhängig machen«, antwortet Alex ehrlich. Jetzt blickt Yvonne ihn skeptisch an:
»Meinst du nicht, genau das machst du, wenn du meine Eltern als Lieferanten
in Betracht ziehst?« Alex fällt es schwer, Yvonnes nächste Reaktion vorherzu-
sehen. Sie scheint hin- und hergerissen zu sein, was sie sagen soll. Schließlich bestimmt sie: »Wenn, dann fahren wir da zusammen hin.« Alex ist leicht
verdutzt, aber auch sehr erleichtert und wagt aufgrund ihres entschlossenen
Tonfalls nicht zu widersprechen.

»Alles klar«, bricht Steffen das Schweigen und klatscht in die Hände, »dann
wollen wir mal wieder an die Arbeit!« Mit diesen Worten geht er Richtung Tür.
Er dreht sich noch einmal um und sagt dann an Alex gewandt: »Ich fange
schon mal an, mit den Abteilungen zu dem Thema zu sprechen und nehme
an, ich höre spätestens von dir, wenn ihr bei Yvonnes Eltern wart?« Alex nickt
und erwidert: »Genau, so machen wir's! Aber überleg dir ruhig schon, wie
du die Sache angehst. Wir verkaufen bis Ende des Jahres diese pflanzlichen
Drinks!«

Zum Vertiefen empfehlen wir Standpunkt 8: Value und Compliance sind kein Widerspruch.

Das Unwetter

Schon wenige Wochenenden später sitzen Yvonne und Alex im Auto und fahren von Hamburg aus in Richtung Süden. Das Telefonat zwischen Alex und Yvonnes Eltern war so positiv verlaufen, dass sie sich nach einem kurzen Gespräch bereits einig gewesen waren, über die weiteren Details persönlich zu sprechen. So holt Alex Yvonne am Samstagmorgen um 10 Uhr vor ihrer Haustür ab. Sie halten noch kurz an einem Café, um Cappuccino, belegte Brötchen und Croissants für die Fahrt zu holen und geben die Route ins Navi ein. Der Verkehr in Hamburg ist wie immer anstrengend, doch nachdem sie es aus der Stadt hinausgeschafft haben, verläuft die Fahrt sehr entspannt. Es ist ein sonniger Tag, mit blauem Himmel und wenig Verkehr. Nach knapp zwei Stunden fahren sie von der Autobahn ab und von da an geht es über Landstraßen und kleinere Dörfer. Yvonne hat die Aufgabe des DJs übernommen und geht in dieser Rolle richtig auf. Sie singen laut zu ihren jeweiligen Lieblingssongs mit, unterhalten sich über alles Mögliche und Yvonne erzählt Alex gerade mehr vom Hof ihrer Eltern, als sie auch schon dort eintreffen. Yvonnes Eltern, Dieter und Andrea, begrüßen die beiden herzlich. Das gute Wetter hat sich bis hier gehalten. Das große Bauernhaus mit mehreren Scheunen liegt abgelegen und rundherum sind nur Felder und ein kleiner bewaldeter Hügel zu sehen. Andrea meint, dass es am Abend noch regnen könnte. Es ist deshalb Zeit, sich gleich aufzumachen, um über die Felder zu spazieren.

Alex stellt schnell fest, dass er sich mit Yvonnes Eltern sehr gut unterhalten kann. Sie sind aufgeschlossen und interessiert, was seinen Eindruck aus dem ersten Telefonat bestätigt. Sie betonen allerdings auch, welche Erwartungen sie an die Abnehmer ihrer Produkte haben. Faire Preise und eine gute und ehrliche Kommunikation in der Zusammenarbeit waren zwar nichts Überraschendes, dennoch spürte Alex einen gewissen Druck. Er kennt sich mit der Obst- und Gemüseverarbeitung aus. Der Getreideanbau ist allerdings etwas ganz anderes. Das wird Alex spätestens in dem Moment bewusst, als Yvonnes Vater anfängt, ihm von den Anbaubedingungen und -prozessen zu erzählen.

Nach einigen Stunden sind sie zurück am Haus und Yvonnes Mutter lädt sie zu Kaffee und Kuchen ein. »Und du möchtest nun also Haferprodukte bei Jacobsens herstellen und vertreiben?«, fragt Andrea und lenkt damit erstmalig das Gespräch in eine Richtung, die die Zusammenarbeit ihrer Familie mit Jacobsens thematisiert.« »Genau!«, steigt Alex ein und beginnt zu berichten, wie er und Yvonne auf die Idee gekommen sind, wie dieses Produkt in das Angebot von Jacobsens passen würde und welche Vorstellungen er für den Vertrieb hat. »Wir könnten die Haferdrinks nicht nur im Discountervertrieb aufnehmen, sondern auch in unserer App. Ich stelle mir vor, dass unsere Kunden sich selbst Geschmacksrichtungen zusammenstellen können, wodurch wir ein Produkt schaffen, das nicht nur einen eigenen Value Stream hat, sondern auch durch die Expertise des bestehende Value Streams um die Saftproduktion ergänzt wird.« Sie sprechen noch eine Weile über Erwartungen und mögliche Bedingungen der Zusammenarbeit. Alex entnimmt dem Gespräch, dass Yvonnes Eltern hinsichtlich ihrer Kapazitäten die Möglichkeit hätten, mit Jacobsens zusammenzuarbeiten. Doch, obwohl Yvonnes Eltern nicht abgeneigt erscheinen, sagen sie ihm nicht sofort zu. Alex beginnt gerade zu grübeln, wie er das Gespräch am besten zu einer Entscheidung lenken kann, als Sonnenstrahlen durch das Küchenfenster auf den Tisch leuchten. »Wie schön!«, stellt Yvonne fest. »Bleibt ihr zum Abendessen?«, fragt Andrea und als Alex schon dankend ablehnen will, sagt Dieter: »Aber natürlich, ihr müsst doch für die Rückfahrt gestärkt sein.« »Stimmt«, erwidert Yvonne und lächelt ihren Vater an. »Ist es okay für dich, Alex, wenn wir erst am Abend zurückfahren?« Als Alex zustimmt, strahlt Yvonne begeistert. »Toll! Dann zeige ich dir jetzt den Rest vom Hof. Wir haben nämlich noch einige Scheunen zu ent-

decken und die Hühner können wir bei der Gelegenheit auch gleich füttern!«
Alex lacht und sagt etwas zu überschwänglich: »Auf geht's!« Sie ziehen sich
Gummistiefel an und machen sich mit einem Eimer voller Körner auf den Weg
zur nächsten Scheune. Alex findet es wundervoll, Yvonne so unbeschwert zu
sehen und freut sich, diese neue Seite an ihr zu entdecken.

Gegen 18 Uhr kehren Yvonne und Alex in die Küche zurück und helfen Yvonnes
Eltern bei den Vorbereitungen für das Abendessen. Sie schälen und schneiden
Gemüse und decken anschließend den Tisch. Als sie sich hinsetzen, prasselt
es plötzlich stark gegen die Fensterscheibe und sie hören ein lautes Donnern.

»Oh je, anscheinend ist das Gewitter noch früher bei uns angekommen als
erwartet«, stellt Yvonnes Mutter fest und schaut besorgt aus dem Fenster.
»Wenn es so weiter regnet, lasse ich euch aber heute nicht mehr zurückfahren, das ist viel zu gefährlich bei der Dunkelheit und den Wassermassen!«,
sagt sie an Yvonne und Alex gewandt. »Warten wir erst mal ab, vielleicht lässt
es ja in ein, zwei Stunden nach«, antwortet Yvonne unbeeindruckt.

Doch das Gewitter lässt nicht nach. Im Gegenteil, es kommen starke Wind-
böen dazu und im Radio werden die ersten Warnungen ausgesprochen, nicht
mehr aus dem Haus zu gehen. Alex und Yvonne, die gerade die Spülmaschine
ausräumen, blicken sich an. »Wahrscheinlich wäre es nicht so schlau, heute
Abend noch zu fahren«, sagt Yvonne zögerlich. Alex stimmt ihr zwar zu, aber
er möchte auch nicht die Gastfreundschaft von Yvonnes Eltern überstrapazie-
ren. Deswegen erwidert er: »Ja, damit hast du wohl recht. Ich versuche mal
einen Gasthof in der Nähe zu erreichen und frage, ob sie dort noch Zimmer
für heute Nacht frei haben.« Yvonnes Mutter, die seine letzten Worte gehört
hat, protestiert: »Das kommt gar nicht in Frage, so ein Quatsch! Ihr könnt
doch hier schlafen. Genügend Zimmer haben wir allemal und falls du Kleidung
brauchst, finden wir bestimmt noch was von Yvonnes Bruder, das dir passt.«
Alex schaut verlegen. Er ist zwar dankbar für das herzliche Angebot, weiß

aber nicht so wirklich, ob er es annehmen kann. Schließlich lässt Alex sich überstimmen und geht nach draußen, um sein Auto in einer der Scheunen zu parken. Nach wenigen Sekunden draußen ist er klitschnass und schließlich doch sehr erleichtert, dass er jetzt nicht noch zurückfahren muss. Yvonne geht mit ihrer Mutter nach oben, um die Zimmer vorzubereiten, während Alex und Yvonnes Vater sich ins Wohnzimmer setzten.

Das Haus hat einen wundervollen Charme, stellt Alex fest, während sie ein Feuer im Kamin anzünden und er sich in dem Raum des alten Bauernhauses umguckt. Die Decken sind hoch und entlang des Daches verlaufen mehrere schräge Holzgiebel. Alex ist beeindruckt von der Ruhe, die Yvonnes Vater ausstrahlt, was er von seinem eigenen Vater gar nicht kennt. Auch seine Ansichten sind kaum mit denen von Horst zu vergleichen. Das wird Alex besonders bewusst, als Dieter anfängt, zu erzählen: »Es war nicht immer leicht, den Hof und das Geschäft so zu erhalten. Besonders die letzten zwanzig Jahre ist der Kostendruck immer weiter gestiegen und da kommt man im Ackerbau irgendwann an den Punkt, an dem man sich entscheiden muss. Will man mit der Massenproduktion und den billigen Preisen mitgehen oder entscheidet man sich für die Qualität und Nachhaltigkeit.« Alex nickt verständnisvoll, da er das Dilemma so gut nachvollziehen kann. »Bei Jacobsens war es nicht anders. Wäre es nach meinem Vater gegangen, hätten wir vor einigen Monaten all unsere Prinzipien über den Haufen geworfen und wären auf den Bezug von Südfrüchten umgestiegen. Doch das konnte ich nicht zulassen«, gesteht Alex. »Und warum nicht?«, fragt Yvonnes Vater nach und schaut Alex dabei direkt in die Augen. Dieser überlegt kurz und antwortet, noch etwas nachdenklich: »Ich bin mir ehrlich gesagt nicht sicher. Ich glaube, der Umstieg auf Südfrüchte hätte unser Problem nicht auf Dauer gelöst, sondern uns immer mehr in die Spirale der Fremdbestimmtheit hineingezogen. Unsere Herausforderung bestand nicht darin, dass wir die Kosten senken mussten, sondern vielmehr, dass wir uns als Unternehmen neu positionieren und einen Weg für die Zukunft festlegen mussten. Das haben wir mit der Ausrichtung auf den

Value Stream geschafft.« Dieter nickt und nimmt einen Schluck von seinem Whisky. »Ich bin froh, dass ihr euch für einen Weg entschieden habt, der die Werte von Regionalität und Nachhaltigkeit priorisiert. Ansonsten würde ich die Zusammenarbeit mit Jacobsens nicht eingehen.« Alex Augen weiten sich erstaunt und nach einem kurzen Räuspern fragt er nach: »Bedeutet das, dass ihr uns beliefern werdet?« Yvonnes Vater nimmt seelenruhig noch einen Schluck aus seinem Glas. »Ich muss natürlich noch mit Andrea sprechen, kann mir aber nicht vorstellen, dass sie anderer Meinung sein wird als ich«, antwortet Dieter unaufgeregt. »Das freut mich riesig«, sagt Alex aufrichtig. »Ich kann es gar nicht abwarten, unsere Ideen in die Tat umzusetzen!«

Am nächsten Morgen ist es so ruhig, als habe das Unwetter der vergangenen Nacht nie stattgefunden. Lediglich die verstreuten Äste und einige Pfützen erinnern noch daran. »Guten Morgen ihr zwei«, begrüßt Yvonnes Mutter Alex und ihre Tochter, als sie um halb 10 Uhr in die Küche kommen. »Dieter ist schon seit einigen Stunden auf dem Hof von Meyers, dort sind wohl einige Äste auf dem Gelände runtergekommen. Er sollte aber bald zurück sein und hat gesagt, ich soll euch vorher nicht fahren lassen«, schließt sie lächelnd. Und so setzen Yvonne und Alex sich mit Andrea an den Küchentisch und frühstücken in Ruhe. Als Dieter zurückkommt, machen sich die beiden gegen Mittag wieder auf den Weg nach Hamburg. Alex bedankt sich für die Gastfreundschaft und betont erneut, wie sehr er sich auf die Zusammenarbeit freut. Und das tut er wirklich. Nicht nur, weil Dieter und Andrea ihm so unglaublich sympathisch sind, sondern auch, weil sie für ihre Werte einstehen, diese kommunizieren und Jacobsens Vision einer nachhaltigen Zukunft verkörpern. Sie vereinbaren, dass sie Anfang der Woche Kontakt aufnehmen und Alex kündigt an, das Vorhaben »Haferdrink-Value-Stream« unverzüglich bei Jacobsens zu priorisieren. Yvonne und Alex steigen ins Auto und winken durch die geöffneten Fenster, bis sie von der Einfahrt runter sind. Alex sagt gespielt beiläufig: »Ich hoffe, deinen Eltern fällt nicht auf, dass von den zwei Betten, die du mit deiner Mutter hergerichtet hast, nur eins benutzt wurde« und kann dabei ein Grinsen nicht unterdrücken. Yvonne zwinkert ihm zu und sagt in einem Ton äußerster Unschuld: »Ich weiß wirklich nicht, was du meinst.« Daraufhin nimmt Alex Yvonnes Hand, sie dreht – wieder ganz in ihrer DJ-Rolle – die Musik auf und so sausen sie über die Landstraße zurück in Richtung Hamburg.

Am Dienstagnachmittag geht Steffen unruhig in einem Konferenzraum auf und ab. Er hat sich hierhin zurückgezogen, weil es in dieser Etage immer ruhiger ist als in den großen offenen Büroräumen. Er will sich Zeit nehmen, um seine Gedanken zu ordnen. Nachdem Alex ihm am Samstag nur kurz geschrieben hatte, dass er nicht zum Handballspiel kommen würde, da er mit Yvonne zum Hof ihrer Eltern gefahren war, hatte sein Kopf angefangen zu rattern. Er war aufgeregt – teils aus Vorfreude und teils aus Respekt vor der anstehenden Herausforderung. Er war sehr geschmeichelt gewesen, dass Alex ihm die Verantwortung zugesprochen hatte, ohne mit der Wimper zu zucken. Er wusste, dass er es sich absolut verdient hatte, dennoch war er dankbar für die Wertschätzung und das Vertrauen seines Geschäftsführers. Seit Alex ihm dann am Montagmorgen noch das Go für den neuen Value Stream gegeben hatte, konnte Steffen kaum noch ruhig sitzen.

Jetzt steht er also in dem Raum vor dem Whiteboard und dreht seit mindestens zehn Minuten einen dicken grauen Stift in seiner Hand herum. Schon mehrfach hatte er ihn angesetzt, aber er war sich einfach nicht sicher, wie er die Sache angehen sollte. »Wie kann ich das Wissen und die Erkenntnisse der letzten Monate bündeln und strukturieren, um sie auf das neue Geschäftsmodell anzuwenden?« Die Fragestellung war dabei simpel: Was macht den Value Stream aus?

Er murmelt vor sich hin: »Wir wollen also einen neuen Value Stream bei Jacobsens schaffen. Was müssen wir dabei beachten? Wie sind wir denn bei ›Juicy‹ vorgegangen?« Steffen fällt es schwer, seine Gedanken zu ordnen. Immerhin war er mehr oder weniger in das ›Juicy‹-Projekt hineingestolpert, und auch als er Alex' Vision kannte und selbst höchst motiviert war, hatte er die Wirkung, die das Vorhaben haben würde, vollkommen unterschätzt. Er überlegt. Sollte er Yvonne fragen? Doch dann stellt Steffen fest: Nein, Yvonne hatte nur aus zweiter Hand – nämlich aus seiner und später Alex' Berichten – die Entstehung, Umsetzung und Verankerung von ›Juicy‹ begleitet. Also überlegt er weiter. Steffen ärgert sich, dass sie keinen ausführlichen Retrospektive-Workshop im ›Juicy‹-Projekt gemacht hatten, doch dazu war das Projekt zu dynamisch gewesen und hatte unter zu viel Zeitdruck gestanden. Dann realisiert er plötzlich, dass das Vorgehen an sich gar kein schlechter Ansatz ist. Er beginnt die Erfolge und Misserfolge des Projekts durchzugehen. Zusätzlich dokumentiert er den zeitlichen Ablauf des Projekts auf einer Zeitskala. Dabei entscheidet er sich dagegen, auf die Abläufe und Aufgaben der einzelnen Prozesse einzugehen. Immerhin braucht es einen Makroblick anstatt der Einzelbetrachtung. »Das reicht einfach noch nicht.« Da kommt ihm eines seiner ersten Gespräche mit Yvonne zum Thema »Value Stream« in den Sinn. Ihm wird bewusst, wie häufig er mit Yvonne über Schwierigkeiten im Projekt und über wichtige Meilensteine gesprochen hatte, noch bevor Alex und sie sich kannten. Die Lösungen für ihre Herausforderungen waren meist aus simplen Ratschlägen entstanden. Steffen beginnt, die wichtigsten Erkenntnisse, die er von Yvonne erhalten oder aus dem Projekt mitgenommen hat, aufzulisten. Tatsächlich lässt sich jedes davon einem bestimmten Abschnitt im Projekt zuordnen.

»Hey Steffen, wie geht's?« Steffen erschrickt, da die Worte ihn völlig aus seinen Gedanken reißen. Er wirbelt herum und sieht Yvonne in der Tür stehen. »Ach du bist's. Hallo, wie geht's? Wie war das Wochenende?« Yvonne lächelt und macht einen Schritt in den Raum. Sie unterhalten sich kurz über dies und das. Dann fragt sie: »Was machst du hier oben, so zurückgezogen um sieben Uhr abends?« Steffen schaut verwirrt auf seine Uhr. »Ist es wirklich schon so spät?« Tatsächlich, seine Uhr zeigt kurz vor 19 Uhr! Wie schnell die Zeit plötzlich vergangen ist. Er räuspert sich und nickt in Richtung des

Whiteboards. »Als ich heute von Alex erfahren habe, dass wir die Idee mit der pflanzlichen Milch umsetzen, dachte ich, ich mache mir lieber schon mal ein paar Gedanken.« Yvonne guckt neugierig auf das Whiteboard. »Verstehe. Es ist schon beeindruckend, wie sehr Alex einen mit seinen Visionen anstecken kann, nicht?« Steffen nickt lächelnd.

»Was machst du denn gerade?«, fragt Yvonne interessiert und tritt näher an das Whiteboard heran. Steffen erklärt kurz seine Gedanken und sein Vorgehen und betont: »Ich habe an die ganzen Tipps gedacht, die du mir gegeben hast, wenn wir im Projekt nicht so richtig weiterkamen. Zusammen mit den Erkenntnissen, die ich hier«, Steffen deutete auf das Whiteboard, »schon gesammelt habe, ließen sich prägnante Ratschläge formulieren, die beschreiben, was es braucht, um Value zu schaffen. Denn das ist es doch, was wir letztendlich gemacht haben. Danach haben wir all unsere Handlungen und Überlegungen des Projekts ausgerichtet.«

»Das finde ich eine super Idee!«, Yvonne ist begeistert. Sie liest sich alles genau durch. Steffen fragt etwas unsicher: »Fällt dir noch ein Punkt auf, der fehlen könnte?« Er ist dankbar, dass Yvonne aufgetaucht ist und sie gemeinsam überprüfen können, ob er etwas übersehen oder vergessen hat. »Tatsächlich«, antwortet Yvonne, »einen Punkt solltest du noch ergänzen. Und zwar wird die Skalierung des neuen Value Streams nur über die IT machbar sein! Die Rolle der IT hat sich bei ›Juicy‹ natürlich schon als sehr relevant erwiesen, aber nun wird sie nochmal wichtiger.« Steffen nickt und sagt dann nachdenklich: »Ja, da hast du recht. Es werden sicherlich einige Anpassungen und Erweiterung unseres digitalen Produkts ›Juicy‹ notwendig sein. Ich habe mit Till und Mark schon gesprochen und sie meinten, sie wollen die Themen »Predictive Artificial Intelligence«, »Cloud Data Analytics« und »Machine Learning Experience« auf jeden Fall weiterentwickeln. Ich kenne mich damit nicht allzu gut aus, aber das wäre schon klasse!« Yvonne stimmt dem zu. »Ja total, aber du musst bedenken, dass die ganzen Entscheidungen

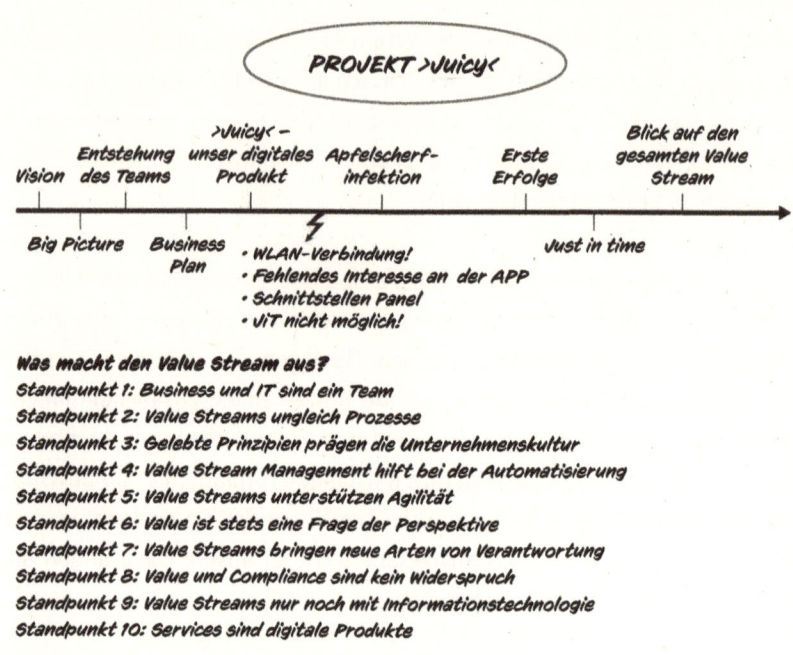

Abbildung 2: Was macht den Value Stream aus?

von Seiten der Fachbereiche bei der Umsetzung dieses neuen Value Streams parallel zu der Umsetzung der IT stattfinden. Dadurch ergeben sich weitere neue Herausforderungen.« Steffen dreht sich langsam nickend wieder seinem Flipchart zu. Er verschränkt die Arme und legt den Kopf schief. Dann macht er einen schnellen Schritt nach vorne und ergänzt als zehnten Stichpunkt »Business und IT sind ein Team«. »Weißt du, vor diesem gemeinsamen Projekt hat der Großteil des Unternehmens die IT-Abteilung doch immer eher als etwas spezielle Truppe betrachtet. Früher mussten wir uns immer Gehör verschaffen, wenn wir von ihnen etwas wollten. Nie war so richtig Verlass. Aber die Beziehungen sind nun wirklich sehr, sehr viel besser geworden. Ich glaube nicht, dass wir ohne das IT-Team überhaupt zu unserem digitalen Produkt ›Juicy‹ gekommen wären. Erst als wir gemeinsam über unsere Vision und das technische Potenzial gesprochen haben, haben sich auch Lösungsansätze wie ›Juicy‹ für uns eröffnet. Ich bin überzeugt, dass nur das gegenseitige Vertrauen und die nahe Zusammenarbeit diesen Erfolg erst möglich gemacht haben. Wenn unser Geschäft nun digital wird, dann brauchen wir nicht nur einen vertrauenswürdigen Berater, wir brauchen einen strategischen Partner. Und unsere IT ist dieser strategische Partner, ohne den wir in Zukunft keine wichtigen Entscheidungen mehr treffen dürfen. Wir müssen aufhören, die IT als skurrile Technologietruppe außerhalb des eigentlichen Geschäftsbetriebes zu betrachten. Wir sind ein Team: Business und IT sind ein Team«, schließt er und schaut Yvonne erwartungsvoll an. »Passt!«, sagt diese und ergänzt: »Auch dieses Learning ist wirklich wichtig und kann jetzt beim Aufbau des neuen Value Streams erneut sein Potenzial zeigen.« »Das hoffe ich doch sehr«, Steffen schaut zufrieden auf die zehn Punkte. »Sehr cool!« Yvonne scheint wirklich beeindruckt zu sein. »Wir sollten uns dennoch bewusst machen, dass die Reihenfolge der Punkte, die du hier aufgelistet hast, nicht entscheidend ist. Diese hat sich bei ›Juicy‹ individuell aus dem Kontext ergeben und ich stimme dir zu, dass es sich um die wichtigsten Punkte handelt. Dennoch muss das alles bei dem neuen Value Stream nicht zwingend in derselben Reihenfolge betrachtet werden.

Verstehst du, wie ich das meine?« »Ja, ich denke schon. Das ergibt ja auch Sinn«, stellt Steffen fest und fährt fort, während er auf einen Punkt auf dem Whiteboard zeigt: »Nehmen wir mal unser digitales Produkt ›Juicy‹. Das gab es vor einigen Monaten noch gar nicht und musste vollkommen neu gedacht und umgesetzt werden. Jetzt haben wir den Vorteil, dass es bereits existiert und wir es immer weiter optimieren und erweitern können. Der Aufwand ist dabei aber doch ein ganz anderer.« »Genau, so ist es«, pflichtet Yvonne ihm bei. »Hinzukommt, dass alle Aspekte im Idealfall parallel betrachtet werden sollten, um die Value Stream Ausrichtung möglichst schnell und erfolgreich zu erlangen.« Die beiden schauen sich zufrieden nickend an und blicken dann wieder auf das Whiteboard.

Die große Unternehmensfeier

»Wo soll ich nur anfangen?«, beginnt Alex feierlich, als er vor seinen Mitarbeitenden auf der kleinen Bühne steht. Die Gespräche und das Lachen der Feierlichkeiten klingen langsam ab, weil mehr und mehr Gäste ihre Aufmerksamkeit auf ihn richten. An der Wand hinter Alex steht in großen goldenen Buchstaben »Hundert Jahre Jacobsens« und entsprechend festlich ist der Veranstaltungsraum dekoriert. Alex hatte nach den letzten drei Jahren des Sparens endlich mal wieder ein großes Firmenzusammentreffen veranstalten wollen. Und wie es sich traf, war es nicht nur das hundertste Jubiläum des Unternehmens. Vor ziemlich genau einem Jahr war auch das ›Juicy‹-Projekt gestartet, das so vieles ins Rollen gebracht hatte und verändern sollte. Es gab also allen Grund zum Feiern. »Ich freue mich nicht nur, dass so viele von euch heute Abend da sind, sondern möchte euch vor allem für die letzten Jahre danken. Ihr alle seid Jacobsens immer treu geblieben und habt an meine Vision geglaubt. Besonders im vergangenen Jahr haben wir eine unglaubliche Transformation geschafft, die ohne euer tägliches Engagement und Vertrauen niemals gelungen wäre. Wir haben es durch unsere Neuausrichtung nicht nur geschafft, bestehende Value Streams innerhalb von Jacobsens zu optimieren, sondern haben etwas völlig Neues geschaffen und unsere Value Orientierung nach außen getragen. Einer der Grundsteine für unseren Erfolg war, dass wir auch unsere Lieferanten und Logistik-Partner mit einbezogen haben. Lasst uns also am heutigen Abend unsere Erfolge feiern! Um diese kurz zusammenzufassen wird Steffen, dem wir so viel zu verdanken haben, nun einige vielversprechende Zahlen vorstellen.«

Steffen tritt zu Alex, bedankt sich für dessen Anmoderation und zeigt eine beeindruckende Präsentation, die er in den letzten Tagen vorbereitet hatte. Dabei ist nicht nur eine Absatz- und Gewinnsteigerung zu erkennen, sondern auch der jeweilige Wert der einzelnen bestehenden Geschäftsmodelle. Das Vorhaben »Haferdrink« war etwas holprig gestartet, weil es so viel Neues zu beachten galt. Mit Regina aus der Compliance-Abteilung war eine enge Zusammenarbeit erfolgt, um die Erfüllung der spezifischen Gesetzgebungen sicherzustellen. Nachdem Steffen mit seiner kurzen Vorstellung geschlossen hat, applaudieren seine Zuhörer wohlwollend und Alex ergreift wieder das Wort. »Vielen Dank, Steffen!«, sagt er mit einem Lächeln an seinen Kollegen gewandt. »Die Frage, die sich nun stellt,«, fährt Alex fort » ist, wie es mit Jacobsens weitergehen wird. Dazu habe ich mir «, bei diesen Worten zwinkert er Yvonne unauffällig zu »einige Gedanken gemacht. Es ist unser Ziel, mit Sicherheit unsere Value-Stream-Sicht auszuweiten. Das haben wir in Richtung unserer bestehenden Kunden und Lieferanten bereits getan. Allerdings gibt es noch mehr potenzielle Partner, mit denen wir die Zusammenarbeit aufnehmen können. Darüber hinaus ist auch Jacobsens Teil einer Wertschöpfungskette. Man könnte auch sagen: ›Wir sind nur ein Saftladen unter all den Lebensmittellieferanten!‹« Aus der Menge kommen einige Lacher wegen des Wortwitzes. Alex fährt fort: »Mal im Ernst, ich glaube, es ist unsere Aufgabe, uns als Jacobsens zu positionieren, einen Einfluss auf unser Umfeld zu nehmen und unsere Werte nach außen zu tragen. Dabei wollen wir die Digitalisierung innerhalb von Jacobsens und der gesamten Branche weiter vorantreiben und stets ein innovatives Denken an den Tag legen.« Es folgt Beifall. Er erhebt sein Glas und beendet seine Ansprache: »Auf Jacobsens, auf euch und auf den Value Stream!«

Alex mischt sich unter die Leute und gleich kommt Steffen auf ihn zu. »Sehr schöne Rede!«, lobt Steffen und sie stoßen miteinander an. »Und spannend, was du da von den nächsten Zielen erzählt hast. Wirklich ein guter Impuls.« Bei diesen Worten sprudeln Alex Ideen mal wieder aus ihm hinaus: »Danke dir. Yvonne und ich haben uns die letzten Monate viele Gedanken gemacht, wie wir das Vorhaben umsetzten könnten. Das erste Mal habe ich dafür tatsächlich einen Impuls bekommen, als ich bei ihren Eltern auf dem Hof war. Ihr Vater hat mir von den anderen Lieferbeziehungen erzählt, die sie pflegen und wie aus ihren Rohstoffen die unterschiedlichsten Produkte entstehen können. Von Tierfutter, bis Backwaren, über Müsli bis hin zu unseren Haferdrinks. Es ist unglaublich, wie all diese Value Streams ineinandergreifen. Es besteht ein riesiges Potenzial, das zu optimieren.« Steffen muss lachen. Doch plötzlich wird Alex ernst, weshalb Steffen nachfragt: »An was denkst du, Alex? Ich sehe doch, dass du am Grübeln bist!« »Ja, du hast recht, Steffen. Der Erfolg unseres digitalen Produktes und der Ausbau unserer Value Streams bringen eine große Verpflichtung. Das wird mir mit jedem Schritt, den wir tun, bewusster. Ich habe schon von vielen erfolgreichen Start-ups gehört, welche trotz großartiger Lösungen letztlich an einem Punkt gescheitert sind: sie können nicht skalieren«. Steffen weiß sofort, was Alex meint. Wenn die Nachfrage weiter so steigt, können die Produktionslinien nicht genügend liefern. Diese Entwicklung müssen sie unbedingt im Auge behalten. »Dann müssen wir uns ein neues Geschäftsmodell überlegen. Lass uns zum Beispiel ein Franchise-Konzept erarbeiten, welches uns noch näher zu den Kunden bringt. Wir behalten die Rezepturen und Produktionsideen bei uns und suchen nach jungen, geschäftstüchtigen Unternehmerpersönlichkeiten, die als Franchisenehmer dezentrale Filialen betreiben«, schlägt Steffen vor. »Das wäre genial«, meint Alex. »so könnte man das Service-Ökosystem noch erweitern, durch kundennahe Filialen und letztlich die Kunden selbst. Wenn das Konzept passt, dann könnte man zuerst Deutschland, die Schweiz, dann ganz Europa – und wer weiß, sogar überall auf der Welt expandieren. Ketten wie McDonalds machen das auch sehr erfolgreich«. Alex ist begeistert von der Idee. Steffen denkt bereits viel weiter. »Das mit dem Einbeziehen der Kunden bringt noch viel mehr Vorteile. So könnte man mit einem Design-Thinking-Ansatz künftig die Kundenerlebniskette erweitern und lokale Kundenwünsche in die Produktion einfließen lassen«, überlegt er. Immerhin hat das Projekt einen enormen Schub in der gesamten Organisation verursacht. Alle identifizieren sich mit dem Produkt und sind stolz, ein Teil der Jacobsens-Familie zu sein. Das zeigt sich bei der Firmenfeier ganz deutlich, wo Steffen hier und da bei Gesprächen zwischen Kollegen immer wieder neue Ideen für Jacobsens aufschnappen kann. Die Personalchefin hatte ihm außerdem erzählt, dass sie zunehmend Anfragen von jungen und kreativen Bewerbern bekämen, die im Unternehmen anfangen möchten.« Steffen stellt fest: »Dieses Denken in Value Streams eröffnet ganz neue Dimensionen. Ich glaube, wir stehen erst ganz am Anfang unserer Reise in die digitale Zukunft.«

In diesem Moment gesellen Yvonne und Horst sich zu den beiden. Sie unterhalten sich für einen Moment zu viert und freuen sich gemeinsam über den Erfolg der Feier, als Horst seinen Sohn zur Seite nimmt. »Alex, ich muss schon sagen, das hast du wirklich gut hinbekommen und ich bin froh, zu sehen, dass sich das Unternehmen so gut erholt hat. Zu Beginn war ich zwar nicht überzeugt von der Idee, aber es hat auf jeden Fall funktioniert.« Alex ist etwas gerührt und weiß nichts anderes zu erwidern, als sich bei seinem Vater zu bedanken. Dieser räuspert sich und ergänzt: »Jedenfalls habe ich entschieden, mich nun endgültig aus dem Geschäft zurückzuziehen. Ich glaube, es ist das Beste so und vielleicht besuche ich mal für ein paar Wochen deinen Bruder auf seiner Finca in Spanien.« Und wieder weiß Alex kaum, wie er reagieren soll. Doch er ist beeindruckt von der Entscheidung seines Vaters. Horst scheint endlich seinen Weg in die Modernisierung gefunden zu haben und Alex stellt fest, dass sein Vater bei geschäftlichen Themen selten so respektvoll mit ihm und über seine Ideen gesprochen hat.

Die Feier zieht sich bis in die frühen Morgenstunden. Das Event ist ein voller Erfolg und die Atmosphäre ist ausgelassen und unbeschwert. Alex unterhält sich mit so vielen Angestellten wie möglich und ist angetan davon, wie viele inzwischen die Value-Stream-Sicht adaptiert haben oder ihr zumindest offener gegenüberstehen, so wie sein Vater Horst.

Es ist der Samstag eine Woche nach der Firmenfeier und es findet das jährliche Handballspiel von Alex' und Steffens Verein gegen Kiel statt. Dieses Mal verliert das Team, doch davon lassen sie sich ihre Stimmung nicht trüben. Und so sitzen sie auch in diesem Jahr nach dem Spiel gemeinsam an der Sportanlage. Auch Yvonne ist gekommen, um Alex und Steffen beim Spiel zuzuschauen.

»Hey, ihr habt klasse gespielt! Schade, dass es nicht für den Sieg gereicht hat«, begrüßt sie Steffen nach dem Spiel. »Danke,«, sagt er und öffnet sein Bier, »ja schon schade, aber Spaß hatten wir ja trotzdem. Alex kommt gleich dazu, er muss eben noch mit irgendwem telefonieren.« »Sicher wieder was zu Jacobsens«, sagt Yvonne seufzend. »Wir haben da ganz schön was losgetreten. Er kann sich vor Anrufen kaum noch retten«, stellt sie fest. »Hat Alex dir schon erzählt, dass wir gestern noch bei einem Treffen mit dem Geschäftsführer von »Dein Moritz« in Hamburg waren?« Als Yvonne den Kopf schüttelt, fährt Steffen fort: »Sie wollen dort nun unsere Standardsäfte vom ›Juicy‹-Programm bei sich in das Frühstücksangebot übernehmen. Ist das nicht super?« Bis jetzt hatte Jacobsens immer Discounter und Retail-Häuser beliefert. Dass sie neben zwei bedeutenden Hotelketten nun auch die sehr bekannte und beliebte Restaurantkette direkt beliefern können, hätten sie nicht im Traum gedacht. »Das ist wirklich grandios!«, antwortet Yvonne aufgeregt.

Nun gesellt sich auch Alex zu den beiden. »Super gespielt!«, sagt Yvonne anerkennend und gibt ihm einen schnellen Kuss. »Danke dir, es hat auch wirklich Spaß gemacht, findest du nicht, Steffen?« Steffen bestätigt: »Ja, auf jeden Fall! Aber mit wem musstest du so dringend telefonieren?« »Das war mir auch etwas unangenehm«, gesteht Alex, da es so gar nicht im Sinne des Teamgeistes ist, sich direkt nach einem Spiel zurückzuziehen. Dennoch kann Alex sich das Grinsen nicht verkneifen: »Ich wurde vor einigen Wochen für einen Unternehmerpreis in der Kategorie »Innovation und Digitalisierung«

nominiert und wir haben das Ding mit Jacobsens anscheinend gewonnen.«
»Das ist ja cool«, sagen Yvonne und Steffen gleichzeitig. Alex fährt fort: »In
wenigen Wochen ist die Preisverleihung. Ich möchte dort einen kurzen Vortrag über die Entwicklung von Jacobsens halten und hätte euch beide sehr
gerne dabei.« »Da bin ich auf jeden Fall dabei!«, schießt es aus Steffen heraus. »Ich auch!«, ruft Yvonne begeistert. Für einen Moment schweigen die
drei, trinken aus ihren Bierflaschen und versinken in ihren Gedanken. Dann
erzählt Steffen: »Wir haben wirklich großartige Erfahrungen in den letzten
Monaten gemacht und auf die eine oder andere Weise doch alles erreicht, was
wir uns vorgenommen haben.« »Bis auf den Import der Südfrüchte«, stellt
Yvonne lachend fest, »aber das war ja auch eher Horsts Ziel.« »Stimmt!«, erwidert Steffen so »Das ist nicht einfach machbar, zumindest nicht auf eine
wirklich nachhaltige Art.« Yvonne stimmt ihm zu, stellt dann aber fest: »Es
ist schwierig, aber sicherlich nicht unmöglich.« Jetzt steigt auch Alex wieder
in das Gespräch ein und erzählt: »Einen ähnlichen Gedanken hatte ich auch
schon. Als mein Bruder Nikolas uns das letzte Mal besucht hat, hat er erzählt,
dass er sich Land in Spanien kaufen wolle. Mir kam direkt der Gedanke, dass
er dort Obst anbauen sollte, das wir dann bei Jacobsens verarbeiten könnten.
Wäre es nicht cool, wenn wir auch Zitrusgetränke anbieten könnten? Es wäre
optimal, weil wir sicher sein könnten, dass vor Ort auf den Plantagen alles
fair und nachhaltig produziert würde!« Steffen muss plötzlich lachen. »Dein
Kopf hört auch nie auf, neue Ideen zu spinnen, oder Alex?« Auch Alex lacht
jetzt: »Das gibt mir allmählich auch zu denken, das kannst du mir glauben.
Das Problem an dieser Idee ist, dass wir irgendwie die paar tausend Kilome-
ter bis zu uns hier überbrücken müssten ...« Nun kommt Steffen eine Idee:
»Ich habe erst vor wenigen Tagen einen Artikel über einen jungen deutschen
Unternehmer gelesen. Er ist dabei, Transportschiffe zu bauen, die mit So-
lar- und Windenergieantrieb fahren. Wäre das nicht perfekt? Durch so eine
Möglichkeit könnten wir unsere Value Streams tatsächlich noch ausweiten
und hätten klimaneutrale Südfrüchte zur Verfügung.« »Ich merke schon«,
stellt Yvonne fest, »es geht für Jacobsens immer weiter. Aber das können wir

auch am Montag noch angehen. Also jetzt genug von der Arbeit, ihr zwei!«
Alex und Steffen geben ihr recht. Dennoch kann Alex sich nicht verkneifen zu
sagen: » Ich glaube, unser nächster Urlaub geht nach Spanien, auf Nikolas'
Plantage.«

Teil 2 – Die Standpunkte

Einleitung

Hast du inzwischen den Roman gelesen? Dann weißt du bereits, wie es Jacobsens Säfte gelungen ist, durch Value Stream Management erfolgreicher zu werden und Werte zu schaffen. In den Roman ist jede Menge Praxiswissen eingeflossen. Uns ist es wichtig, dir dieses Wissen zugänglich zu machen, auch ohne den Roman-Kontext.

Wir empfehlen dir diesen Abschnitt des Buchs,
- um einen guten Einstieg in das Thema Value Stream Management zu finden,
- um unsere Erfahrungen in deine Geschäftswelt übertragen zu können,
- um die wesentlichen Standpunkte im Value Stream Management zu verstehen.

Wir laden dich dazu ein, deine Haltung zu hinterfragen und dich für die hinter Value Stream Management liegenden Prinzipien zu öffnen.

Dein Nutzen? Du wirst verstehen, dass Value nicht (nur) in Geld gemessen wird und dass Wachstum nicht alles ist. Du wirst erkennen, dass die Haltung und das Mindset eine wichtige Rolle spielen um komplexe Systeme weiterzuentwickeln.

Dein persönlicher Nutzwert wird darin bestehen, dass du das Grundwissen erwirbst und die Grundhaltungen für die Anwendung des Value Stream Managements einnehmen kannst.

Standpunkt 1: Business und IT sind ein Team (Seite 156 ff.)
Standpunkt 2: Value Streams ungleich Prozesse (Seite 162 ff.)
Standpunkt 3: Gelebte Prinzipien prägen die Unternehmenskultur (Seite 169 ff.)

Standpunkt 4: Value Stream Management hilft bei der Automatisierung (Seite 175 ff.)

Standpunkt 5: Value Streams unterstützen Agilität (Seite 179 ff.)

Standpunkt 6: Value ist stets eine Frage der Perspektive (Seite 183 ff.)

Standpunkt 7: Value Streams bringen neue Arten von Verantwortung (Seite 189 ff.)

Standpunkt 8: Value und Compliance sind kein Widerspruch (Seite 194 ff.)

Standpunkt 9: Value Streams nur noch mit Informationstechnologie (Seite 199 ff.)

Standpunkt 10: Services sind digitale Produkte (Seite 202 ff.)

Das Big Picture des Value Stream Managements

Value Stream Management ist ein sehr übergreifender Ansatz, der die Entstehung und Steigerung von Wert beziehungsweise Werten beschreibt. Wertvoll für Organisationen ist nicht nur das Geld, sondern beispielsweise ebenso die Erfahrung, die Nachhaltigkeit, die Kundenzufriedenheit und vieles Weiteres. Die andere Auslegung von Werten, dem Werteverständnis im Sinne von Prinzipien und Moralvorstellungen beziehen wir gleichermaßen mit ein. Wir nennen alle diese Dinge hier Value, um den Bezug zu unserer begrifflichen Einordnung herzustellen.

Why? Warum Value Stream Management?

Viele Grundideen des Value Stream Managements haben ihren Ursprung im Lean Management. Dessen Prinzipien und Methoden haben sich seit Jahrzehnten insbesondere in Industrieunternehmen bewährt und lassen sich mit anderen Ansätzen gut kombinieren. Aktuell erleben wir hier sogar eine Renaissance.

Im aktuellen Zeitalter der Digitalisierung und der digitalen Transformation erleben wir deutlich zunehmende Geschwindigkeiten, abnehmende Planungsgenauigkeiten und neue unzählige Einflüsse und Abhängigkeiten. Diese Phänomene werden gern mit VUCA bezeichnet, abgeleitet aus den englischen Begriffen »Volatility« (Volatilität = Schwankung), »Uncertainty« (Unsicherheit), »Complexity« (Komplexität) und »Ambiguity« (Mehrdeutigkeit), kurzum den schwierigen Rahmenbedingungen der Unternehmensführung und Organisationsentwicklung seit etwa einer Dekade. Eine Weiterentwicklung des Sensemaking Akronym VUCA ist der vom Innovationsforscher Stephan Grabmeier 2020 vorgestellte BANI-Ansatz. Er greift zusätzlich zu instabilen Situationen auch chaotische Umweltbedingungen auf. BANI setzt sich aus den Begriffen »brittle« (brüchig), »anxious« (ängstlich, besorgt), »non-linear« (nicht-linear) und »incomprehensible« (unbegreiflich) zusammen.

Der Nutzen des Value Stream Management liegt darin, dass er für alle Beteiligten die wahrgenommene Unsicherheit und Komplexität reduziert, denn es liefert uns einen sehr praktikablen Denk- und Ordnungsrahmen für das Führen und Gestalten von Organisationen.

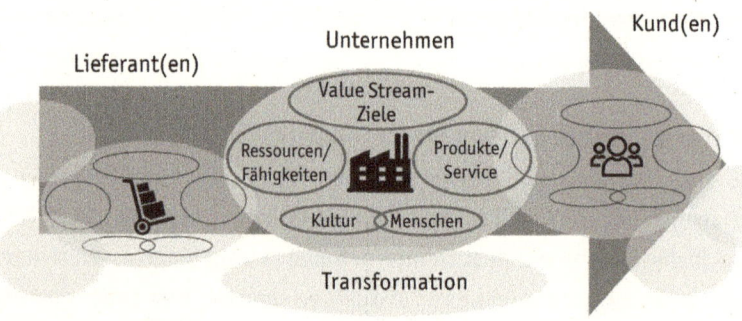

Abbildung 3: Gesamtsystem Value Stream

Ein Unternehmen entwickelt, produziert und vertreibt Produkte und Services (Dienstleistungen). Nicht zum Selbstzweck, sondern für seine Kunden. Dazu benötigt das Unternehmen für gewöhnlich Lieferanten, die Vorprodukte und Dienstleistungen zur Verfügung stellen. Der Value Stream wächst, wird komplexer und vielseitiger, wenn der Lieferant sich ebenfalls bei Lieferanten bedient und der Kunde wiederum Kunden hat. Es wird deutlich, dass hier eine Lieferkette besteht. Ein gerne gewählter Begriff ist »Wertschöpfungskette«, damit deutlich wird, dass mit jeder Stufe der Wert steigt.

Wir verwenden im Folgenden anstelle von Wertschöpfungskette aber den Begriff »Value Stream«, weil dieser Begriff weniger sperrig und formalistisch ist. Wir sprechen von Value Stream Management, weil der Value Stream organisiert und gestaltet werden muss. Wie das im Detail funktioniert, wird im Folgenden ausführlich beschrieben.

Es ist erkennbar, dass im Value Stream mehrere Untersysteme bestehen können, die miteinander verbunden sind. Das Gesamtsystem ist der Value Stream. Er ist systemübergreifend und unternehmensübergreifend. Betrachten wir zunächst den Value Stream im eigenen Unternehmen: Hier muss ein durchgängiger Fluss bestehen, ein Flow – mit kontinuierlicher Fließgeschwindigkeit, ohne Staus und ohne Stromschnellen. Die Kernaussage im Value Stream Denkmodell ist: Es geht um eine ganzheitliche Sicht. Die Grenzen des eigenen Schreibtischs, der eigenen Abteilung, des eigenen Silos werden bewusst aufgehoben.

Um das Bild eines Value Streams zu verdeutlichen, betrachten wir den Value Stream der Saftproduktion. Zuallererst bedarf es eines Input in Form von beliebigem Obst. Hierzu sind Obstbäume zu pflanzen und zu pflegen. Auf den Bäumen wächst das Obst, das zum Saisonende geerntet wird. Gegebenenfalls findet anschließend bereits eine erste Verarbeitung im Obstanbaubetrieb statt, bevor es in die Lagerung geht. Nach der Lagerung werden die Früchte vom Lieferanten zu einem oder mehreren Saftproduktionen transportiert. Aus den Äpfeln, Birnen oder anderen Früchten wird durch die Fähigkeiten des Saftfabrikanten, das heißt durch Anwendung unterschiedlicher Verfahren, Methoden und Abläufen, der Saft hergestellt. An der Produktion sind zum einen Menschen beteiligt, die im Sinne der Unternehmenskultur und -ziele handeln, sowie Maschinen und andere technische Mittel. Es entsteht ein fertiges Produkt, welches in der Regel bereits verpackt – also in Flaschen abgefüllt und damit vertriebsbereit ist. Zuletzt wird der Saft dann an einen oder mehrere Abnehmer verkauft. Dabei kann es sich sowohl um Verbraucher handeln als auch einen Einzel- oder Großhandel, der dann wiederum den Saft an den Endkunden verkauft.

System Unternehmen

Ein Unternehmen hat einen Geschäftszweck, hat Gebäude, Maschinen, Patente, Lizenzen, Kunden Lieferanten und vieles mehr. Das Wichtigste: Im Unternehmen arbeiten Menschen, meist in verschiedenen Abteilungen. Wir beschreiben hier nur die Elemente, die für den betrachteten Value Stream von direkter Bedeutung sind, beziehungsweise Einfluss auf verfolgte Werte nehmen können.

Acht Bausteine: Was braucht es für eine Ausrichtung auf Value Stream Management?

1. Value Stream Ziele
2. Kunden
3. Lieferanten
4. Fähigkeiten und Ressourcen
5. Kultur
6. Menschen
7. Produkte und Services
8. Value Stream Transformation

Besonderes Augenmerk im Denkrahmen des Value Stream Ansatzes haben stets die Übergänge von den Systemen der Lieferanten und in die Systeme der Abnehmer und Kunden. Sie sind möglichst genau zu beschreiben. Wie? Über Schnittstellen. Das sind Angebote und Bestellungen. Lieferscheine und Rechnungen. Und es sind oftmals Datensätze in verbundenen IT-Systemen.

Im System »Kunde« und im System »Lieferant« finden wir die gleichen Elemente wie im Unternehmen.

Im eigenen Unternehmenssystem finden wir bei einer Value Stream Ausrichtung auch Abläufe, Prozesse oder Praktiken. Die Begriffe ordnen wir im Abschnitt »Begriffe endlich verständlich«.

Value Stream Ziele

Nach den Zielen des Value Streams zu fragen, erscheint bei gewinnorientiert arbeitenden Unternehmen im ersten Moment überflüssig. Das originäre Unternehmensziel ist es, Wert zu schaffen, das liegt doch auf der Hand! Aber was bedeutet das genau? Wodurch unterscheiden sich Value Stream Ziele zu anderen Unternehmenszielen? Der Fokus liegt auf Kunden- und Wertorientierung. Qualität und Funktionalität stehen im Vordergrund, wenn zu jeder Zeit versucht wird, den Value Stream angemessen zu optimieren, um möglichst verschwendungsarm zu agieren.

Kunden

Das Value Stream Management, nein der Unternehmenszweck ist es, mit eigenen Produkten und Services Value für den Kunden zu schaffen. Das wird bekannterweise über Angebot und Nachfrage geregelt. Der Kunde bezahlt für die Produkte und Dienstleistungen, und wenn die Erfahrung positiv ist, bleibt der Kunde auch Kunde und wird Wiederholungskäufer. Wir reden von Customer Experience. Falls die Erfahrung des Kunden negativ sein sollte, entstehen Chancen, um zu lernen.

Genauso wie die Schnittelle zum Kunden müssen auch die Schnittstellen zu dem oder den Lieferanten definiert werden. Im Wortsinne gibt das der Begriff »Liefer- oder Versorgungskette« wieder, auf Englisch »Supply Chain«.

Und die Bedeutung der Vorstufen hat in den meisten Industriebereichen in den letzten Jahren zugenommen. Die Entwicklungen zeigen sich auch im Value Stream Management: Denn wir reden hier von Value Co-Creation – die gemeinsame Erschaffung von Werten durch Unternehmen und Kunden über die einzelnen Supply Chains hinweg.

Fähigkeiten und Ressourcen

Wie entsteht aus dem Input der Lieferanten ein Produkt oder Service, welches durch eigene Leistungen veredelt oder angereichert wird und an den oder die Kunden verkauft werden kann? Dazu bedarf es einer Reihe von Fähigkeiten und Ressourcen, die maßgeblich zur Entstehung des Value beitragen, wie man es sich im klassischen Sinne vorstellt.

Rechtliche Regelungen und Bestimmungen geben der übergreifenden Value Creation einen ordnenden Rahmen. Der Beitrag des Value Stream Management zum Unternehmenserfolg besteht darin, allen Beteiligten den Wert oder die Werte, die ein Unternehmen schafft, stets vor Augen zu führen. Dazu dienen spezielle Methoden wie Lean Management, Agilität, et cetera. Entscheidend dabei ist es, den Wert nie aus den Augen zu verlieren, was durch Methoden wie Value Stream Mapping oder Value Stream Planning langfristig sichergestellt werden kann.

Das Value Stream Management (VSM) will keine Alternative zu agilen Frameworks, Lean Management, Shopfloormanagement oder anderen Ansätzen. Im Gegenteil: derartige moderne Arbeits- und Unternehmenskonzepte werden für ein erfolgreiches VSM benötigt. Sie haben eine gemeinsame Haltung und die lautet: Das Beste aus den Ressourcen herausholen.

Kultur

Die Unternehmenskultur definiert maßgeblich die Art und Weise der Zusammenarbeit zwischen Mitarbeitern, aber auch die Zusammenarbeit mit Außenstehenden wie Lieferanten und Kunden. Sie prägt im Wesentlichen das Image eines Unternehmens und ist so individuell und unterschiedlich wie Unternehmen und die dort arbeitenden Menschen eben sein können. Doch wie auch immer eine Unternehmenskultur geprägt sein mag, entscheidend für das Value Stream Management ist ein Mindset, welches den Wert für den Kunden ins Zentrum stellt.

Das Mindset eines Menschen setzt sich zusammen aus der Summe der eigenen Prinzipien, Denkweisen und Haltung. Die gelebte Unternehmenskultur zeigt, welches Mindset oder welche typischen Mindsets vorherrschen.

Doch wie entsteht ein gemeinsames Mindset unter den Mitarbeitenden, das auf den Unternehmenserfolg ausgerichtet ist? Das Schlüsselwort dazu lautet »Selbstbestimmung« und ist somit sehr eng an den Punkt Menschen geknüpft, der als nächstes beschrieben wird. Bleibt nur noch die Frage offen, wie man ein Mindset schafft, welches durch zielführendes Handeln und Denken geprägt ist und wie sich eine bestehende Unternehmenskultur wandeln lässt (Mehr hierzu gibt es im Kapitel »Standpunkt 3: Gelebte Prinzipien prägen die Unternehmenskultur«).

Menschen

Auch in einer digitalen Welt spielen die Menschen weiterhin die ausschlaggebende Rolle. Sie sind und bleiben die Innovatoren, die Möglichmacher, die Entscheider, die Konfliktlöser und vieles mehr. Die Menschen beziehungsweise die Mitarbeitenden haben im Unternehmen stets bestimmte Rollen auszufüllen. Dabei kann ein Mitarbeiter durchaus mehrere Rollen wahrnehmen. Diese Rollen beschreibt das Value Stream Management und richtet sich idealerweise an der Wertschöpfung aus.

Es geht aber noch weiter: In VUCA- und BANI-Welten werden beständige Zeit-räume kürzer oder bestehen gar nicht mehr. Je stärker die Mitarbeitenden den Sinn des Unternehmens verstehen und mittragen, desto besser. Das schafft gegenseitiges Vertrauen. Klarheit in der Sinnfrage dient weiterhin dem Beziehungsmanagement mit allen Stakeholdern (im Unternehmen und mit den Geschäftspartnern).

Und ganz wichtig: Rollen im Unternehmen sollten mit Aufgaben, Kompeten-zen und Verantwortungen versehen werden. Dabei kommt noch ein wichtiger Punkt hinzu: die Ende-zu-Ende-Sicht. Denn eine einfache Rollenbeschreibung hilft nicht, wenn an der Abteilungsgrenze die Verantwortung endet. Wie das genau funktioniert, wird im Kapitel »Standpunkt 7: Value Streams bringen neue Arten von Verantwortung« beschrieben. Dort ist auch aufgeführt, wer verantwortlich ist, beziehungsweise Value Stream Management betreibt.

Zum Element Mensch gehört auch die sogenannte Employee Experience: In der Zeit fehlender Fachkräfte sind positive Mitarbeitererfahrungen fast so wichtig wie positive Kundenerfahrungen in Bezug auf die eigenen Produkte. Und das gelingt dann besonders gut, wenn jeder Mitarbeitende seinen per-sönlichen Wertbeitrag zum großen Ganzen kennt.

Produkte und Services

Wie schon gesagt: Die Produkte und Services dienen ausschließlich den Kun-den und sollen Wert schaffen. Dafür bezahlt der Kunde dem Unternehmen Geld. Ob wirklich Wert geschaffen wird, entscheidet der Kunde. Das Unter-nehmen kann demnach nur hoffen den Wert durch die eigenen Produkte und Services zu ermöglichen.

Heute werden die Produkte und Services zunehmend digital. Wir reden dann von digitalen Produkten. Das heißt konkret: In der digitalen Transformation gibt es Produkte und Services nur mit der IT. Die IT ist in der wertorientierten

Sichtweise nicht mehr nur Erfüllungsgehilfe der anderen Abteilungen, sondern gleichberechtigter Partner. Business und IT sind in guten Unternehmen ein Team. Die IT sorgt für das Enablement und ganz wichtig: Für die Automation. Das sichert den eingangs erwähnten Flow.

Value Stream Transformation

Wie in der Darstellung des Value Streams zu erkennen ist, findet eine Transformation stets in jedem Unternehmen statt, wobei diese sehr individuell ausfallen kann. Eine Transformation beschreibt vom Wortsinn stets die Wandlung eines Istzustands zu einem gewünschten Sollzustand. Doch da sich heute die Umfeldbedingungen von Unternehmen stetig verändern, muss das System Unternehmen eine Continuous Transformation fördern. Nur lässt sich heute Zukunftssicherheit gewinnen und können auf lange Sicht Werte geschaffen werden. Das bedeutet zum einen, Anpassungsfähigkeit zu beweisen und darüber hinaus die eigenen Kernkompetenzen stetig zu entwickeln. Heutzutage kommt der Informationstechnologien nach Ansicht der meisten Experten eine Schlüsselrolle für ein wirksames Value Stream Management zu (siehe auch »Standpunkt 9: Value Streams nur noch mit Informationstechnologie«).

Die Ausrichtung auf Value Stream Management innerhalb und zwischen diesen acht Bausteinen fällt zum Teil sehr unterschiedlich aus und ist nicht immer gleich präsent. Dabei sind manche Ansätze sicherlich leichter umzusetzen als andere. Doch sicher ist: Nur wenn der Value Stream-Ansatz in jedem Baustein wie beschrieben verfolgt wird und im Zentrum steht, kann der großmöglichste Wert geschaffen werden.

Darüber hinaus ist es wichtig, zu verstehen, dass Value Stream Management nicht aufhört oder irgendwann abgeschlossen ist, sondern wie Lean Management oder Shopfloormanagement ein stets präsenter Bestandteil eines Unternehmens sind.

Standpunkt 1: Business und IT sind ein Team

In der traditionellen Welt haben die Geschäftsleitung oder die jeweiligen Fachbereiche die IT beauftragt, bestimmte neue Lösungen, respektive Produkte und/oder Services in konkreten Projekten zu realisieren und danach als garantierte Service-Leistungen im operativen Geschäftsalltag zu betreiben.

Ausgangslage

Die Geschäftsleitung verfolgte Ziele, wie beispielsweise neue Märkte zu gewinnen, Geschäftsmodelle oder Produkte beziehungsweise Services zu entwickeln, Kosten zu senken, Innovationen zu heben oder Betriebsabläufe zu automatisieren. Eine Diskussion über die Gestaltung der Wertströme seitens IT-Organisation hat eher nicht stattgefunden.

Die klassische Sicht, in der die IT-Organisation als Auftragsnehmer eine geforderte Leistung erbringt und die Fachbereiche allein für die Wirkung auf das Unternehmen, respektive den Mehrwert verantwortlich sind, genügt nicht mehr. Wir wissen nur zu gut, dass auf dem Weg der Mehrwertgenerierung etliche Barrieren bestehen, welche die volle Wertschöpfung nicht zulassen. Andererseits wissen wir ebenso, dass ein erfülltes Service Level Agreement nun mal keinen glücklichen Kunden garantiert.

Wie soll sich die IT-Organisation daher positionieren? Wie können die klassischen Geschäftsbereiche auf der einen Seite und die IT-Organisation auf der anderen Seite diese Herausforderung erfolgreich bewältigen? Die strategische und taktische Zusammenarbeit zwischen IT und Business muss sich grundlegend verändern. Der Begriff »Business« steht in diesem Standpunkt stellvertretend für die Geschäfts- und Fachbereiche außerhalb der IT, wie zum Beispiel Geschäftsleitung, Vertrieb, Marketing, Produktion et cetera.

Standpunkt: Business und IT müssen ein Team werden

Der Druck der Unternehmen ihre Geschäftsprozesse zu digitalisieren oder sich zu einem digitalen Unternehmen zu transformieren ist groß und braucht sowohl kreative als auch innovative Ideen, wie man sich auf dem Markt neu positionieren will. Die Services und Produkte der Zukunft werden von den aktuellen technologischen Entwicklungen geprägt sein. Die Wertstrombetrachtung rutscht in den Vordergrund der Diskussionen. Es ist unabdingbar, dass das Verständnis über Geschäftsabläufe und -prioritäten gemeinsam mit dem Technologieverständnis in die neue Strategie einfließen, um optimale Wertströme zu entwickeln.

Business und IT haben ihre speziellen Ausrichtungen im Unternehmen, in Ergänzung ergeben sie jedoch ein sehr schlagkräftiges Team

Voraussetzung ist, dass Business und IT zu einem gemeinsamen Team werden, welches ebenbürtig und gegenseitig respektierend eine gemeinsame Zielsetzung verfolgt und gegenseitiges Vertrauen genießt. Das Vertrauen seitens des Business für eine solche Partnerschaft muss gezielt erarbeitet und mit gemeinsamem Willen über die Zeit verdient werden. Soll dies gelingen, muss ein Rahmen beziehungsweise Kontext geschaffen werden, in dem die Kollaboration in Bezug auf einheitliche Ziele erreicht werden kann. Dies ist eine wichtige Voraussetzung, um gemeinsam als Team die Wertströme des Unternehmens zu gestalten, umzusetzen und zu betreiben.

Wie können das Business und IT zu einem besseren Team werden?

Um das gemeinsame Ziel eines echten Teams zu erreichen, muss die Beziehung zwischen der IT und Business selbst zum zentralen Thema werden. Der kontextuelle Rahmen und eine verbindliche Vereinbarung zur Zusammenarbeit sind wesentliche Erfolgsfaktoren.

Um zunächst den Reifegrad der Beziehung zwischen den Businesseinheiten und der IT-Organisation einschätzen zu können, hilft ein Tool, das Business Relationship Management Maturity Modell (BRMM) vom Business Relationship Institute. Es stellt acht Level zur Beschreibung der Beziehung zwischen Business und IT bereit:

Level 1 – ad hoc. Die Zusammenarbeit erfolgt unkoordiniert auf Zuruf. Das Business versucht, bei der IT Aufmerksamkeit zu gewinnen, während die IT-Organisation viel zu beschäftigt ist, dem Anliegen genügend Achtung zu schenken.

Level 2 – Order Taker. Die Zusammenarbeit erfolgt durch klare Vergabe von Aufträgen seitens Business, wobei die IT sich bewusst ist, immer zu spät und zu teuer zu sein und letztlich auch nicht den Ansprüchen genügend liefern zu können.

Level 3 – Service Provider. Die IT-Organisation etabliert sich als verlässlicher Service Provider mit klarem und strukturierten Servicekatalog. Das Business erkennt die Bemühungen der IT, das Business zu unterstützen, versteht jedoch deren Prioritäten und Reports nicht wirklich.

Level 4 – Trusted Advisor. Das Business gewinnt Vertrauen und erkennt die hilfreiche Unterstützung durch die IT-Organisation an, welche ihrerseits immer klarer die Fähigkeiten der Organisation einbringen und durch Feedback des Business optimieren kann.

Level 5 – Strategic Partner. Business und IT bilden ein Team, arbeiten zusammen und haben gemeinsame Ziele und tragen zusammen Mehrwert und Risiko. Das Business will die IT mit am Tisch wissen, wenn es um strategische Fragestellungen des Unternehmens geht.

BRM Reifegradlevel	Merkmale
LEVEL 5 **STRATEGIC** **PARTNER**	▪ Gemeinsame Ziele mit Schwerpunkt auf der Realisierung von Business Value. ▪ Gegenseitige Rechenschaftspflicht für die Erzielung von Wert aus Investitionen in die Services und Fähigkeiten des Providers. ▪ Risiken und Erträge werden geteilt. ▪ Qualitätsdaten zur Unterstützung von Wertanalysen. ▪ Die Fähigkeiten des Providers sind mit den Geschäftsfähigkeiten konvergiert.
LEVEL 4 **TRUSTED** **ADVISOR**	▪ Gegenseitiges Verständnis und Wertschätzung der Fähigkeiten und Bedürfnisse. ▪ Ein den Geschäftsanforderungen entsprechendes Serviceportfolio des Providers. ▪ Der Provider wird frühzeitig und häufig in den Entscheidungszyklus des Business Partners eingebunden. ▪ Zunehmendes Gefühl für den Wert von Investitionen in die Services und Fähigkeiten des Providers.
LEVEL 3 **SERVICE** **PROVIDER**	▪ Klarer Prozess für das Engagement – zumindest für die Basisservices. ▪ Konsistente Services, aber inkonsistente Ergebnisse bei Großprojekten. Wenig Einsatz von Programmmanagement. ▪ Business Partner, die sich im Servicemanagement engagieren. ▪ Kosten sind transparent, aber der Wert ist subjektiv. ▪ Anfänge einer Investitionsmentalität.
LEVEL 2 **ORDER** **TAKER**	▪ Die Nachfrage wird auf der Grundlage schwacher oder subjektiver Daten priorisiert. ▪ Gegensätzliche Wir/Sie-Beziehungen. ▪ Häufige Fehlwahrnehmung baut Misstrauen auf. ▪ Der Provider ist reaktiv und stellt Geschäftsanfragen nicht infrage. ▪ Keine Qualitätsdaten zur Unterstützung von Kosten- oder Wertanalysen.

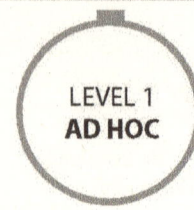

| LEVEL 1 AD HOC | <ul><li>Ungezügelte Nachfrage.</li><li>Unklare Regeln wie Aufträge platziert werden sollen.</li><li>Mangelnde Disziplin im Servicemanagement.</li><li>Modifizierter LIFO: Loudest-in, first-out.</li><li>Kein klares Gefühl für die Kosten oder den Wert der Services des Providers.</li></ul> |

Abbildung 4: Business Relationship Maturity Modell © Business Relationship Management Institute | All rights reserved

Solange die Beziehung zwischen Business und IT auf den unteren beiden Level 1 und 2 zu verorten ist, wird nie das notwendige Vertrauen in eine IT als hilfreicher Partner entstehen und eine Diskussion über Wertbeitrag im Wertstrom hinfällig. Grundlage für die Partnerschaft aus Sicht des Business ist, dass sich die IT-Organisation als verlässlicher Service Provider im Tagesgeschäft bewährt und Business gemeinsam mit der IT den Wertstrom gestaltet und sicherstellt. Erst wenn die operativen Produkte und Services kontinuierlich zufriedenstellend und stabil bereitgestellt werden, besteht Raum über taktische und strategische Weiterentwicklungen zu sprechen.

Beide Seiten, sowohl die Businesseinheiten als auch die IT-Organisation müssen erkennen und verstehen, dass es für das Unternehmen erstrebenswert, wenn nicht gar zwingend ist, die Beziehung hin zu einer strategischen Partnerschaft zu entwickeln. Keine der beiden Partner kann den Wertstrom allein sicherstellen. Ein erster wichtiger Schritt dabei ist, die aktuelle Beziehung gemeinsam einzuschätzen und eine Beziehungsstrategie mit klaren Präferenzen und messbaren Ergebnissen zu definieren. Dies geschieht nicht allgemein für alle Geschäftsbereiche gemeinsam – sondern mit jedem wichtigen Stakeholder der Organisation individuell. Das Beziehungsmanagement (Business Relationship Management) muss eine der zentralen Fähigkeiten einer IT-Organisation werden, mit dem Ziel, die Beziehungen zu allen Stakeholdern hin zur strategischen Partnerschaft zu verbessern. Es braucht wohl ein Team, dass primär die Funktion Business Relationship Management (BRM) wahrnimmt, die Orientierung und BRM-Fähigkeit muss in der gesamten Organisation verankert sein.

Wertbeitrag

Business und IT bilden eine gemeinsame strategische Partnerschaft. Es ist keine Kunden-Lieferanten- oder Auftraggeber-Auftragnehmer-Beziehung mehr, wie diese in der Vergangenheit oft wahrgenommen wurde. Als vereintes Team mit gemeinsamer Strategie, mit gemeinsam getragenen Risiken, Wertvorstellungen und gemeinsamer Verantwortung über Profit und Loss, wird das Fundament zur Etablierung von echter Kreativität und Innovation entwickelt.

Es werden Vertrauensbeziehungen entwickelt und aufrechterhalten, welche damit einen besonderen Wert für das Unternehmen schaffen:

- Indem sich Business und IT darüber im Klaren sind, wie der Geschäftswert realisiert werden kann, können sie gemeinsam an den gewinnbringendsten Initiativen arbeiten.
- Indem gemeinsam auf die Realisierung des Geschäftswerts konzentriert wird, kann der erwartete Wert der Initiativen erreicht werden.
- Die Fähigkeit zur strategischen Partnerschaft kann als eine Kernkompetenz genutzt werden, welche die Flexibilität und Innovationskraft fördern.
- Eine neue gemeinsame Kultur kann entstehen.

Der Wertstrom wird damit gemeinsam geleistet und sichergestellt. Alle ziehen an einem Strang und in die gleiche Richtung. Um das zu erreichen, müssen CIOs (Chief Information Officer) sich heute zentrale Fragen stellen:

- Wie positioniere und reorganisiere ich die IT-Organisation von einem Order Taker oder Service Provider zu einem konvergenten, strategischen Partner?
- Wie schaffe ich es, vom Business als gleichwertiger Partner in einem Team anerkannt zu werden und gemeinsam mit dem Business die Ergebnisse des Unternehmens verantworten zu können?

Standpunkt 2: Value Streams ungleich Prozesse

Das Prozessdenken und Prozesse sind aus der Geschäftswelt und insbesondere aus der IT seit vielen Jahren nicht wegzudenken. Gelten sie doch als Sinnbild klar definierter Abläufe, der Einhaltung von Normen und Richtlinien. Das Prozessdenken steht auch für Qualität und Sicherheit, sorgt es doch dafür, dass gleichartige Tätigkeiten reproduzierbar in gleicher Weise ausgeführt werden.

Ausgangslage

Durch die Anwendung eines definierten Prozesses werden gleichbleibender Output und damit die Sicherheit einer gleichbleibenden Qualität erzeugt. Es verwundert daher nicht, dass schnell der Ruf nach einem Prozess ertönt, wenn Abläufe als unkoordiniert gelten. Oft geht in einer zu stark auf definierte Prozesse ausgerichteten Organisation aber die Berücksichtigung der Wirkung und der Belange anderer Abteilungen und vor allem die der Anwender und Kunden unter.

Eine Lösung schien bisher die Erweiterung der Prozesse auf die Bedürfnisse aller Stakeholder, also aller betroffenen Personen des Prozesses. Ein solches Vorgehen vergrößerte aber die Prozesse der IT-Entwicklungen um weitere Teilschritte, Verzweigungen und Genehmigungen und machte sie zunehmens träge, schwierig in der Nutzung. Dinge, die gut gemeint waren, wirkten im Alltag eher wie eine Zwangsjacke des Handelns. Es etablierte sich ein Fokus auf die lokalen Einzelprozesse, und die Stakeholder des ersten Teilprozesses wissen oft nicht um die Wirkung Ihres Handelns auf die Stakeholder des dritten, fünften oder letzten Teilprozesses. Häufig wird diese Trennung in Teilprozesse durch unterschiedliche Tools in den verschiedenen Bereichen manifestiert. Für unsere Betrachtung ist entscheidend, dass wir uns bei der Gestaltung der IT-Prozesse auf die Kunden der IT fokussieren, ein essenzieller Kernpunkt in der Umsetzung agiler Verhaltensweisen. Welchen Mehrwert/

Nutzen bringen wir unserem IT-Kunden durch das, was die IT als Output produziert? Der Fokus der Prozesse richtet sich eher nach innen zur IT-Organisation und deren Output, nicht auf die darüber liegenden Value Streams.

Bei Value Streams geht es nicht mehr nur um (IT-)Prozesse, sondern darum, zu verstehen, wie die gesamte Wertschöpfung stattfindet und wahrgenommen wird.

Ein hilfreiche Perspektive hierzu ist die Sichtweise des Produktes. Wenn wir Value Streams betrachten, betrachten wir deren Produkte ebenso wie deren Mehrwert. Die Betrachtungsweise eines Produktes bezieht sich dabei auf den kompletten Lebenszyklus eines Produktes. Und auch das Kundenerlebnis, die Nutzung des IT-Produktes des Kunden umfasst das gesamte Kundenerlebnis, oft auch Customer Experience oder bei internen Mitarbeitenden als Employee Experience bezeichnet. Gab es in der Vergangenheit einen Service mit vielen verschiedenen Prozessen und Ansprechpartnern mit Teilverantwortlichkeiten, gibt es nun ein Produkt mit einem Gesamtverantwortlichen mit dem dazugehörigen Value Stream.

Standpunkt: Value Stream ungleich Prozess

Ein Prozess hat im wesentlichen vier Charaktereigenschaften: Er hat einen spezifischen Auslöser, liefert ein spezifisches Ergebnis, ist messbar und er erzeugt einen Output für einen Stakeholder (Kunden). Ein Prozess beschreibt somit reproduzierbare Abläufe, Aktivitäten und Verantwortlichkeiten für definierte Teilbereiche.

Prozesse bieten je nach Ebene die Mikrosicht auf Abläufe. Über sie kann Standardisierung erreicht werden und über sie können individuelle, unabgestimmte Vorgehensweisen unterbunden werden, die Struktur in der Form schafft Freiraum für den Inhalt.

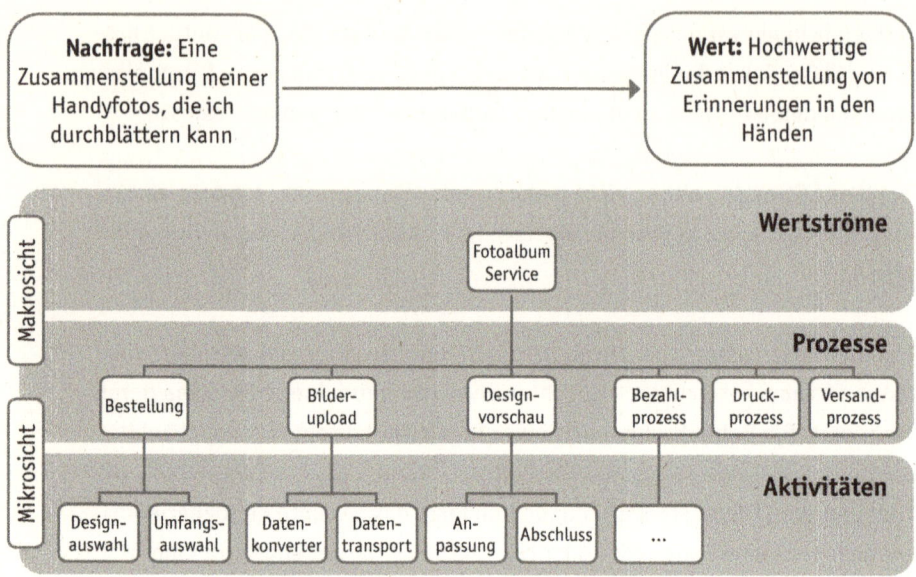

Abbildung 5: Vereinfachte hierarchische Darstellung von Nachfrage, Value Streams, Prozessen, Aktivitäten und Wert

Das hilft bei der Effektivität, später auch bei der Verbesserung der Effizienz des Ablaufs. Im Wesentlichen geht es darum, wie etwas erreicht werden kann. Die Frage des Wertbeitrages steht dabei nicht unmittelbar im Vordergrund.

Das Blickfeld eines Value Streams richtet sich auf die gesamte Wertschöpfungskette eines (digitalen) Produktes oder Services. Eine solche Wertschöpfungskette beschreibt die Abfolge von Schritten beziehungsweise Aktivitäten, welche diverse Praktiken und Prozesse verwenden, angereichert mit weiteren Informationen zum Wertschöpfungsbeitrag.

Value Streams beschreiben somit die Makrosicht. Sie beschreiben die Gesamtheit aller Schritte, um Wert für den Kunden zu schaffen. Es geht nicht darum, irgendwas zu liefern, sondern Wertschöpfung als Ziel. Sie werden durch Nachfragen gesteuert und liefern Produkte von Wert für den Kunden. Schritte, für die ein Kunde bereit wäre, Geld auszugeben. Mit dem Design, der Anwendung und Optimierung von Value Streams, zum Beispiel über das Value Stream Mapping, fokussieren Organisationen auf geringstmögliche Verschwendung, Effizienz, Effektivität und maximalen Nutzen beim Aufbau des Flusses und seiner Material- und Informationsflüsse.

Value Streams ermöglichen eine Wertschöpfung durch die sinnvolle Kombinationen von Prozessen. Sie gehen dabei über Prozessgrenzen hinweg. Das wird besonders klar, wenn wir uns verdeutlichen, was mithilfe eines aktiven Managements der Value Streams erreicht werden kann:

Value Stream Management unterscheidet dabei zwischen:
1. wertschöpfend (value added), für die der Kunde bereit ist (gerne) zu zahlen,
2. notwendig, aber nicht-wertschöpfend, für die der Kunde zahlen muss, weil sie notwendig ist, aber reduziert werden sollte und schließlich
3. nicht wertschöpfend, welche Verschwendung darstellen und eliminiert werden sollen.

Folgende schematische Grafik soll dies illustrieren:

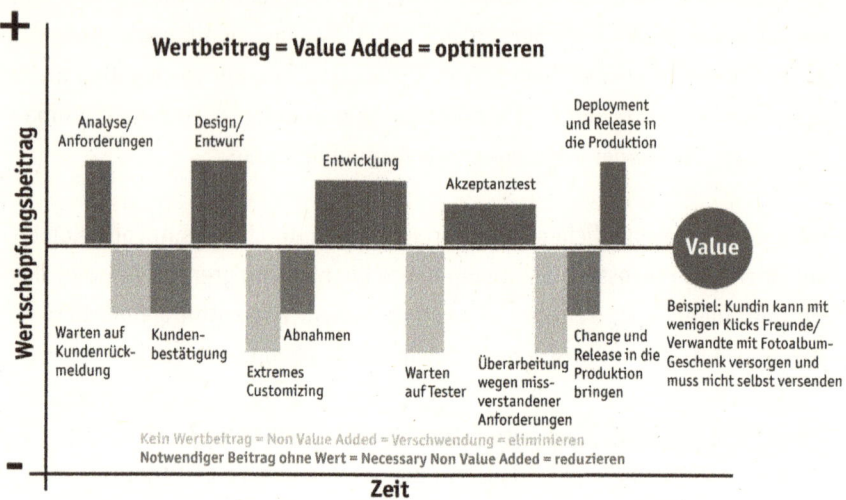

Abbildung 6: Prinzipielle Wertung nach Wertbeitrag in den verschiedenen Schritten

Nun kann jeder Prozess auch als Mikro-Value-Stream betrachtet werden, dabei kommt es auf die Perspektive an, wer als Kunde betrachtet wird und wie weit sich ein Prozess als eigenständiger Value Stream auf der Kette herausbrechen lässt. Welche Risiken (Chancen und Bedrohungen) und Konsequenzen das mit sich bringen kann, beleuchten wir in »Value ist perspektivenabhängig«.

Thema	Prozess	Value Stream
Fokus	Standardisierung	Wertbeitrag
Perspektiven	mikro	makro
	Einzelabläufe	Gesamtschritte einer Organisation, um Wert zu erzeugen, gegebenenfalls über mehrere Prozesse hinweg.
	Start-Ende eines Prozesses	Bedarf-Wert eines Value Stream
	lokal	global
	funktional	betriebswirtschaftlich
	produktorientiert	kundenorientiert
Granularität	Verbindung von Aktivitäten	Verbindung von Praktiken und Schritten, übergreifend von der Nachfrage bis zum Wertbeitrag. (Praktiken werden im Glossar erläutert)
Informationen	Rollen, Aktivitäten, Systeme, Laufzeiten	Wie Prozesse, zuzüglich Material- und Informationsflüsse, Wertbeitrag, Wirtschaftlichkeit, prozessübergreifende Laufzeiten, Iterationen und Wartezeiten et cetera.

Abbildung 7: Merkmale Prozess und Wertstrom

Wert des Standpunktes

Die Unterscheidung zwischen Value Streams und Prozessen ist aus drei Gesichtspunkten heraus relevant:

1. Die ganzheitliche Betrachtung der Value Streams fokussiert im Gegensatz zur getrennten Betrachtung von (Teil-) Prozessen auf die Ende-zu-Ende-Sicht eines Produktes oder Services vom Bedarf beziehungsweise der Chance bis zur Werterzeugung. Es geht nicht um Funktions- oder Prozesssilos, sondern um übergreifende Unternehmensperspektiven.

2. Mit den Value Streams kommen die Aspekte »Verschwendung« und »Wertschöpfungsbeitrag«, sowie »Material- und Informationsflüsse« zu den Prozessen hinzu, die bisher nicht hinreichend berücksichtigt wurden – das wird in den unterschiedlichen Begriffen deutlich gemacht. Dies kann natürlich in Prozessen berücksichtig werden. Value Streams leben unter anderem von der Kombination unterschiedlicher Fähigkeiten und Prozesse in der Organisation.

3. Der Value Stream ist klar auf den Wert für den Kunden ausgerichtet. Am Ende des Prozess entsteht ein Output, das heißt Lieferergebnis (zum Beispiel ausgelieferte Saftflaschen). Erst durch die geeignete Verwendung und Nutzung des Outputs entsteht der Outcome, das heißt, Wert für den Nutzer (zum Beispiel sich gesund und ökologisch bewusst zu ernähren), für den er bereit ist, zu bezahlen. Beim Prozess wird gefragt, ob er den Output richtig liefert. Beim Wertstrom wird gefragt, ob der richtige Outcome geliefert wird, das heißt, die Werterzeugung ermöglicht wird.

Die Konsequenzen dieser Betrachtung sind für viele Unternehmen ein enormer Schritt. Die Zusammenarbeit wird viel stärker über Prozess- und Bereichsgrenzen hinweg betrachtet, statt nur Schnittstellen zum jeweils nächsten Prozess oder Bereich zu berücksichtigen. Zudem erfordert dies eine

Wertorientierung und den durchgängigen Fokus auf den Endkunden. Das hat Einfluss auf die Kultur der Zusammenarbeit, die Sichtweise des eigenen Wertbeitrags, die Verschmelzung von IT und Business. Bei der Betrachtung einzelner Teilprozesse stehen lokale Optimierungen im Vordergrund und viele organisatorische Schmerzpunkte können nicht aufgedeckt und bearbeitet werden.

Die Unterscheidung ist folglich essenziell für die Ausrichtung der IT auf die Bedürfnisse und Wünsche der Kunden, und beide Aspekte, – Value Streams und Prozesse – sind auf ihrer jeweiligen Ebene relevant für Organisationen und der Analyse und Verbesserung ihrer Value Streams. Die Details mit dem Blick auf das Ganze verbessern und ausrichten.

Standpunkt 3: Gelebte Prinzipien prägen die Unternehmenskultur

Unternehmen sind mit unterschiedlichen internen und externen Einflussfaktoren konfrontiert: Nach der Gründung haben sie unterschiedliche (Weiter-) Entwicklungen durchlebt oder durchleben diese gerade.

Ausgangslage

Sie passen sich veränderten Märkten an (Veränderungen entstehen durch neue Marktbegleiter, Geschäftsmodelle oder Regulierungen), werden gekauft beziehungsweise kaufen andere Unternehmen oder müssen eine Krise bewältigen. Sie stellen sich dabei auch neuen Wertvorstellungen und Anforderungen von Mitarbeitenden und Kunden. Die Dynamik, Komplexität und Geschwindigkeit nehmen kontinuierlich zu. Unzufriedene Mitarbeiter ohne klare Perspektive oder Entwicklungsmöglichkeiten sind demotiviert. Fluktuation setzt ein. Welche Rolle spielt die Unternehmenskultur?

In solchen Veränderungen stellt sich ein Unternehmen Fragen wie: In welcher Evolutionsstufe der Unternehmensentwicklung befinde ich mich? Wie sieht meine nächste Stufe aus? Oder ist vielleicht eine Revolution oder ein Reset erforderlich anstatt einer Evolution, um zu überleben?

Standpunkt: Gelebte Prinzipien prägen die Unternehmenskultur

Wird der Geschäftszweck zum Geschäftserfolg, dann ergibt sich eine starke Emotion: Freude über den Erfolg!

Erfolg, gemeinsamer Erfolg, verbindet Menschen. Erfolg bedient psychologische Grundbedürfnisse. Erfolg sorgt für Aufmerksamkeit und lockt Menschen an. Dies ergibt eine emotionale Aufwärtsspirale und eine Anziehungskraft, dies es aufrecht zu erhalten gilt.

Verschiedene wirtschaftliche und wissenschaftliche Strömungen benennen einen Kultur- und Wertewandel, der ins Arbeitsleben einzieht. Darin enthalten ist die Annahme, dass in der neuen Arbeitswelt neben der Gewinnerzielung der Organisation andere oder neue Werte eine Rolle spielen: Partizipation, Selbstbestimmung, Sinnstiftung, Nachhaltigkeit.

In dieser neuen Arbeitswelt wollen die Mitarbeitenden die persönlichen Werte immer wieder erwähnen und einbringen.

Wirksame Prinzipien

Schwer greif- und messbar, jedoch unheimlich bedeutsam sind die im Unternehmen wirksamen Prinzipien: In Zeiten zunehmender Dynamik und Veränderung ist es wichtig, die wesentlichen Prinzipien zu definieren und bewusst zu machen, die das Unternehmen benötigt und die Mitarbeiter in ihren Rollen befähigt. Veraltete Prinzipien werden ausgemistet, neue kommen hinzu. Betrachten wir ein Unternehmen oder eine Organisation als eine Person, wird es klar. Die Prinzipien bestimmen die Denkweise, die Mentalität und die Verhaltensmuster des Unternehmens. Die erforderlichen Prinzipien machen das Unternehmen gesund, resilient und erfolgreich.

Prinzipien lassen sich aus unterschiedlichsten Best Practice-Ansätzen, Methoden, Lehrmeinungen und sogar Ideologien ableiten und zusammensetzen.

»Start where you are« ist eines der Prinzipien in Kanban, ITIL und auch in der Organisationsentwicklung. Es bedeutet, das Bestehende zu prüfen und zu würdigen. Unser Verständnis: es ist immer die Kombination aus Neu und Alt. Bewährte alte Prinzipien werden gewürdigt, bleiben bestehen und werden nicht abgekündigt, wenn sie sinnhaft sind. Diese werden aber permanent überprüft. Es kommen immer schneller und immer mehr neue Impulse, Methoden und Handlungsfelder hinzu. Das Mindset der Akteure muss sich auf die höhere Geschwindigkeit, Dichte und Komplexität einstellen und entsprechend ausrichten.

Unternehmenskultur: Verhalten im Einklang mit den Prinzipien

Die gelebte Unternehmenskultur ist genauso wie Erfolg eine Folgeerscheinung und kein Konzept. Wie bereits angemerkt, die Unternehmenskultur entsteht durch die Anwendung – durch das Leben von Prinzipien und geteilter Werte. Dementsprechend ist es schlüssig, dass auch das individuelle Mindset der Mitarbeitenden, die innere Haltung (die Mentalität) mit den Prinzipien und Werten des Unternehmens übereinstimmen sollte, damit die Unternehmenskultur gelebt wird. Dadurch entsteht für alle Beteiligten der genannte Sinn. Dies sorgt für Bindung, Identifikation, Begeisterung und für Erfolg.

Abbildung 8: Evolution (© https://de.freepik.com/autor/vectorpouch/19)

Die Evolution illustriert das wunderbar. Doch wohin zeigen die Pfeile? Man würde erwarten, dass die Pfeile nur nach rechts und nach oben zeigen. Die Evolution geht nicht zurück, sie entwickelt sich immer weiter, auch wenn sich einzelne Merkmale rückbilden, wenn sie sich nicht bewährt haben. Unvorhersehbare Ereignisse können einen Boost oder einen Schritt zurück verursachen. Niemand wird zu größer, breiter, schneller gezwungen. Sehr wohl kann das ein Prinzip sein – muss es aber nicht.

Folgende Instrumente helfen bei der Navigation und Steuerung der Kultur hin zu einem konstruktiven wertorientierten Miteinander:

- Durchführung einer Standortbestimmung beispielsweise mit einem Digital Assessment, einem Digital Best Practices Alignment, einer SWOT-Analyse
- Klarheit in den Unternehmenszielen, beispielsweise durch Zieldefinition nach SMART oder mit einer Unternehmenszielpyramide
- OKR – Objective Key Results
- Einsatz eines Kulturkompass oder eines Digital Maturity Assessments zur Visualisierung der Unternehmenskultur
- Einsatz von digitalen Navigatoren
- Rollenmodellierung mit 360°-Verantwortungen (Servant Leader Mindset als Bestandteil des Rollenmodells)
- Entwicklung von Spielregeln
- Design Thinking

Wertbeitrag

Die gelebten Werte und Prinzipien ergeben die Kultur. Letztere wird durch das Verhalten in der Zusammenarbeit, die Wahrung der Werte und Konsequenz in der Einhaltung beziehungsweise das Leben der Prinzipien definiert. Doch wenn ein Prinzip beschreibt, dass man offen für Neues ist, dann ist bei der Kultur wichtig, zu verstehen und zu berücksichtigen, dass wir dies auch tatsächlich zulassen, vorleben und nicht bei jedem neuen Vorschlag hunderte Gegenargumente auf den Tisch gebracht werden, die neue Arbeitsschritte oder Arbeitsweisen verhindern. Dies ist möglich, indem das Verhalten, die Zusammenarbeit und gemeinsame Ziele in den Fokus gerückt werden und. Dadurch entsteht eine Akzeptanz gegenüber der Vielfalt von Bedürfnissen der Mitarbeitenden.

Im Zuge dessen werden Wertschätzung und Bedürfnisse des Einzelnen zum Bestandteil der Unternehmenskultur und den Mitarbeitenden ein Gefühl von Teilhabe und Sicherheit vermittelt.

Unterschiedliche Veränderungsschritte und -anreize dienen als Orientierungshilfe für die Anpassung der Unternehmenskultur in einer sich rasant verändernden Welt, in der Flexibilität und Wandlungsfähigkeit gefordert werden. Es gilt also die Wandlungsfähigkeit des Unternehmens zu fördern, da sie wiederum die Grundlage für neue und geänderte Geschäftsmodelle schafft. Dies geschieht unter anderem, indem Raum für kontinuierliche Entwicklung geschaffen wird – und das sowohl für den Einzelnen persönlich als auch beim Kunden und für die Unternehmenskultur an sich. Erst wenn im Arbeitsalltag Platz für Schritte der Entwicklung möglich sind, kann diese auch stattfinden und Veränderung zur Normalität werden.

Hier hilft die Förderung des Austausches der Mitarbeitenden untereinander. Indem sie voneinander lernen und/oder sich aktiv über Werte und ihre Erfahrungen mit neuen Arbeitsweisen berichten können. Es wird ein offener Dialog geschaffen, wodurch Mitarbeitende sich gegenseitig anregen, wertschätzen und motivieren.

In all diesen Etappen der Kulturschaffung und Leben von Werten können praxiserprobte Prinzipien als Unterstützung dienen, da sie zum Adaptieren anregen und als Leitfaden für die Weiterentwicklung bis zu einem Value Stream-orientierten Unternehmen fungieren. Dabei ist wichtig, ein Verständnis für die Evolutionsanalogie zu schaffen, der zufolge Entwicklung mehrere Dimensionen von Value und damit auch Wachstum enthält.

Aus der Praxis

In einem Beratungsprojekt haben wir im Rahmen einer Wertstromanalyse Folgendes festgestellt. Die Bereiche innerhalb der Wertschöpfungskette interagieren kaum im Sinne des Agilen Manifests – obwohl dies als Prinzip explizit vereinbart war und von den Führungskräften bekräftigt wurde. Eine Interaktion findet lediglich in Regelterminen oder auf Basis von Dokumenten statt. Gerade bei Rückfragen oder Konflikten wird auf die vorhandene Dokumentenlage und seinen eigenen Verantwortungsbereich verwiesen. Oft ist ein Rückfall in alte Hierarchiemuster zu beobachten.

Dies führte zu Nacharbeiten in der nachfolgenden Phase (defects), Wartezeiten bei fehlender Erreichbarkeit (waiting), stark detaillierter Dokumentation (over-proceeding) und Wissensverlust bei Übergaben (transportation). Haltung und Denkweise reflektieren noch nicht die Prinzipien. Entscheidend sind auch die Führung und das Vorleben der Führungskräfte, die den Raum für die Mitarbeitenden schaffen müssen und sowohl ihre persönlichen Befindlichkeiten als auch ihr Ego zurückstellen müssen. Die Veränderung von der bekannten, oft stark hierarchisch geprägten Führungskultur hin zu einer Servant-Leader-Kultur, ist von großer Bedeutung für das Gelingen. Prozesse und Werkzeuge werden stärker gewichtet als Interaktion. Umfassende Dokumentation hat eine größere Bedeutung als funktionierende Software.

Fazit

Die gelebte und spürbare Kultur ist heute ein wichtiger Erfolgsfaktor denn je, um insbesondere Talente für sich zu gewinnen und zu halten. Es ist auch ein wichtiger, kritischer Erfolgsfaktor, um den Wert zu erzeugen, der das Überleben des Unternehmens am Markt sichert, den Wert für Kunden erzeugt, auf Veränderungen reagiert und neue Geschäftsmodelle entwickelt.

Standpunkt 4: Value Stream Management hilft bei der Automatisierung

Der Druck auf die Unternehmen, sich schneller an die veränderten Rahmenbedingungen im Markt anzupassen, steigt. Entsprechend ist die Erwartung der Geschäftsleitung an alle zuliefernden Organisationseinheiten und insbesondere an die IT, noch schneller, besser und sicherer zu liefern.

Ausgangslage

Diese nachvollziehbare Forderung deckt jedoch die Limitierung vieler Organisation auf. Arbeitsteilige Organisationen sind durch die Fokussierung der einzelnen Bereiche auf sich selbst (Projekt, Design, Entwicklung, Test, Betrieb) charakterisiert und verlieren dabei den Blick auf das große Ganze. Jedes Team arbeitet in seinem eigenen Silo (siehe auch Kapitel »Standpunkt 2: Value Streams ungleiche Prozesse«). Oftmals werden die Arbeiten manuell vorgenommen oder sind zwar Tool-unterstützt, doch jeder Bereich hat seine eigenen Werkzeuge oder es gibt maximal bilaterale Verbesserungen. Eine Durchgängigkeit ist nicht gegeben und damit ein Risiko, dass Informationen nicht angemessen und somit verfälscht werden können. Dies erschwert die weitestgehend durchgängige und übergreifende Automation im Fluss.

Die ganzheitliche Sicht auf die involvierten Prozesse bleibt intransparent oder ist an mehreren Stellen gebremst bis blockiert und kennzeichnet sich durch verschiedene Probleme:

- Informationen stehen nicht durchgehend für alle beteiligten Stellen in gleicher Form zur Verfügung.
- Manuelle Arbeit ist häufig fehleranfällig, schwer nachvollziehbar und aufgrund der Wartezeiten eher langsam.
- Unterschiedliche Silos optimieren lokal, Medienbrüche werden erhalten und erhöhen die Durchlaufzeit beziehungsweise sind mit Rüst- und Wartezeiten verbunden. Ebenso müssen Schnittstellenvereinbarungen getroffen werden.
- Entscheidungen werden nicht nachvollziehbar getroffen.
- Die Durchlaufzeit ist sehr schwer abschätzbar – die Ergebnisse werden durch Beschleunigung in der Qualität eher schlechter als besser.
- Die Qualität variiert viel stärker, je nachdem, wer im aktuellen Arbeitsablauf involviert war beziehungsweise ist.
- Das Business erhält am Schluss oft nicht, was ihm zu Beginn versprochen wurde.

Was hier fehlt, ist die ganzheitliche Sicht auf den Wertstrom: vom Kundenbedürfnis bis zur Auslieferung und Betreuung des Kunden. Es fehlt auch an einer Standardisierung der Informationsflüsse und der Arbeitsschritte bis hin zur Ermöglichung, Abläufe zu automatisieren und damit zu stabilen, verlässlichen und schnelleren Ergebnissen zu kommen.

Standpunkt: Value Stream Management hilft bei der Automatisierung

Man stelle sich vor, wie sich Qualität und Durchlaufzeit verbessern würde, wären die Abläufe standardisiert und ohne manuelle Eingriffe vollständig automatisiert. Genau hier fokussiert sich dieser Standpunkt: wenn wir die Wertströme kennen und optimieren, dann können diese auch automatisiert werden. Und damit dem Ziel der Digitalisierung, schneller, besser und effizienter Services zu erbringen. Im Grunde soll alles automatisiert werden, was automatisiert werden kann.

Die Wertstrombetrachtung unterstützt die Digitalisierung, aber es geht um viel mehr, als alte, manuelle Prozesse zu automatisieren oder webbasiert zu verpacken. Wie hat doch der frühere Vorstandschef von Telefonica Deutschland, Thorsten Dirks, sich so trefflich ausgedrückt: »Wenn Sie einen Scheißprozess digitalisieren, dann haben Sie einen scheiß digitalen Prozess«. In Digitalisierungsvorhaben ist implizit auch stets Innovation und Erneuerung enthalten. Sie muss Sinn ergeben, indem sie Effizienz schafft und dadurch Umsätze eines Betriebes erhöht oder die Zufriedenheit der Mitarbeiter. Gerade hier tun sich Organisationen sehr schwer, sind zäh wie Teig und lassen sich von ihren bewährten Abläufen nur ungern abbringen. So ist man eher bereit, die neu elektronisch erfassten Formulare mittels E-Mail an die zu bearbeitenden Stellen zu senden, anstelle den gesamten Ablauf zu hinterfragen. Übersehen wird hierbei, dass das elektrische Licht aber auch nicht durch Weiterentwicklung von Kerzen erfunden worden ist.

Für die angemessene Wertschöpfung, welche mit der Digitalisierung erreicht werden soll, ist es daher wichtig, dessen Bedeutung und Funktion, sowie seinen Kontext zu verstehen.

Bei einer Wertstrombetrachtung beantwortet man folgende Fragen:
1. Wie sieht der gesamte Wertstrom und dessen Ziel aus, in den dieser Prozess eingebettet ist? ➲ Wir verstehen das Gesamtsystem, die Hauptaktivitäten und den Fluss als Basis für eine durchgehende Automation.
2. Welche Prozesse und Praktiken sind beteiligt und tragen sie etwas zum Wertstrom bei, beziehungsweise hat der Wertstrom noch einen Sinn? ➲ Wir verstehen den grundsätzlichen Wertbeitrag und haben das gleiche Verständnis wie das Business?
3. Welche Kontrollen müssen beachtet werden und nach welchen Regeln wird entschieden? ➲ Wir verstehen die erforderliche Compliance, um Regeln explizit und damit automatisierbar zu machen.

4. Welche Schritte sind zwingend erforderlich, welche können wegfallen? ➲ Wir fokussieren nur auf das Wesentliche.
5. Wie können wir Tools und Datenströme ohne Medienbrüche harmonisieren? ➲ Wir optimieren den Ablauf in Bezug auf Werkzeuge, Informationen, Handlungen, ...
6. Wie sieht der optimale, gewünschte Wertstrom aus? ➲ Wir kreieren den Sollstrom in Bezug auf konstantem, unterbrechungsfreiem Durchlauf, Datenströmen und Entscheidungspunkten und -regeln
7. Wie kann der Wertstrom automatisiert werden? ➲ Wir finden technische Lösungen für den idealen integrierten Wertstrom (Tool Chain)

Wenn wir jetzt automatisieren, erreichen wir eine ganzheitliche Optimierung der Durchlaufzeiten, Reduktion von Wartezeiten und konstant hohe Ergebnisqualität. Wir reduzieren die Cost of Delay und kommen damit dem Wunsch der schnelleren und vereinbarten Bereitstellung der Services, wie beispielsweise Same Day Delivery oder Instant Delivery näher.

Wert des Standpunktes

Die jeweiligen Fachbereiche erwarten heute, dass die IT-Services schneller, besser und zudem effizienter oder gar günstiger bereitgestellt werden. Solche Ziele können nur erreicht werden, wenn die Abläufe automatisiert und standardisiert werden. Nur dadurch können Abläufe immer wieder durchlaufen und eine definierte Qualität sichergestellt werden. Aber wie wir gelernt haben, muss ein Ablauf zuerst optimiert werden können, damit nicht ein scheiß digitalisierter Prozess entsteht. Hier leistet das Value Stream Management einen großen Beitrag, indem der End-to-End Value Stream transparent gemacht wird und die verschiedenen bestehenden Einschränkungen, Abhängigkeiten, Warteschlangen und Medienbrüche erkannt werden. Durch sukzessives Optimieren und Straffen der beteiligten Prozesse im Wertstrom kann ein konstanter Durchfluss garantiert und auf dieser Basis automatisiert werden.

Der große Wert für das Unternehmen liegt jedoch nicht allein in der Automatisierung. Vielmehr können die Ressourcen anstelle von Routinetätigkeiten nun effizienter für Non-Standard-Anfragen oder zielgerichteter in die Weiterentwicklung der Unternehmensstrategie eingesetzt werden. Insgesamt werden mit Value Stream Management und Automatisierung der Fokus auf die wesentlichen Herausforderungen im Unternehmen gelenkt.

Standpunkt 5: Value Streams unterstützen Agilität

Schnell. Schneller, höher und weiter! – Unternehmen werden mehr denn je gefordert, sich noch eiliger auf veränderte Situation einzustellen und dabei die unterschiedlichsten Erwartungen zu erfüllen. Das betrifft einerseits die Märkte und Wettbewerbssituationen (Kunden und Lieferanten), in denen sie sich bewegen, andererseits Stakeholdergruppen wie Mitarbeitende, Partner, Eigentümer, Interessensvertreter und so weiter. Viele Aktivitäten, die in den letzten Jahren zur Bewältigung dieser unterschiedlichsten Herausforderungen unternommen werden, lassen sich unter dem Stichwort »Agil« zusammenfassen. Zum Beispiel, wenn Programme zur agilen Transformation initiiert und durchgeführt wurden.

Ausgangslage

Die Verheißung und Zielsetzung: Agile Organisationen sind anpassungsfähig(er) und können auf die aktuellen und zukünftigen Herausforderungen schneller reagieren. Sie basieren dabei nicht auf der Nutzung eines speziellen Frameworks, sondern sind durch Umsetzung verschiedener Prinzipien (zum Beispiel eigenverantwortliche Teams, kurze Feedbackzyklen, iteratives und inkrementelles Vorgehen, Fehlerkultur und so weiter) wandlungs- und reaktionsfähig. Wertschöpfung soll direkt beim Kunden entstehen. Hierfür sollen DevOps und der Einsatz agiler Methoden (wie Scrum, Kanban und weitere) im täglichen Arbeiten für den nötigen Flow und Geschwindigkeit sorgen.

Eine große Herausforderung agiler Organisationen ist die übergreifende Steuerung und Zusammenarbeit der Teams. Die Sicherstellung von Governance, Compliance, Budgetierung, Erfolgsorientierung und -messung sind einige Beispiele hierfür. Eine weitere Herausforderung ist die Befähigung der Personen und der Organisation, Agilität so zu verstehen und umzusetzen, dass es auf die eigene Situation anwendbar ist und sich kontinuierlich weiterentwickelt.

Standpunkt

Die Notwendigkeit, Unternehmen wandlungsfähiger auf innere und äußere Veränderungen zu gestalten, ist unbestritten. Die Nutzung des Value Stream Ansatzes soll dabei helfen und unterstützen, Versäumnisse und nicht genutzte Gelegenheiten aus der Vergangenheit zukünftig zu vermeiden sowie eine agile Transformation einzuläuten beziehungsweise abzusichern und wenn möglich sogar zu beschleunigen.

Mittels Value Stream Management ist eine sachliche Analyse der Ist-Situation möglich. Darauf aufbauend lässt sich unter definierten und nachvollziehbaren Zielsetzungen eine Soll-Situation entwickeln. Es werden unternehmensindividuell alle Aktivitäten zwischen den Anforderungen eines Kunden und der Befriedigung seines (individuellen) Bedarfs und der Anforderungen (Value) betrachtet. Wenn der Sinn der Aufgabe und des eigenen Beitrags klar ist, fällt es leichter, das Wie und das Was zu erklären und zu bearbeiten.

Die Betrachtung von Value Streams kann dabei helfen, bestehende Silostrukturen in Unternehmen aufzubrechen und eine agile Transformation voranzubringen. Value Streams können in einem Unternehmen ganzheitlich betrachtet werden (als komplexer gemeinsamer Value Stream über alle Geschäftsbereiche hinweg) oder sich nach einzelnen Produkten und Services ausrichten.

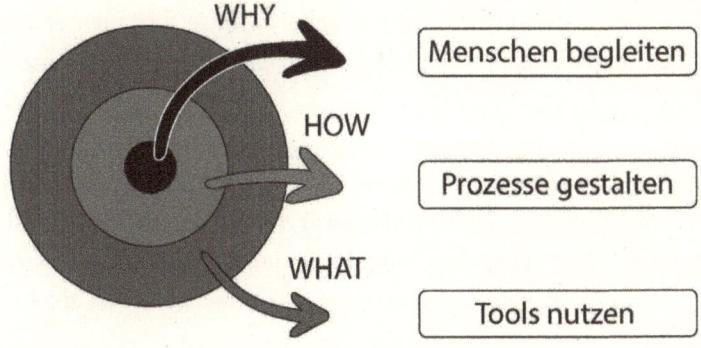

Abbildung 9 The Golden Circle – Why, How, What (Bildquelle: https://www.hrdiamonds.com/en/services)

Value Streams als Werkzeug in agil ausgerichteten Unternehmen können Verantwortlichen dabei helfen, die zu erwartenden Mehrwerte zu verstehen, sie zu organisieren und durch geeignete Maßnahmen zu optimieren (beispielsweise unter Berücksichtigung von Lean Management Prinzipien).

Wir wollen an dieser Stelle kurz auf die Systemgesetze eingehen, weil diese sehr schön zur Erklärung unter anderem von Reaktionen in Veränderungsprozessen genutzt werden können: Systemgesetze sind sogenannte Wirkungsgesetze und definiert als innewohnendes Ordnungsprinzip, welche im Verborgenen wirkt. Sie sind permanent wirksam, unabhängig davon, ob es in dem System ein Bewusstsein für sie gibt oder nicht. Bestehende Wirkungsgesetze können somit auch nicht einfach bewusst abgeschafft oder außer Kraft gesetzt werden. Eine Organisation hat demnach immer ein ihr innewohnendes Wissen darüber, was ihre Zukunftsfähigkeit sichert und was sie gefährdet. Verstößt ein Teil des Systems (Person, Gruppe, Abteilung, Bereich) gegen diese Prinzipien, kommt es zu Irritationen wie beispielsweise internen Machtkämpfen. Mögliche Folgen eines Verstoßes gegen bestehende Wirkungsgesetze sind ausbrechendes Chaos, Unsicherheit über anzustrebende Ziele, Perspektivlosigkeit oder letztlich der Verlust von Kunden. Die Beachtung und Wahrnehmung der eigenen Systemgesetze hingegen erzeugt inhärente Lösungen und ein Verständnis für einen reibungslosen (Geschäfts-) Ablauf.

Die Anerkennung der eigenen Systemgesetze liefert das Fundament für die Erfüllung bestehender Grundbedürfnisse in zwischenmenschlichen Systemen (Hanseatisches Institut für Coaching, Mediation und Führung, https://www. hanseatisches-institut.de/systemgesetze, abgerufen am 3. Mai 2022):

- Zugehörigkeit (kein Ausschluss)
- Anerkennung, Wertschätzung, Respekt
- Gleichgewicht von Geben und Nehmen
- Früher vor später hat Vorrang
- Höhere Verantwortung, höherer Ansatz hat Vorrang
- Mehr Kompetenz, mehr Wissen hat Vorrang
- Neues System vor Altem System
- Gesamtsystem vor Einzelperson oder Untersystem
- Aussprechen/Anerkennen, was ist (zum Beispiel »Es tut mir leid«)
- Ausgleich schaffen

Wertbeitrag

Wertströme funktionieren in jeder Organisationsform. Es muss nicht zwingend eine agil ausgerichtete Unternehmung sein. Gleichwohl ist die Wertstrombetrachtung in Organisationen sehr hilfreich für Unternehmen, die sich der Agilität verschrieben haben.

Organisationen, die ihre Wertströme kennen und wissen, wann welche Schritte zu tun beziehungsweise einzuleiten sind, treffen mehr gute Entscheidungen, weil sie die Konsequenzen einzelner Maßnahmen frühzeitig für den Wertstrom abschätzen können und im Sinne echter Agilität auf sich verändernde Umweltbedingungen leichter und zielgerichteter reagieren können.

Die Analyse der Value Streams ist ein methodisches Vorgehen und eine faktenbasierte Bewertung von Abläufen der Werterzeugung in der Organisation. Sie vermeidet es, mit eigenen und definierten Vorgaben zu agieren und respektiert auf diese Weise die Systemgesetze. Eine Wertstromanalyse ermittelt bewertbare Verschwendungen und Störungen im Wertstrom und zeigt gezielt Vorteile und Nutzen auf. Value Streams können ermittelt, betrachtet, bewertet und verglichen werden. Jeder, der dieses eher rationale Vorgehen mit der Kenntnis und dem Bewusstsein der Systemgesetze kombiniert, schafft nachhaltige und gezielt Erfolge im Rahmen der Organisationsveränderung.

Wichtig bei aller Unterschiedlichkeit, die es beim Definieren und Leben von Agilität in Unternehmen geben kann, ist, dass stets der Mensch mit seinen Bedürfnissen und Erwartungen im Mittelpunkt des Handelns und der erzeugten Werte steht. Eine starke Gemeinschaft beziehungsweise Organisation, die unter Berücksichtigung der Systemgesetze, achtsam und bewusst Wertströme generiert, ändert stetig die bestehende DNA einer Organisation. Durch diese Veränderungsprozesse wird der Grundstein für zukünftige Geschäftsmodelle gelegt. Die Mitarbeiter sehen sich als starke Menschen, die in ihrer Organisation aktiv und Verantwortung spürend die Zukunft aktiv gestalten.

Standpunkt 6: Value ist stets eine Frage der Perspektive

»Wert«, »Wertschöpfung«, »Value« ... die Begriffe rücken seit einigen Jahren zunehmend ins Zentrum der Gestaltung von Produkten und Services und werden inhaltlich weiterentwickelt.

Ausgangslage

Unternehmen erkennen übergreifend die Bedeutung des Value Stream Ansatzes und wollen mehr Wert und ein gutes Erlebnis für ihre Kunden erzeugen! Auf der anderen Seite stehen Herausforderungen, wie die Kosteneffizienz der Leistungen zu verbessen, sich dem Wettbewerb zu stellen, oder die Notwendigkeit neue Geschäftsmodelle zu entwickeln.

Das gesamte Handeln ist von der zentralen Frage des Why einer Organisation geleitet. Die Antwort liefert das Nutzenerlebnis (= Wert), das der Kunde hat. Was nicht wahrgenommen wird, was nicht als vorteilhaft empfunden wird und somit keinen Nutzen bietet, wird auch in letzter Konsequenz nicht bezahlt werden.

In der praktischen Umsetzung stellen sich in den meisten Organisationen immer wieder zwei Fragen:
- Wer genau sind diese Kunden?
- Was definiert dieser Kunde als Wert?

Die Antworten auf beide Fragen lassen sich mit den unterschiedlichen Perspektiven auf den Kunden in den folgenden Aussagen finden. Dazu gehört ebenso, über Systemgrenzen oder Teilsystemgrenzen hinwegzuschauen:

Bohrerhersteller: »Mit unseren Bohrern stellt der Baumarkt jeden Kunden zufrieden. Mit unseren Produkten zieht ein Baumarkt jene Kunden an, die Wert auf Qualität legen …«

Baumarkt: »In unserem Markt bekommt der Kunde die besten Sechs-Millimeter-Bohrer. Mit unserem Angebot an Bohrern kann ein Kunde – vom Gelegenheitsnutzer bis zum Profi – seine Bauideen umsetzen. Bei uns findet jeder das für ihn passende Produkt und wir maximieren unsere Umsatzmöglichkeiten.«

Handwerker: »Langlebigkeit und Qualität sind wichtig, denn gute Bohrer ermöglichen es mir, ohne ständige Neuanschaffungen meine Aufträge schnell abzuwickeln.«

Heimwerker: »Ich bohre nur selten, das muss einigermaßen funktionieren, dafür brauche ich keinen Superbohrer.«

ITIL-Trainer: »Die Bohrer interessieren den Kunden nicht. Er möchte kein Sechs-Millimeter-Bohrer, sondern ein Sechs-Millimeter-Loch in seine Wand bekommen.«

Was möchte der Kunde eigentlich? »Mich interessiert kein Loch in der Wand. Im Gegenteil, es nervt. Ich möchte lediglich ein behagliches Zuhause und für mich gehört ein schönes Bild an der Wand dazu ...«

Je nach gewählter Perspektive und Systemgrenze verschieben sich die Anforderungen, Wünsche und Zahlungsbereitschaften der jeweiligen Kunden. Alle Beteiligten vom Bohrerhersteller über den Baumarkt bis hin zum Handwerker arbeiten jedoch am Value Stream für einen Endkunden. Eine kundenzentrierte Perspektive einen solchen unternehmensübergreifenden Wertstrom bedeutet: Wie kann ich es dem Kunden ermöglichen, einen für ihn behaglichen Wohnraum zu schaffen? Alle anderen Schritte sind nur Wege und Mittel zu diesem übergeordneten Zweck.

Wie halten wir das also richtig auseinander? Was bedeutet das für die jeweilige Organisation? Was hat das mit den eigenen Wertströmen zu tun?

Standpunkt: Value ist perspektivenabhängig

Folgende Perspektiven sind zu unterscheiden:

Stakeholderperspektive entlang der Wertschöpfungskette

Je nach betrachteter Systemgrenze finden sich unterschiedliche Stakeholder in der Kundenrolle wieder:

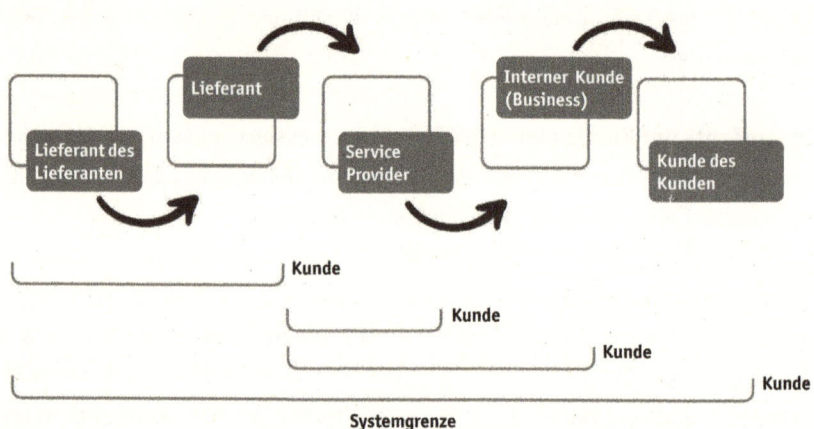

Abbildung 10: Stakeholderperspektive entlang der Wertschöpfungskette

Die Abbildung 10 zeigt mögliche bestehende Systemgrenzen auf. Innerhalb der Einzelsysteme lässt sich untersuchen, welche Aktivitäten darin durchgeführt werden und wie sie mit ihrer relevanten Umwelt interagieren. Die Bewertung und Betrachtung des Value Streams (der Wertschöpfungskette) erfolgen in der Regel zunächst innerhalb des Unternehmens. Sie sollte nicht zu komplex oder zu kleinteilig sein.

Daher sollten, unabhängig von für die eigenen Betrachtungen gewählten Flughöhe – dem Detaillierungsgrad – die Systemgrenzen passend gewählt werden.

Jede am Value Stream beteiligte Person sollte ihren oder seinen persönlichen Beitrag am Value kennen, sollte den Sinn verstehen, sollte die gesamte Arbeitskraft darauf fokussieren. Reicht es hier aus von »sollte« zu sprechen? Nein! Das es ist schon ein Muss. Wenn jeder Beteiligte seinen Wertbeitrag kennt, dann ist die richtige Perspektive gefunden.

Stakeholderperspektive innerhalb und außerhalb der Wertschöpfungskette

Die primäre Ausgangsbasis ist unstrittig die Kundenperspektive. Wenn wir für den Kunden unserer Organisation (egal ob intern oder extern) keinen Wert liefern, verfehlt unsere Organisation das Ziel des Schöpfens. Die Wertschöpfung für den Kunden trägt in erster Linie zum Erhalt unserer Organisation bei.

Damit der Wertstrom so gut wie möglich funktioniert, müssen weitere Werte für die Organisation selbst abfallen: zum Beispiel Gewinne für die Eigentümer, Einkommen oder Teilhabe für die Mitarbeitenden, Beteiligung an einem Ziel, Ansprechen der intrinsischen Motivation, gesellschaftlicher oder ökologischer Nutzen, um auszugsweise Werte beziehungsweise Motive zu nennen, weshalb die Beteiligten oder die Umgebung für den Wert des Kunden engagiert.

Welche Form, im Folgenden »Währung« genannt, der gewünschte Wert haben muss, um als solcher wahrgenommen zu werden, geht über reine monetäre Aspekte hinaus:

Währungsperspektive

Wenn wir wissen, wer unsere Kunden sind, lässt sich der Wert mit deren Hilfe bestimmen. Das ist wichtig, denn nur zusammen mit den Kunden können Wertbeiträge bestimmt und validiert werden. Aus erreichten Erfolgen können wir Motivation für uns selbst und unser zukünftiges Handeln ziehen.

Die Herausforderung ist, dass der Wert häufig subjektiv bestimmt wird und innerhalb der Stakeholder nicht immer gleich ist. Die Währung des Wertes, kann je nach Stakeholder unterschiedlich sein:

Abbildung 11: Die möglichen Währungen des Wertes

Wir erkennen in der Darstellung eine Reihe von nicht-monetären Währungen. Und diese stehen für unser Verständnis von Value. Value wird in mehr als Geld gemessen. Werte werden aber nicht nur durch unterschiedliche Stakeholder unterschiedlich wahrgenommen und gewichtet, sie sind darüber hinaus dynamisch veränderbar. Das beste Beispiel sind Saisonartikel wie Weihnachts- oder Osterartikel, sie sind nur zu bestimmten Zeiten im Jahr nachgefragt.

Wert des Standpunktes

Wir müssen also die Anwendungsszenarien unserer Kunden kennen und wissen, welchen Nutzen sie aus der Anwendung der bereitgestellten Produkte oder Services ziehen. Im Sinne der Co-Creation können wir diese mit dem

Kunden gemeinsam weiterentwickeln, anpassen oder neue entwickeln, um im Fokus der Wertorientierung des Kunden zu bleiben.

Wenn wir einen Value Stream auf den richtigen Value ausrichten möchten, müssen wir klar herausarbeiten, welche Perspektive für die Kunden relevant ist. Das heißt, auf welcher Ebene schauen sie auf den Wert, in welchen Währungen bemessen sie den Wert und verändert sich der Blickwinkel im Laufe der Zeit? Mit diesem Bewusstsein können wir Werte immer wieder hinterfragen und unseren Wertstrom anpassen. Es geht jedenfalls nicht darum, was wir für wichtig halten, es geht immer nur darum, was dem Kunden nützt. Sonst verkauft es sich nicht.

Der Blick auf die richtige Flughöhe hilft dabei, lokale Optimierungen zu vermeiden. Was hilft es, wenn wir uns um die Optimierung der Softwareverteilung kümmern, um zwei Stunden zu gewinnen, während der gelieferte PC eine Woche im Lager liegt, bevor er registriert und konfiguriert werden kann?

Die Frage nach dem Wert und dem Kunden aus der richtigen Perspektive heraus eröffnet den Raum, zukunftsorientiert das Richtige im Sinne des Kundennutzen zu tun. Dabei kann der Kundennutzen wiederum nur Mittel zum Zweck sein, einen darüber liegenden Wert zu schaffen. Die Optimierung auf diesen Wert hin eliminiert Überflüssiges und schafft Raum, sich neuen und besseren Ideen zuzuwenden.

Standpunkt 7: Value Streams bringen neue Arten von Verantwortung

Hierarchisch organisierte Unternehmen haben ein klares Verständnis von Verantwortung. Es werden Verantwortliche bestimmt, denen Aufgaben, Kompetenzen und Entscheidungsbereiche zugewiesen werden. Häufig orientieren sich die Unternehmen dabei an etablierten Frameworks (zum Beispiel Scrum oder ITIL), die je nach Historie, Zielsetzung und Ausrichtung unterschiedliche Rollen kennen und vorschlagen. Auf diese Weise wird die Zuweisung personenunabhängig. Daneben werden Aufgaben in einer RACI oder RASCI-Matrix zugeordnet. Über diese Konstrukte werden übergeordnete Ziele und Aufgaben in der gesamten Organisation auf untergeordnete Bereiche heruntergebrochen, zum Beispiel auf Prozesse, Produkte, Projekte, Services, Abteilungen oder Teams.

Ausgangslage

Bei einer Value Stream Betrachtung sind in der Regel viele Verantwortliche und Entscheidungsbereiche betroffen, weil aufgrund der arbeitsteiligen Organisation unterschiedliche Bereiche vom Value Stream im Unternehmen durchlaufen werden. Wie viele Bereiche ein Wertstrom durchläuft, liegt an der Komplexität des Geschäftsmodells, der Arbeitsteiligkeit und den notwendigen Schritten. Etablierte Rollen wie Service oder Product Owner können eine Teilverantwortung für den Wertstrom haben, wenn dabei ihr Produkt oder Service betroffen ist. Das ist der Fall, wenn ihr Produkt im betrachteten Wertstrom einen Wert für den Abnehmer liefert. Diese Verantwortung ist jedoch selten vollumfänglich, weil im Wertstrom zusätzlich weitere Produkte oder Services beteiligt sind. Aber auch zur Optimierung ihres Wertstroms sind Absprachen und Vereinbarungen zwischen den einzelnen (Teil-)Verantwortlichen notwendig. Eine umfassende, übergreifende Darstellung und Analyse des Wertstroms für das betreffende Produkt helfen dabei.

Standpunkt Value Streams bringen neue Arten von Verantwortung

Der Ansatz von Value Stream Management benötigt per se keinen speziell dafür Verantwortlichen. Es werden die Aktivitäten ermittelt, die einen Wert für den oder die Kunden schaffen, unabhängig von aufbau- oder ablauforganisatorischen Strukturen. Wenn man Value Stream Management jedoch als übergreifenden, ganzheitlichen Ansatz versteht, um Organisationen zu optimieren oder gar neue Geschäftsmodelle zu generieren, dann ist die Etablierung eines umfassend Verantwortlichen sinnvoll. Dieser kann die Teilschritte einer Wertschöpfungskette identifizieren und einen Rahmen schaffen, der alle Beteiligten einbezieht. Je nach betrachtetem Aspekt in der Wertschöpfungskette können dies einzelne Abteilungen, Prozesse, Services oder Produkte sein. Diese haben wie eingangs erläutert bereits eine definierte Verantwortung. Das bedeutet, dass Value Streams eine neue Dimension von Verantwortung benötigen, die sich in zwei Ausprägungen darstellen kann:

1. Es wird ein Value Stream Verantwortlicher (VSV) als neue, übergeordnete Rolle geschaffen. Diese Rolle hat die Abläufe der gesamten Organisation im Blick. Sein Ziel ist es, Denken und Handeln im Unternehmen zu beeinflussen und somit Awareness für Wertstromorientierung zu schaffen.
2. Die Value Stream Verantwortung wird auf eher operativem Niveau zugewiesen, indem bestehende Rollen wie Product oder Service Owner erweitert oder verändert werden. Die neue Art der Verantwortung auf eher operativem Niveau liegt nahe, wenn der Wertstrom bereits vorhanden ist und sich im täglichen Handeln niederschlägt.

Diese beiden Varianten werden im Folgenden detaillierter erläutert.

Der Value Stream Verantwortliche (VSM)

Verfolgt man mit Value Stream Management konsequent die Zielsetzung einer umfassenden und durchgängigen Optimierung der Wertströme sind klassische Vorgehensweisen und Verantwortlichkeiten nicht mehr ausreichend. Insbesondere traditionell aufgestellte Organisationen müssen sich klar darüber werden, wie sie Value Stream Management in ihrer Organisation nutzen und implementieren können. Es braucht einen Sponsor aus dem obersten Management, weil in einem Value Stream unter Umständen viele Bereichsfürsten mit ihren eigenen Interessen beteiligt sind. Eine übergreifende Optimierung funktioniert langfristig gesehen nur, wenn der oder die Verantwortliche das Mandat und die Befugnis hat, das übergeordnete Interesse durchzusetzen. Es stellt sich konkret für die Praxis die Frage, wie weitgreifend die Entscheidungskraft für den Verantwortlichen reichen soll. Ist er Wertstrombittsteller, der gegen existierende Strukturen arbeitet und sie nicht ändern darf? Ist er Berater, der den Entscheidern die guten Dinge einflüstert und damit Änderungen initiiert? Oder ist er gar Entscheider, der Strukturen umbaut und somit nachhaltige Änderungen umsetzt?

Erweiterung bestehender Rollen mit Value Stream Verantwortung

Wenn ein Wertstrom bereits transparent ist und sich die Wertstromorientierung im täglichen Handeln oder in der Organisation sichtbar niederschlägt, ist eine neue (zusätzlich) formale Rolle nicht unbedingt notwendig. Das kann beispielsweise der Fall sein, wenn bereits crossfunktionale Teams mit einer Produktverantwortung erfolgreich etabliert wurden. Es kann also alternativ zu der oben beschriebenen eindeutigen Rolle und Verantwortlichkeit auf führender Ebene im Sinne eines Bottom-up-Ansatzes bestehende Rollen erweitert beziehungsweise angepasst werden, beispielsweise Service oder Product Owner beziehungsweise Projektverantwortliche. Das setzt voraus, dass die Organisation bereits Ansätze für eine Wertstromorientierung implementiert hat und die Idee sowie das Konzept verstanden hat.

Rolle Product Owner

In einer Organisation, die sich an Frameworks wie Scrum orientiert, hat ein Product Owner eine Ende-zu-Ende Verantwortung für ein oder mehrere Produkte. Die Rolle ist für ihr Produkt ergebnisverantwortlich und dieses Produkt ist das Objekt der Wertstrombetrachtung. In ihrem Produkt werden eventuell auch andere Produkte genutzt oder sein Produkt wird von anderen Produkten konsumiert.

Rolle Service Owner

In einer serviceorientierten Organisation hat ein Service Owner eine Ende-zu-Ende Verantwortung für einen oder mehrere Services. Er ist für seinen Service ergebnisverantwortlich und dieser Service ist das Objekt der Wertstrombetrachtung. In seinem Service werden eventuell auch andere Services genutzt oder sein Service ist in andere Services eingebettet. Damit ist seine Verantwortung für den serviceorientierten Wertstrom analog zum Product Owner abzuleiten.

Rolle Process Owner

Wenn eine prozessorientierte Organisation besteht, hat der Process Owner eine Ende-zu-Ende Verantwortung für einen oder mehrere Prozesse, wie zum Beispiel Onboarding oder Service Request Management und ist für den definierten Output verantwortlich als Teil eines definierten Produkts oder Service.

Wertbeitrag

Die Zielsetzung bei Value Streams ist die Optimierung der Durchlaufzeit und die Verbesserung des Ergebnisses mit ständigem Blick auf den Mehrwert für den Kunden. Der Standpunkt dieses Beitrags vermeidet eine klare Festlegung und damit eben auch eine Empfehlung für die Praxis. Es ist zwar hilfreich, eine besetzte Rolle zu haben, die den Blick für Wertstromorientierung schärft und die Beteiligten an einen Tisch holt. Erfolgen jedoch keine strukturellen Änderungen als Ergebnis des Blicks auf den Wertstrom, wird sich die Situation nur unmerklich ändern oder verbessern. Man kann diese Problematik auf die folgende Frage reduzieren: Hat der Value Stream Verantwortliche auch das Mandat, notwendige strukturelle Änderungen einzuleiten und umzusetzen?

Bei der Klärung der Frage nach Verantwortung ist der Standpunkt wichtig. Wird Value Stream Management als Organisationsansatz betrachtet, dann muss ein Value Stream Verantwortlicher etabliert werden. Wenn die Wertstrombetrachtung lediglich zur Analyse und Optimierung des Bestehenden genutzt wird, ist das nicht notwendig und die beschriebene zweite Variante kann gewählt werden.

Standpunkt 8: Value und Compliance sind kein Widerspruch

Begriffe wie »Compliance« und »Governance« gehören oft zu den Themen, die uns nicht jeden Tag im Alltag begegnen. Ihre genaue Bedeutung und ihre Abgrenzung zueinander sind uns daher oftmals nicht so klar. »Ich weiß zwar ungefähr, worum es geht, bin mir aber nicht so ganz sicher« ist eine häufig gehörte Antwort.

Ausgangslage

Zum besseren Verständnis sollen zunächst diese grundlegenden Begriffe erklärt werden:

Compliance ist das Einhalten interner sowie externer Normen für die Bereitstellung und die Verarbeitung von Informationen. Diese beinhaltet unter anderem Vorgaben aus Normierungsbestrebungen und die Zugriffsreglementierung für die Daten sowie die gesetzlichen Rahmenbedingungen (zum Beispiel DSGVO, Basel III) für deren Verwendung. (Wikipedia)

Governance: Die Methode, mit der ein Unternehmen sicherstellt, dass die Bedürfnisse, Voraussetzungen und Optionen der Stakeholder bewertet werden, um zu bestimmen, dass ausgewogene, vereinbarte Unternehmensziele erreicht werden. Es beinhaltet die Festlegung der Ziele durch Priorisierung und Entscheidungsfindung sowie die Überwachung der Leistung und Einhaltung der vereinbarten Vorgaben und Ziele. (ISACA)

Eine gelebte Good Corporate Governance heißt, dass Unternehmen, die Compliance-Anforderungen befolgen, Risiken angemessen beantworten und gleichzeitig den Wert des Unternehmens steigern. Governance und Compliance haben also etwas mit einem Regelwerk zu tun. Von Geboten, Kontrollen und Verboten, die einzuhalten sind, da sonst das Unternehmen bestraft wird. Dies macht die Rolle der dafür Verantwortlichen im Unternehmen alles andere als einfach.

In vielen Fällen liegen die Prioritäten der Beteiligten zunächst eher im Bereich der Funktionalität und Leistung, was oft als der eigentliche Mehrwert, respektive Value, verstanden wird. Wir möchten beispielsweise eine neue Cloud Software nutzen. Diese ist viel schneller und für unseren Vertrieb einfacher zu nutzen als die bisherige Lösung, hat also einen deutlich größeren Mehrwert (Value).

Kommt jetzt der Compliance Beauftragte mit dazu, führt das oft zu einem gefühlten Spannungsfeld. Rein funktional betrachtet, ist die ausgewählte Cloud-Lösung die beste Wahl, aber ... ist sie auch DSVGO konform? Das muss ja erst einmal geprüft werden ... Complianceanforderungen werden demnach eher als Belastung und Wertminderung wahrgenommen, da der Nutzen nicht immer direkt ersichtlich ist.

Standpunkt: Value und Compliance sind kein Widerspruch

Betrachten wir beispielsweise ein Produkt wie ein Auto, so kann man die Leistung des Autos anhand der PS sehr genau messen. Lassen wir aber die Bremsen oder Knautschzonen einfach mal weg, dann ist der Wert des Autos trotz vieler PS in der Gesamtbetrachtung nicht wirklich groß. Niemand würde ein Auto ohne Bremsen fahren.

Übertragen auf unsere geplante Softwareeinführung, stellt sich also die Frage, würde das Unternehmen in der Gesamtbetrachtung wirklich einen Mehrwert (Value) erzielen, wenn es eine performantere Cloud-Lösung nutzen würde, sich aber gleichzeitig dem Risiko aussetzen, bei Nichteinhaltung datenschutzrechtlicher Bestimmungen mit empfindlichen Bußgeldern und dem Rückbau der Software rechnen zu müssen? Sicherlich nicht!

Value ist also mehr als reine Leistung, respektive Performance
Wenn das ultimative Ziel der Organisation oder des Produktes das Erreichen eines Mehrwerts (Value) darstellt, dann müssen sich die Performance- und Complianceziele ausbalancieren.

Aus dieser Sicht können Value und Compliance nicht im Widerspruch stehen
Vielmehr ist bei Fehlen der Compliance ein Value nicht wirklich gegeben. Viel wichtiger ist, zu betrachten, wie effizient die Leistung (Performance) und Compliance sichergestellt werden können. Falsche oder unpassende Verfahren können sowohl die Leistungsfähigkeit des Service oder Produktes wie auch die Gewährleistung der Compliance stark beeinträchtigen.

Während sich die Complianceziele an der Erreichung von Kontrollzielen orientieren, fokussiert man sich bei den Performancezielen direkt an der Geschäftsstrategie. Um den Mehrwert oder Value steigern zu können, darf also die Leistung nicht auf Kosten der Compliance optimiert werden.

Der notwendige Aufwand für die Sicherstellung der Compliance darf und muss optimiert werden. Die Angemessenheit dieses Aufwandes hängt von der konkreten Situation und des Unternehmens ab. Die Effizienz und Effektivität müssen gesteuert werden, um einen optimalen Wert zu erzielen.

Diese Steuerung wird Governance genannt. Governance braucht es, damit die Performance und Compliance optimal ausbalanciert werden kann und keiner der beiden Komponenten ein Übergewicht erhält.

Gemäß der oben genannten Definition besteht Governance aus einer Reihe von Verantwortlichkeiten und Praktiken zur Sicherstellung dieses Values, respektive zur Ausbalancierung von Performance und Compliance.

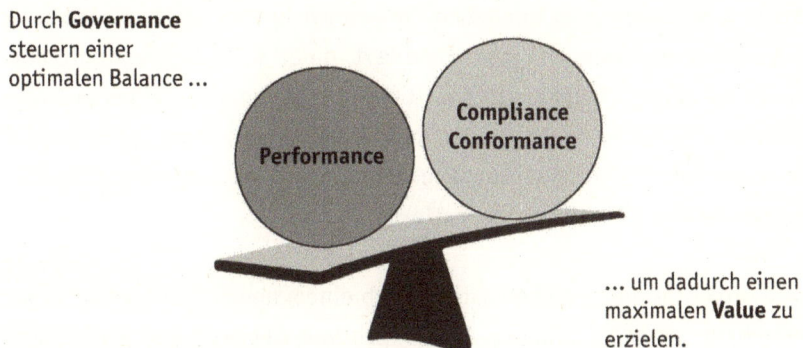

Abbildung 12: Balance aus Performance und Compliance/Conformance

Governance stellt auch in der IT sicher, dass die Produkte und Services die Unternehmensziele und Strategie optimal unterstützen und damit Werte optimiert.

Wert des Standpunktes

Wenn aufgrund fehlender oder falscher Informationen entschieden wird und dadurch die Performance- und Compliancevorgaben nicht erreicht werden, sind die strategischen Ziele und damit der angestrebte Value erheblich gefährdet und damit ein Risiko für das Unternehmen. Dieses Risiko ist wiederum über Governance-Maßnahmen handzuhaben.

Auf CEO-Ebene sind Compliance und Value kein Widerspruch. Über Delegationen werden aber mehr und mehr Rollen geschaffen, welche unterschiedliche Ziele für sich verfolgen. Ein Zielkonflikt entsteht dann, wenn Rolle A das Ziel Performance verfolgt, während Rolle B sich auf die Einhaltung der Compliance fokussiert.

Die Einrichtung von Kontrollen zur Sicherstellung der Compliance ist mit Kosten verbunden. Die Sicherstellung des Bankgeheimnisses zum Beispiel verlangt entsprechende Schutzmaßnahmen, welche per se nichts mit der Leistung des Services zu tun haben. Ohne diese Kontrollen ist es jedoch für den Bankkunden kein wirklicher Mehrwert, da er durch beabsichtigte oder unbeabsichtigte Offenlegung seiner Geschäftsbeziehungen einen enormen Schaden erleiden kann. Demgegenüber ist der Value jedoch optimal, wenn die Performance seines Bankkontos gesteigert wird und gleichzeitig die Compliancevorschriften effizient und effektiv sind.

Viele Organisationen streben aktuell nach einem neuen Betriebsmodell mit vermehrter agiler Ausrichtung. Als ein wichtiges Ziel des neuen Modells wird dabei oft die Entledigung von starren Prozessen und Vorschriften hervorgehoben. Die Einhaltung der Vorschriften, respektive die Compliance oder auch Konformität, erscheint hierzu in einem Widerspruch.

Bei der Betrachtung von Value und Compliance dürfen wir also nicht einem falschen Narrativ unterliegen, dass Compliance als wertvernichtend zu betrachten ist. Vielmehr ist die Fähigkeit einer Organisation, ein Service oder eines Produktes die Compliance effizient und effektiv zu gewährleisten als ein echter Value Treiber zu verstehen. Daher sind Value und Compliance nicht im Widerspruch sondern untrennbare voneinander abhängig: kein Value ohne Compliance.

Standpunkt 9: Value Streams nur noch mit Informationstechnologie

Bei der Gestaltung von Businesslösungen verlassen sich betroffene Unternehmensbereiche immer noch zu stark auf die eigenen Erfahrungen und Kenntnisse des Marktes, die Beibehaltung bestehender Prozesse und eine Eins-zu-Eins-Fortführung des laufenden Geschäftsmodells. Das Potenzial der Informationstechnologie als möglicher innovativer Treiber neuer Lösungen wird oft zu spät oder gar nicht berücksichtigt.

Ausgangslage

Diese Situation führt oft dazu, dass die Informationstechnologie zwar zur Abwicklung von Transaktionen eingesetzt wird – jedoch keinen echten Mehrwert zur neuen Positionierung des Unternehmens beiträgt. Dabei wird das Potenzial neuer Technologien nicht als Chance verstanden, neue Geschäftsmodelle zu generieren. Vorhandene Handlungsweisen werden automatisiert – jedoch nicht hinterfragt und bei Bedarf neugestaltet. So können digitale Transformationen nicht gelingen, weil diese nur mit den Möglichkeiten neuer Informationstechnologien wie IoT, künstliche Intelligenz oder Smart-Technologien möglich sind.

Den Fachbereichen und oft auch der bestehenden internen IT-Organisation fehlt dazu häufig das notwendige Verständnis und Erfahrung mit diesen Technologien. Dies ist erforderlich, weil das dazu nötige Spezialistenwissen und die Erfahrung nicht vorhanden ist und noch aufgebaut werden muss. Die Integration der beiden Technologien ist ein kritischer Erfolgsfaktor für die Digitalisierung. So fehlt die Sicht auf das verfügbare Potenzial für das Unternehmen. So bleiben oft auch bestehende Operationstechnologien (OT) auf Businessseite und Informationstechnologien (IT) separate und nicht integrierte Technologien. OT besteht aus Maschinen, physischen Anlagen und industriellen Soft- und Hardwarekomponenten, welche bis heute mehrheitlich von der Informationstechnologie abgegrenzt und mit separaten Netzwerken ausgestattet wurden. Während bei der IT die Vertraulichkeit, Integrität und Verfügbarkeit im Vordergrund stehen, sind es bei OT eher Arbeitssicherheit (Safety), Ausfallsicherheit und Produktivität. Dies muss in Zukunft zusammenwachsen können. Wenn die Konvergenz zwischen der physischen Welt (OT) und der digitalen Organisation nicht umgesetzt werden kann, dann werden Unternehmen nicht die notwendigen Innovationen vorantreiben können, welche für die Zukunft zwingend notwendig sind.

Standpunkt: Value Streams nur noch mit Informationstechnologie

Heute reicht es nicht mehr aus, die Informationstechnologie rein aus Sicht der Automatisierung und Optimierung von Abläufen zu nutzen. Es reicht auch nicht, nur auf Augenhöhe mit dem Geschäftsbetrieb zu sprechen, um frühzeitig über geplante Veränderungen informiert zu werden. Die neue Technologie selbst muss ins Zentrum gestellt werden und die IT muss dabei eine Schlüsselrolle einnehmen. Die Technologie ist der Treibstoff und der Treiber für neue Geschäftsmodelle. Je besser die Technik und der Einsatzzweck verstanden wird, desto besser kann der Geschäftszweck erreicht werden.

Für neue Geschäftsmodelle müssen die Value Streams heute grundsätzlich neu gedacht werden und mit den vorhandenen Technologien gestaltet werden. Einerseits wollen wir disruptiv neues Denken ermöglichen und andererseits zwingen uns die neuen Technologien dazu. Wir wollen nicht das Bestehende einfach digitalisieren. Mit dem Wissen des Potenzials aus den neuen Informationstechnologien sollen die angestrebten Mehrwerte innovativer und smarter realisiert werden können. So werden heute beispielsweise mit Smart-City-Lösungen die Bereiche Mobilität, Müllentsorgung, Energieverteilung, Luftqualität und vieles mehr durch intelligente Netzwerke aus verbundenen Maschinen, Infrastrukturen und Objekten zu optimierten und digitalisierten Wertströmen verbunden. Oder die Umstellung von klassischen

Autos auf Elektroautos ermöglicht einen völlig neuen Funktionsumfang im Fahrerbereich inklusive autonomes Fahren und Nutzung. Hier werden Wertströme auf verschiedenen Ebenen geschaffen: in der Energieversorgung, der Parkplatzsteuerung oder dem staufreien Autofahren. Ohne die Integration von künstlicher Intelligenz, Cloud-Lösungen und die Konvergenz mit dem Automobil wäre dies schlicht nicht möglich. Die Informationstechnologie im Zentrum gibt die Ausrichtung des Value Streams vor. Dies bedeutet, dass die verschiedenen involvierten Parteien über den gesamten Lebenszyklus von Industrieinitiativen hinweg einen Value Stream zur effizienten Zusammenarbeit entwickeln müssen. Erst durch die Erkennung des Potenzials von neuen Technologien lassen sich bahnbrechende Value Streams entwickeln. Diese neuen Value Streams müssen innovativ ausgestaltet und die Anforderungen an den Schutz, Leistungsfähigkeit, Sicherheit und Datenschutz integriert sicherstellen. Dies geschieht nur, wenn die involvierten Parteien ein gemeinsames Ökosystem bilden.

Wertbeitrag

Die Technologie steht im Zentrum künftiger Produkte und Serviceleistungen. Es reicht nicht, wenn die IT frühzeitig in das Gespräch mit den Fachbereichen einbezogen wird. Vielmehr muss die Technologie der Kern der künftigen Lösung sein und der Value Stream muss danach ausgerichtet werden. So kann sich das Business von bestehenden Denkmustern und Historien wegbewegen und das Geschäftsmodell grundsätzlich neu denken.

Die physische Welt mit OT wird dabei mit der IT zusammenwachsen können und so kreative und einzigartige Lösungen für die Kunden ermöglichen. Der Kunde wird dabei viel näher an den Produktionsprozess eingebunden und mit wertvollen Informationen versorgt. Andererseits können die Mitarbeiter in den verschiedenen Organisationen kompetenter zusammenarbeiten und in die jeweilige Technologiewelt eintauchen. Das heißt, beide Seiten beherrschen die notwendigen Methoden und haben das gegenseitige Verständnis über deren Anforderungen. Das erweitert deren Skills und fördert eine bessere Zusammenarbeit zwischen Business und IT.

So bringt nicht bloß jede beteiligte Organisation ihren Anteil in den Value Stream ein – sie definieren diesen gemeinsam zu einer innovativen Lösung. Die Identifikation mit dem Unternehmen, dem Value Stream und dem für die Kunden bereitgestellte Lösung wird verstärkt.

Standpunkt 10: Services sind digitale Produkte

Erfolgreiche Unternehmen stellen den Kunden, seine Bedürfnisse und vor allem das Nutzungserlebnis des Kunden in den Mittelpunkt des Handelns. Wir befinden uns weiterhin mitten im Wandel von einer besitzorientierten Gesellschaft (mein Auto, meine Jacht, mein Smartphone) hin zu einer nutzungsorientierten Gesellschaft (Carsharing, Wohnungssharing, Cloud-Computing). Es steht das konkrete Ergebnis im Mittelpunkt und nicht die vielen Möglichkeiten, die der Besitz einer Sache bietet. Dazu gehört die Erfüllung des Bedarfs unter Berücksichtigung unterschiedlicher Anforderungen.

Ausgangslage

Erfolgreiche Unternehmen haben Folgendes verstanden: Eine herausragende App, eine moderne Webseite oder ein fantastisches Endgerät reichen nicht aus, um den Kunden auf Dauer zu binden und zufriedenzustellen. Erfolgreiche Unternehmen haben verstanden, dass sie den gesamten Lebenszyklus des Kunden, die sogenannte Kundenreise oder Customer Journey, im Rahmen ihres Angebotes betrachten müssen: Der Kunde informiert sich, der Kunde probiert aus, der Kunde kauft, der Kunde nutzt, der Kunde hat Fragen oder Probleme und der Kunde braucht eine stetige Motivation, das Angebot weiterhin zu nutzen.

Das macht das Betätigungsfeld für die Anbieter von Leistungen um einiges größer als das, was wir unter den Begriffen wie »Produkt« und »Service« verstehen. Schauen wir uns zum Beispiel einen Musikstreamingdienst an. Welchen Umfang hat die Leistung, damit der Kunde ein herausragendes Nutzungserlebnis haben:

- Eine App herstellen, pflegen und weiterentwickeln, mit deren Hilfe Nutzer unkompliziert Musik hören können.
- Eine Backend-Infrastruktur bereitstellen, betreiben und weiterentwickeln, die wachsende Nutzungszahlen in immer gleicher Qualität bedienen kann.
- Kontinuierlich neue Rechte für Musik einkaufen und diese Rechte aktiv managen, damit ein attraktives Angebot für die Zielgruppe zur Verfügung steht.
- Ausschüttungsanteile von Einnahmen an die Rechteinhaber planen, steuern und durchführen.
- Werbung und Marketing für das eigene Angebot auf unterschiedlichsten Plattformen planen, durchführen, messen und auswerten, um neue Kunden zu gewinnen.
- Fragen, Wünsche und Probleme der Nutzer beantworten und lösen.
- Mögliche Regressansprüche der Rechteinhaber vermeiden.

Die Liste ist nicht vollständig, allerdings belegt sie ganz klar, was eingangs gesagt wurde: Es gehört viel mehr dazu als nur ein Produkt oder ein Service, um ein erfolgreiches Angebot am Markt zu etablieren.

Es geht immer vor allem darum, welches Nutzungserlebnis der Kunde hat und dabei dreht sich alles um die Frage: Was will der Kunde wirklich? Bei unserem Musikstreamingdienst geht es darum, dass ein Teil der Kunden immer und überall Musik hören möchte. Andere Kunden möchten die zugehörigen Lyrics lesen, wieder andere ein Musikvideo anschauen oder einen Podcast hören.

Unterschiedliche Anforderungen und Nutzungsszenarien sind Teil der Angebote im Musikstreaming.

Wie bereits erwähnt, ist das alles umfangreicher als das, was wir einzeln unter den Begriffen »Produkt« und »Service« verstehen. Die Diskussion, ob es sich um ein Produkt oder einen Service handelt, ist mühselig und lenkt nur davon ab, Werte für den Kunden zu schaffen.

Standpunkt: Services sind digitale Produkte

Die verschiedenen, scheinbar unüberwindbaren Sichtweisen der Begrifflichkeiten führen dazu, dass es Zeit ist, einen neuen, gemeinsamen Begriff zu prägen: Digitale Produkte, wobei Services ein wesentlicher Teil davon ist.

Produkte funktionieren nicht ohne Service und Services funktionieren nicht ohne Produkte. In der digitalen Welt bestehen Produkte sowie Services immer aus Informationstechnologien und Kommunikationskomponenten. Um nun eine klare Abgrenzung zu Produkten ohne geringsten IT-Bezug – wie beispielsweise ein einfacher Stuhl – zu erwirken, fassen wir Produkte und Services neu zusammen als ein digitales Produkt. Die Diskussion, ob etwas ein Service ist oder ein Produkt, ist in der Praxis verschwendete Zeit. Deswegen prägen wir den Begriff des digitalen Produktes.

Die Kombination aus Hardware, Software und Services erfüllt die Kundenbedürfnisse so gut, dass das Nutzungserlebnis dafür sorgt, dass sich die Kunden an Spotify, Apple Music oder Amazon Music langfristig binden. Das Zusammenwirken von einzelnen Produkten (App, Backendserver, Kundenservices) und den notwendigen Value Streams führt zu einem funktionierenden digitalen Produkt.

Das digitale Produkt besteht aus der direkten Interaktion mit dem Kunden und dahinter ablaufenden automatisierten und manuellen Prozessen. Die Gesamtheit der Prozesse ist der Weg, wie ein digitales Produkt Wert für den Kunden schafft. Das digitale Produkt schließt eine Klammer um Produktmanagement und Servicemanagement.

Das digitale Produkt ...

... ist abhängig von IT-Ressourcen und hat gegebenenfalls Abhängigkeiten zu anderen digitalen Produkten.

... enthält sowohl Bestandteile, die vornehmlich einen Produktcharakter haben als auch Bestandteile, die vornehmlich einen Service-Charakter haben.

... umfasst alle technischen und nichttechnischen Ressourcen und Abläufe, die notwendig sind, um ein optimales Nutzungserlebnis für den Kunden zu gewährleisten und damit dessen Bedürfnisse zu erfüllen.

... kann intern und extern vom Unternehmen verwendet werden.

... hat einen klar zugewiesenen Verantwortlichen, der das digitale Produkt Ende-zu-Ende im gesamten Lebenszyklus verantwortet.

Wertbeitrag

Unterschiedliche und oft konkurrierende Auffassungen darüber, was für den Kunden Wert generiert, führen in Unternehmen zu unnötigen Reibungsverlusten. Insbesondere in IT-Organisationen führt das dazu, dass aneinander vorbeigeredet wird. Im Sinne eines Value Stream Managements ist das ganz klassische Verschwendung und damit Wertverlust. Wenn dabei jede Seite sich zudem mit eigenen Begriffen das Weltbild zurechtrückt, ohne dabei die andere Seite verstehen zu wollen, dann wird ein Turmbau zu Babel realisiert und Silos werden manifestiert. Das führt dazu, dass im Inneren von Unternehmen die Kunden- und Wertorientierung nicht wirklich entstehen kann. Wir sehen fein säuberlich getrennte Verantwortungsbereiche geschnitten nach Fachgebieten, Technologien oder Standorten. Wir sehen einen Kampf um Geld, Macht und Einfluss der Fürsten dieser Silos.

Wie wäre es, wenn alle ihren persönlichen Wertbeitrag verstehen und sich mit der Leistung der Organisation identifizieren? Wie würden die Gewinne solcher Unternehmen aussehen, wenn alle an einem Strang in die gleiche Richtung ziehen? Der Fokus auf kundenzentrierte und funktionierende digitale Produkte setzt verschwendungsarme Value Streams voraus. Das ist ein Erfolgsfaktor für die Zukunftssicherheit unserer Unternehmen. Die Zusammenarbeit der Menschen und das gemeinsame Verständnis im Unternehmen ist der Schlüssel für den Unternehmenserfolg. Daher lohnt es sich, den Aufwand einer schweißtreibenden Veränderung des Unternehmens zu tragen.

Genau hier liegt der Wert des Standpunktes. »Services sind digitale Produkte«: Ziel ist es, dem internen und externen Kunden die bestmögliche Leistung zu liefern und ihn bei der Erfüllung seiner Aufgaben optimal zu unterstützen. Das gemeinsame Verständnis aller zu erbringenden und erwarteten Leistungen, machen das digitale Produkt aus. Das digitale Produkt ist das zentrale Ergebnis, welches es zu liefern gilt. Und dies gilt unabhängig davon, wo sich der Lebenszyklus dieses digitalen Produktes befindet: in der Planung, Entwicklung, Umsetzung, Bereitstellung oder Support. Dieses Lieferversprechen zu erfüllen, überwindet die Siloorganisation und führt zusammen mit dem Value Stream Ansatz zu wesentlich effizienteren Arbeitsweisen im Unternehmen, weniger Verschwendung und am Ende auch zu zufriedeneren Endkunden.

Anhang

Persönliche Statements der Autoren

Das Ziel, ein gemeinsames Buch zu schreiben, führt zwangsläufig dazu, dass die ein oder andere Ecke abgeschliffen wird. Das bedeutet, dass jeder Einzelne zurückstehen muss, um sich in der Gesamtheit einzubringen. Wir möchten daher jedem Autor hier die Möglichkeit geben, ein individuelles Statement zu geben.

Martin Andenmatten

Über Value Streams zu diskutieren und gemeinsam mit sieben Fachexperten in einem so besonderen Buch zu dokumentieren ist ein Lernprozess, der an die Substanz geht. Gerade als Fachexperte ist man besonders kritisch, wenn das eigene Verständnis für Wertströme immer wieder auf den Prüfstand gestellt wird. Aber gerade dieser Prozess des sich gegenseitig immer wieder zu hinterfragen, ist besonders lehrreich und zu einer unschätzbaren Erfahrung geworden, die ich nicht missen möchte.

Die Ausarbeitung der zehn Standpunkte hat uns immer wieder vor Augen geführt, wie wichtig Orientierung in der Umsetzung wird. In dieser Form sind die Standpunkte hier auch einmalig und in keinem Framework so transparent dargestellt. Ein Mehrwert, der sich definitiv lohnt – und wie die Geschichte zeigt, auch zum Erfolg führt.

Bernd Ebert

Ich arbeite bereits seit einigen Jahren mit Wertstrombetrachtungen und Value Stream Mapping. Deswegen war ich von der Idee, mit anderen Profis gemeinsam ein Buch zum Thema Wertströme zu schreiben, sehr angetan. Die eigenen Erfahrungen mit denen der Anderen in einem Buch zu bündeln, ist anspruchsvoll und erzeugt einen hohen Abstimmungsbedarf. Für die Gelegenheit mit Menschen zusammengearbeitet zu haben, die sich gegenseitig fordern, reflektieren und Konzepte hinterfragen, bin ich dankbar. Ich hoffe, dass die Ergebnisse für die Nutzer dieses Buches relevant und verwertbar sind, und wünsche viel Freude beim Lesen!

Finja Enke

Als Folkert mich gefragt hat, ob ich mich bei dem Vorhaben, ein Buch über Value Stream Management zu schreiben, einbringen will, war ich zunächst verunsichert, welchen Mehrwert ich leisten könnte. Doch da ich so offen, herzlich und wertschätzend in die Gruppe aufgenommen wurde, war es mir ein Leichtes, mich schnell zu integrieren. Ich habe von Anfang an viel von der Praxiserfahrung meiner Mitautoren lernen können und hatte großen Spaß daran, die Storyline des Romans auszuformulieren sowie die Fachbeiträge mit durchzudenken. Ich bin dankbar für die ganzen neuen und lehrreichen Erfahrungen, die ich durch Teilhabe an diesem Buchprojekt machen konnte und bin stolz auf das Ergebnis, welches wir gemeinsam erzielt haben.

Folkert Jung

Was mich antreibt, ist die Praxis. Ich will Methoden anwenden und den Nutzen dieser erleben. Wenn dies nicht gelingt, verliere ich das Interesse. So war es mit dem alten Wein in den Schläuchen der verschiedenen Management Praktiken. Mit Finja und den Herren aus dieser Arbeitsgruppe ist das scheinbar Unmögliche gelungen: Wir haben den Value Stream Gedanken in die Praxis gebracht, den Nutzen herausgeschält und nebenbei eine Geschichte darüber erzählt. Das war eine prägende Selbst- und Lernerfahrung: Gemeinsam ein Ziel zu verfolgen, das zwei Jahre trägt und dabei gleichberechtigt in der Gruppe zu wirken, etappenweise mal vornean zu laufen und sich mal mitziehen zu lassen. Das Ergebnis kann sich sehen lassen. Und du hältst es gerade in den Händen. Ich wünsche viele Freude und viel Wertgewinn!

Thomas Pröpper

Der gesamteinheitliche Blick in Value Streams über organisatorische und Prozessgrenzen hinaus ist nicht neu, aber oftmals aufgrund vorhandener Strukturen nicht umgesetzt. Dabei steckt darin so viel Potenzial. Das Buch gibt einen Einblick in eine Vielzahl von Gesprächen und Arbeitseinheiten innerhalb der Gruppe, die sich toll ergänzt und viele sich aus schon über Jahre kennen. So war es für mich sofort klar, daran mitzuwirken. Ende 2019 hatten wir viele Fragezeichen im Gesicht, heute viele Antworten und Ideen. To be continued.

Dierk Söllner

Die Begegnungen und Gespräche auf dem itSMF-Jahreskongress waren sehr ambivalent. Da war ein erprobtes und in die Jahre gekommenes Framework aktualisiert worden und die Anwender konnten beziehungsweise wollten damit nichts anfangen. Warum also nicht mit einer engagierten Gruppe von Experten etwas dagegen tun? Mir gefiel die Idee eines Buches, das als Fachbuch und Roman konzipiert war von Anfang an. Zwei Jahre sind eine lange Zeit und ich bin froh, diese Zeit mit allen Höhen und Tiefen durchgestanden zu haben. Mein Verständnis von Value Stream Management hat sich verfestigt und ist vielfältiger geworden. Die Arbeit im Autorenteam hat maßgeblich dazu beigetragen.

Ich möchte mich an dieser Stelle bei meiner Frau Susanne für die moralische Unterstützung bedanken. Sie hat für mich immer wieder eine gesunde Balance hergestellt. Einerseits gibt sie mir mit viel Verständnis, Freiraum und Zeit für die Passion als Berater und Coach sowie die Extrameile zu gehen, andererseits sorgt sie freundlich und konsequent permanent für Abstand dazu. Sie hilft mir, den Kopf freizubekommen, Abstand zu gewinnen und das Leben zu genießen.

José Silva

Als ich aus den ersten Gesprächen heraus so viel positive Energie und den Enthusiasmus wahrgenommen habe, war für mich klar, dass ich dabei bin. So war es für mich selbstverständlich eine Einladung nach Hamburg auszusprechen, um gemeinsam zu starten. Service erlebbar zu machen und Wert(e) erzeugen ist für mich persönlich sehr wichtig. Dabei ist es unerheblich, welches oder welche Frameworks, Tools et cetera zugrunde liegen. Es sind die menschlichen Beziehungen, die Service Mentalität beziehungsweise Service DNA, die eigene Bereitschaft, das Beste geben zu wollen, das, was Wert erzeugt.

Einen besonderen Dank möchte ich Franziska Herberger, Dr. Dirk Klann und Oliver Roeder aussprechen. Sie haben stets den Wert meiner Handlungen, Ideen und Aktivitäten gesehen und unterstützt. Mit ihnen gemeinsam durfte ich Enterprise Service Management in der Praxis entwickeln und umsetzbar machen. Ein besonderer Dank geht natürlich auch an meine Teamkolleg:innen, dieses tolle Autoren-Team und an meine liebe Katy und Tochter Sara, die mir viele Abende und Wochenenden geschenkt haben und trotzdem dabei die schönen Dinge des Lebens aufgezeigt haben.

Ich wünsche mir, dass du viel Freude mit diesem Buch hast und es für dich als wertvoll! erachtest.

Organigramm von Jacobsen Säfte

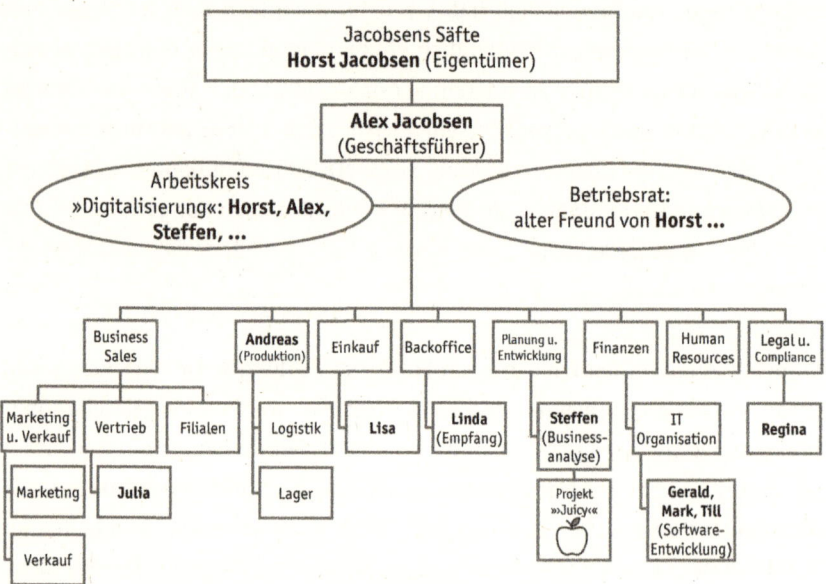

Abbildung 13: Organigramm von Jacobsen Säfte

Begriffe verständlich erklärt

In dem folgenden Abschnitt möchten wir euch die Begriffe näherbringen, die euch hier im Buch begegnen. Es sind bewusst keine lexikalischen Definitionen mit Anspruch auf absolute und wissenschaftliche Richtigkeit. Verzeiht uns daher eine gewisse Unschärfe oder Vereinfachung. Ihr findet stattdessen eine hoffentlich bildhafte, verständliche oder wenigstens unterhaltsame Erläuterung der Begriffe.

Agil/Agilität/agile Unternehmen

Agil – »von großer Beweglichkeit zeugend; regsam und wendig«. Wird in der Regel so verstanden, dass agile Unternehmen in der Lage sind, unmittelbar und schnell auf sich verändernde Umwelten, Marktsituationen zu reagieren und damit zum eigenen Systemerhalt beitragen und prosperieren.

Der Begriff der Agilität wurde im Unternehmenskontext 1991 erstmals in Bezug auf Fertigung verwendet und seit 2001 im Bereich der Softwareentwicklung (Agiles Manifest). In seiner Wirkung steht es konträr zu traditionellen Strukturen, zum Beispiel im Sinne des Taylorismus.

Agiles Manifest

Das Agile Manifest wird heute als Grundlage (Blaupause) für moderne Unternehmensentwicklung verstanden. Wir sollten dabei berücksichtigen, dass es hier ursprünglich um die Neuerfindung der Methoden und Verfahren in der Softwareentwicklung ging. Aus dem agilen Hype wurde das agile Unternehmen als Blaupause für den richtigen Weg abgeleitet.

Compliance

Compliance ist das Einhalten interner wie externer Normen für die Bereitstellung und die Verarbeitung von Informationen. Diese beinhaltet unter anderem Vorgaben aus Normierungsbestrebungen und die Zugriffsreglementierung für die Daten sowie die gesetzlichen Rahmenbedingungen (zum Beispiel DSGVO, Basel III) für deren Verwendung.

Design Thinking

Design Thinking ist eine systematische Methode, um komplexe Problemstellungen in kurzen definierten Zeiträumen zu lösen. Dabei bedient sich die Methodik strukturierter Abläufe. Meist geht es darum, ein Produkt für bestimmte Kundenbedürfnisse zu entwickeln. Zentrales Anliegen ist, traditionelle und feste Organisations- und Denkstrukturen zu überwinden, sowie eine kreative Lösungsfindung bestmöglich zu unterstützen. Es steht der Nutzer als Kunde im Fokus, für den das jeweilige Problem zu lösen ist.

Digitales Produkt

Das digitale Produkt besteht aus der direkten Interaktion mit dem Kunden und den dahinter ablaufenden automatisierten und manuellen Abläufen. Die Gesamtheit der Abläufe ist der Weg, wie ein digitales Produkt Wert für den Kunden schafft. Das digitale Produkt schließt eine Klammer um Produktmanagement und Servicemanagement.

Das digitale Produkt ...
... ist abhängig von IT-Ressourcen und hat gegebenenfalls Abhängigkeiten zu anderen digitalen Produkten ... enthält sowohl Bestandteile, die vornehmlich einen Produktcharakter haben als auch Bestandteile, die vornehmlich einen Servicecharakter haben ... umfasst alle technischen und nichttechnischen Ressourcen und Abläufe, die notwendig sind, um ein optimales Nutzungserlebnis für den Kunden zu gewährleisten und damit dessen Bedürfnisse zu erfüllen.
... kann intern und extern vom Unternehmen verwendet werden.
... hat einen klar zugewiesenen Verantwortlichen, der das digitale Produkt Ende-zu-Ende im gesamten Lebenszyklus verantwortet.

Gelebte Kultur

Eine gelebte Kultur ergibt sich aus der Summe von individuellen Mindsets, Können (Skillset) und gelebten Verhaltensweisen. Die Gelebte Unternehmenskultur ist genauso wie der Unternehmenserfolg eine Folgeerscheinung des täglichen Tuns und kein Konzept. Sie entsteht durch die Anwendung – durch das Leben von Prinzipien und Werten. Dementsprechend ist es schlüssig, dass auch die individuellen Mindsets der Mitarbeitenden mit den Prinzipien und Werten des Unternehmens übereinstimmen sollten, damit die Unternehmenskultur – quasi automatisch – gelebt wird.

Gemba

Japanisch für »Ort des Geschehens«, das heißt, hier wird vor Ort geprüft, wie bestimmte Abläufe tatsächlich funktionieren. Das heißt, bei der Fertigung in der Halle oder bei den Softwareentwicklern vor Ort.

Governance

Die Methode, mit der ein Unternehmen sicherstellt, dass die Bedürfnisse, Voraussetzungen und Optionen der Stakeholder bewertet werden, um zu bestimmen, dass ausgewogene, vereinbarte Unternehmensziele erreicht werden. Es beinhaltet die Festlegung der Ziele durch Priorisierung und Entscheidungsfindung sowie die Überwachung der Leistung und Einhaltung der vereinbarten Vorgaben und Ziele.

Im Unternehmen wird unter Governance das Steuerungs- und Regelungssystem gemeint, welches den Ordnungsrahmen für die Leitung und Überwachung eines Unternehmens darstellt.

Intrinsische Motivation

Als intrinsische Motivation wird die Art von Motivation bezeichnet, die aus einem tiefen, inneren Antrieb entsteht. Sie geht konform mit dem ganz individuellen Werten, Zielen und Motiven. Intrinsisch motivierte Handlungsweisen erfüllen nicht unbedingt einen bestimmten sachlichen Zweck. Solche Tätigkeiten erfüllen primär einen tieferen Sinn, das Bestreben alleine erscheint sinnvoll.

IoT

Das Internet of Things (IoT), das Internet der Dinge, benennt Technologien, die es ermöglichen, physische und virtuelle Dinge (als Objekte) miteinander zu vernetzen, Informationen auszutauschen und miteinander zu kommunizieren.

Konsultative Einzelentscheidung

Wenn Autorenkollegen ihre Peers lieber nicht nach ihrer Meinung fragen, weil das »viel zu anstrengend ist und eeeecht lange dauert«, so treffen sie eine Einzelentscheidung zur Richtigkeit des Inhalts ihres Artikels. Eine konsultative Einzelentscheidung hingegen bedeutet, erst nach Rücksprache (Konsultation) mit einer oder mehreren anderen, fachlich kompetenten Personen über die Richtigkeit eines Inhalts zu entscheiden.

Mindset

Unter Mindset versteht man allgemein die Summe der wesentlichen Prinzipien, Denk- und Sichtweisen und persönliche Haltungen eines Menschen.

Wir beziehen hingegen den Begriff »Mindset« auf die Organisation. Hinzu kommt dort über die individuelle Ebene hinaus das »Ruleset« (Siehe Regelwerk im Unternehmen). Dieses organisationale Mindset prägt die gelebte Kultur und die Ergebnisse des Einzelnen wie des Unternehmens.

Muda, Mura, Muri

Aus dem japanischen, konzeptionell vom Toyota Product System. Muda steht hierbei für Verschwendung (Wartezeiten, Fehler, Bewegungen et cetera), Mura für Unausgeglichenheit (Variation in Prozesszeiten, Arbeitslasten, Arbeitsweisen, ...) und Muri für Überbeanspruchung (Stress, Übermüdung, ...).

New Work

New Work oder Modern Work ist ein Sammelbegriff, mit dem alternative und moderne Arbeitsmodelle und -formen umschrieben werden. Der Ursprung geht auf den Sozialphilosophen Frithjof Bergmann zurück, der das Theoriekonzept der neuen Arbeit entwickelt hatte. Heute verstehen wir darunter das moderne orts- und zeitunabhängige Arbeiten mit Kollaborationstools. Hinzu kommt das sinnstiftende Arbeiten, welches der intrinsischen Motivation zugutekommt.

OKR – Objective and Key Results

OKR (Objectives and Key Results) ist eine Management Methode, welche die Ziele des Unternehmens besser mit Vorgaben für Teams und Einzelpersonen verbinden soll. Im Vordergrund der Methodik steht das stetige Hinterfragen Ursache-Wirkungs-Zusammenhängen und deren Abbildung in Metriken, um so besser und schneller Ziele zu erreichen. Die Objectives und Key Results werden zum Beispiel quartalsweise definiert und am Ende jeder Betrachtungsperiode stehen Learnings, die in die Planung des nächsten Quartals eingebracht werden, sodass ein stetiger Regelprozess entsteht.

Output versus Outcome

Diese Begriffe hängen zusammen und sind dennoch unterschiedlich in ihrer Bedeutung:

Output ist das konkrete Lieferprodukt eines Prozesses, Wertstromes, Services oder Projektes.

Beispiele:

1. Neues Warenwirtschaftssystem oder
2. ein neuer Vertriebskanal

Outcome ist das Synonym zu Ergebnis. Es ist die Veränderung, welche mit der Nutzung des Outputs entsteht. Das was der Nutzer des Outputs erreichen möchte:

Beispiele:

1. Schnellere und verlässlichere Steuerung des Warenportfolios und -bestands: Die richtigen Produkte sind zum richtigen Zeitpunkt in richtiger Menge vorhanden – der Kunde kann kaufen und wir machen Umsatz
2. Ansprache weiterer/alternativer Kunden: Kunden erfahren von unserem Angebot und unser Markt vergrößert sich.

Praktik

Unter Praktik versteht man eine ganzheitlichere Sicht einer organisatorischen Fähigkeit. Praktik ist viel mehr als nur ein Prozess. Praktiken sind vielmehr eigentliche Fertigkeiten, respektive Capabilities einer Organisation.

Bei dem Framework ITIL® wollte man zuerst den Begriff »Capability« nutzen, ist dabei aber wegen oft falschem Verständnis des Begriffes in verschiedenen Ländern auf die Begrifflichkeit Praktiken zurückgekommen. Praktiken sind also organisatorische Fähigkeiten, ein bestimmtes Thema zu beherrschen und nutzen zu können. Und diese Fähigkeiten beinhalten organisatorische sowie personelle Fähigkeiten, Technologien und ein konformer Umgang mit Informationen, Beherrschen von Prozessen und Wertströmen aber auch Dinge wie die integrale Zusammenarbeit mit Lieferanten und Partnern.

Produkt

Ein Produkt ist die materielle, manchmal auch die Kombination aus materiellen und nichtmateriellen (flüchtigen) Leistungen, die ich unter einem Fancy Namen zusammenfasse und dann liefere, um einen Wert zu erzeugen. Klingt fast nach einem Service.

Prozess

Unter diesem Begriff verstehen wir die strukturierte und reproduzierbare Abfolge von Handlungen, Aktivitäten oder Schritten. Einmal durch einen Auslöser gestartet, laufen sie (hoffentlich? manchmal? meistens?) durch, bis der definierte Output erzeugt wurde.

RACI/RASCI

RACI oder RASCI helfen dabei, meist in tabellarischer, langer, ermüdender, jedoch ebenso präziser Form Aufgaben und Verantwortlichkeiten herunterzubrechen und an Rollen zuzuweisen. In der Basis werden Arbeitsschritte denn Rollen nach **R**esponsible (Durchführungsverantwortlich), **A**ccountable (Ergebnisverantwortlich), **C**onsulted (muss gefragt werden), **I**nformed (muss informiert werden) zugewiesen.

RASCI ist eine mögliche Variation, das »S« steht dann beispielsweise für **S**upports (muss unterstützen) oder **S**igns off (muss freigeben/abzeichnen).

Risiko

Risiko ist die Kombination von Eintrittswahrscheinlichkeit eines Vorfalls und seine Konsequenzen auf die Erreichung der Ziele.

Rolle

Wichtig ist, dass eine Rolle von einer oder mehreren Personen wahrgenommen werden kann. Sie umfasst eine Reihe von Aufgaben und Verantwortlichkeiten. Eine Person kann auch mehrere Rollen wahrnehmen. Sie sollte nur im

Blick haben, dass es keine Interessenskonflikte gibt. Ach ja, und es ist keine Stelle.

Service

Ein Service ist die Kombination aus materiellen und immateriellen (flüchtigen) Leistungen, die Organisationen erbringen, um einen Wert zu erzeugen. Über den Unterschied zu Produkt und Service Offering diskutieren wir als Autoren noch.

SWOT-Analyse

Eine SWOT-Analyse ist eine Analysemethode für einen definierten Betrachtungsgegenstand (ein zu erreichendes Ziel) und ermittelt die Strengths (Stärken), Weaknesses (Schwächen), Opportunities (Chancen) und Threats (Risiken), um daraus Handlungsoptionen ableiten zu können.

Value

Bei dem Begriff »Value« wird ziemlich häufig diskutiert, was damit gemeint ist. Geht es um Geld, Image, Nachhaltigkeit, gutes Aussehen, mehr Smoothies ...?

Das entscheidende hierbei ist die Gesamtsicht: Die einzigen, die letztlich den Value bestimmen, sind die Kunden. Wer wäre bereit, für etwas zu bezahlen oder eine Gegenleistung zu erbringen, weil es einen Value im Sinne von Wert, Nutzen oder Benefit für ihn hat? Der Value ist also der Vorteil, den ein Empfänger eines Outputs beziehungsweise Outcomes eines Prozesses, Wertstroms oder Services für sich wahrnimmt.

Value Stream

Die schnelle Antwort lautet, der Value Stream ist ein Wertstrom, was sonst. Doch einen Begriff mit einer schlichten Übersetzung zu erklären ist nicht immer clever ... versuchen wir es daher anders:

In einem Strom fließt es hoffentlich zügig und kontinuierlich von A nach B. Und beim Wertstrom wird das, was durch diesen fließt, in jedem Abschnitt idealerweise mit etwas zusätzlichem Wert angereichert. Bis es seinen vollen Wert beim avisierten Kunden voll entfalten kann. Idealerweise deutet sich schon an, dass es manchmal auch schiere Notwendigkeiten sind, an denen das Wertschöpfungsobjekt vorbeimuss, ohne das hier mehr Wert geschöpft wird. Das schadet der grundlegenden Idee des Value Streams aber nicht ...

Value Stream Mapping

Um Erkenntnisse zu einem aktuell existierenden Wertstrom zu gewinnen, wird ein sogenanntes Value Stream Mapping durchgeführt. Dabei legen wir eine Map (Wertstromdiagramm) des aktuellen Wertstromes mit all seinen Schritten, Material- und Informationsflüssen, Laufzeiten, Verschwendungen et cetera an. Um diese Erkenntnisse zu gewinnen und zu dokumentieren, kommen verschiedene Werkzeuge und Methoden ins Spiel: Process Mining für digitale Prozesse, Performance Analytics, Workshops, Go-Look-and-See, Interviews et cetera.

Die Map wird dann in Form typischerweise in klassischer VSM Notation angelegt, oder als Makigami.

Die Aufnahme des Istzustandes bildet die Grundlage für die Analyse. Das Value Stream Mapping geht dann im Prinzip in das Value Stream Design über, bei dem erkannte, nicht notwendige Prozessschritte eliminiert oder notwendige wenigstens reduziert werden, ein zukünftiger, besserer Wertstrom definiert wird und Maßnahmen zur Umsetzung festgelegt werden.

Value Stream Verantwortlicher (VSV)

Ein Value Stream Verantwortlicher ist eine Person, die dafür ergebnisverantwortlich ist, das Verhältnis von Value (Wert) zu Non-Value (keinen Wert) zu erhöhen sowie Verschwendung in der gesamten Wertstromkette vom Anfang bis zum Ende für ein definiertes Objekt zu eliminieren und dafür zu sorgen, dass der Wertstrom die Kundenbedarfe und -anforderungen erfüllt oder übertrifft.

Wertstrom
Deutsche Übersetzung von Value Stream

Literaturempfehlungen

Karen Martin und Mike Osterling (2013): Value Stream Mapping. How to Visualize Work and Align Leadership for Organizational Transformation.

Mike Rother und John Shook (2015): Sehen Lernen. Mit Wertstromdesign die Wertschöpfung erhöhen und Verschwendung beseitigen.

Klaus Erlach (2012): Value Stream Design, The Way Towards a Lean Factory.

Gerardus Blokdyk (2021): Value stream mapping. Complete Self-Assessment Guide.

Rini van Solingen und Rolf Dräther (2017): Der Bienenhirte – über das Führen von selbstorganisierten Teams. Ein Roman für Manager und Projektverantwortliche.

Gene Kim, Kevin Behr und George Spafford (2015): Projekt Phoenix: Der Roman über IT und DevOps.

BRM Explained: The Collected Works (Volume 1) is a curated selection of articles from BRM Institute's Body of Knowledge and can be a prep tool for the BRMP® course.

Die Scrum Master Journey

Marc Löffler
Die Scrum Master Journey
So bringst du dein agiles Team
auf die nächste Stufe
1. Auflage 2022

245 Seiten; Broschur; 29,95 Euro
ISBN 978-3-86980-626-6; Art.-Nr.: 1135

Scrum ist bis heute die am häufigsten eingesetzte agile Methode. Doch um Scrum effizient anzuwenden, bedarf es eines grundlegenden Verständnisses agiler Systeme und vor allem gut ausgebildeter Scrum Master.

Wie hebt man das Potenzial des Teams? Wie gelingt agile Führung auf allen Ebenen? Wie fördert man das Selbstmanagement in der Organisation? Wie analysiert und verändert man die Unternehmenskultur? Wie fokussiert man auf das Richtige? Welche Werkzeuge helfen mir in hybriden Teams? Wie kann ich mich als Scrum Master stetig weiterentwickeln?

Antworten zu diesen Fragen und mehr liefert Löfflers Buch. Mit vollkommen neuen Einblicken in die Welt eines Scrum Masters und innovativen, sofort umsetzbaren Tools ist dieses Buch für die tägliche Arbeit des Scrum Masters unentbehrlich.

Gekonnt schließt es die Lücke zwischen Theorie und Praxis und zeigt konkret, wie sich der Scrum Master im Arbeitstag den Herausforderungen stellen kann. Dabei liegt der Fokus immer auf den Menschen und dem Team.

Mit hybriden Teams mehr erreichen

Gesine Engelage-Meyer, Sonja Hanau
Mit hybriden Teams mehr erreichen
Werkzeuge, Methoden und Praktiken für gelungene
Zusammenarbeit auf Distanz
1. Auflage 2022

265 Seiten; Broschur; 29,95 Euro
ISBN 978-3-86980-644-0; Art.-Nr.: 1148

Hybride Teamarbeit bietet viele Chancen – im Moment fühlt es sich aber mehr nach Herausforderung an? Die digitale Technik sorgt für Verunsicherung? Zwischenmenschliches, wie die beiläufige Kommunikation und das Wirgefühl, bleibt auf der Strecke? So geht es vielen Teams.

Dieses Praxisbuch liefert dir vielfältige Lösungsvorschläge zu diesen Herausforderungen – ganz gleich, ob du ein Projektteam verantwortest, als Führungskraft ein Team in der Linie leitest oder Teammitglied bist. Jede:r im Team kann dazu beitragen, Zusammenarbeit auf Distanz zu gestalten und die Potenziale zu nutzen.

Praxisnah zeigt dieses Buch, wie sich ein hybrides Team digital gut aufstellen und wirksam kommunizieren kann. Es stellt dir hilfreiche Methoden, Werkzeuge und Strukturen vor und liefert praxiserprobtes Wissen, damit sogar (hybride) Meetings gut gelingen. Tipps für die gezielte Gestaltung des Change-Prozesses erleichtern den Umgang mit Widerständen. So steigen Produktivität und Zufriedenheit im Team und es entsteht eine gemeinsame Motivation, um sich auf die neue Arbeitswelt einzulassen.

Der beste Zeitpunkt, Teamarbeit auf ein neues Level zu bringen, ist jetzt. Dieses Buch unterstützt dich dabei.

Echte Wertschätzung

Christian Bernhardt
Echte Wertschätzung
Beziehungen stärken. Vertrauen vertiefen.
Teams gemeinsam entwickeln.
1. Auflage 2022

300 Seiten; Broschur; 26,95 Euro
ISBN 978-3-86980-666-2; Art.-Nr.: 1149

Mangelnde Wertschätzung ist ein Hauptgrund für Unzufriedenheit im Job. Denn Menschen wollen wie Menschen behandelt werden. Das ist die Voraussetzung für ein positives und konstruktives Arbeitsklima, in dem sich Mitarbeiter:innen weiterentwickeln.

Doch wie lässt sich wertschätzende Kommunikation lernen? Wie kann man echte Wertschätzung im Führungsalltag etablieren? Wie lassen sich negative Kommunikationsmuster auflösen?

Antworten darauf liefert Bernhardts neues Buch. Denn wertschätzende Kommunikation ist eine elementare Führungseigenschaft und eines der effektivsten Führungswerkzeuge.

Es zeigt, wie sich Vertrauen und Wertschätzung aufbauen und kontraproduktive Macht-Asymmetrien beseitigen lassen. Praxisnah und anschaulich illustriert es, wie Führungskräfte auf einfache Weise Micro Habits entwickeln um negative und belastende Kommunikation zu vermeiden. Ganz ohne Arbeits- oder Mehraufwand lassen sich so neue Verhaltensweisen in den normalen Führungsalltag integrieren und Vertrauen und Motivation aufbauen.

OKR in der Praxis

Christina Lange
OKR in der Praxis
Objectives & Key Results – Beispiele, Hacks, Erfahrungen
1. Auflage 2022

240 Seiten; Broschur; 24,95 Euro
ISBN 978-3-86980-647-1; Art.-Nr.: 1134

Spätestens bei der praktischen Umsetzung von Objectives & Key Results stoßen wir auf viele offene Fragen und Widerstand in der Organisation. Doch wie lässt sich OKR konkret im Unternehmen umsetzen? Wie kann die erfolgreiche Einführung gelingen? Und woran scheitert OKR oftmals?

Antworten darauf liefert Langes Buch. Anhand von echten Fällen illustriert es, wie der gesamte OKR-Zyklus im Unternehmen, den Abteilungen und den Köpfen etabliert wird. Von der strategischen Ausrichtung über die Rolle des OKR-Coaches bis hin zur Kulturentwicklung stehen in diesem Buch die praktischen Erfahrungen von Experten aus Unternehmen im Vordergrund.

Anschaulich zeigt es, mit welchen Werkzeugen die Arbeit am OKR-Zyklus erleichtert wird, und verdeutlicht, wie OKR im Zusammenspiel mit agilen Rahmenwerken zu verstehen ist.

Lernschleifen verkürzen, Fehler vermeiden und den Transformationsprozess beschleunigen. Wie das geht, zeigt dieses Praxisbuch.

Resilienz

Denis Mourlane
Resilienz
Die unentdeckte Fähigkeit der wirklich
Erfolgreichen
12. Auflage 2021

226 Seiten; Broschur; 24,95 Euro
ISBN 978-3-86980-249-7; Art.-Nr.: 940

Erfolgreiche Menschen haben eine Eigenschaft, die sie von anderen unterscheidet und doch sofort wahrnehmbar ist: Gelassenheit. Sie meistern schwierige Situationen scheinbar mit Leichtigkeit, persönliche Angriffe prallen an ihnen ab und selbst unter hohem Druck büßen sie ihre Leistungsfähigkeit nicht ein.

Was machen diese Menschen anders? Sie beherrschen die Gelassenheit im Umgang mit sich, mit ihren Mitmenschen und mit den Herausforderungen, die das Leben und ihre tägliche Arbeit für sie bereithalten. Eine Eigenschaft, nach der sich immer mehr Menschen sehnen und die in der heutigen Zeit immer bedeutender wird. Resiliente Menschen verbinden diese Fähigkeit mit einer erstaunlichen Zielorientierung, Konsequenz und Disziplin in ihrem Handeln und erreichen dadurch etwas, was sie von vielen anderen unterscheidet: persönlichen Erfolg UND ein sehr großes Wohlbefinden.

In einer der wahrscheinlich spannendsten Reisen, der Reise zu Ihrem eigenen Leben, bringt Ihnen Dr. Denis Mourlane das Konzept der Resilienz näher und zeigt Ihnen, wie Sie es in Ihren Alltag integrieren.